Meyer
Regionalmarketing

Regionalmarketing

Grundlagen, Konzepte, Anwendung

von

Dr. Jörn-Axel Meyer

Universitätsprofessor für Betriebswirtschaftslehre der
kleinen und mittleren Unternehmen (KMU)
an der Universität Flensburg

Verlag Franz Vahlen München

Die Deutsche Bibliothek – CIP-Einheitsaufnahme

Meyer, Jörn-Axel:
Regionalmarketing : Grundlagen, Konzepte, Anwendung / von Jörn-Axel Meyer. – München : Vahlen, 1999
ISBN 3 8006 2499 0

ISBN 3 8006 2499 0

Satz: DTP-Vorlagen des Autors
Druck: C. H. Beck'sche Buchdruckerei, Nördlingen
Bindung: Großbuchbinderei Monheim
Gedruckt auf säurefreiem, alterungsbeständigem Papier
(hergestellt aus chlorfrei gebleichtem Zellstoff)

Vorwort

Warum schreibt ein Autor, der sich ansonsten mit Technologien im Marketing und mit kleinen und mittleren Unternehmen beschäftigt, ein Buch über Regionalmarketing?

Ein zentraler praktischer Grund lag darin, daß der Autor 1995 einen Lehrstuhl in einer Region an der polnischen Grenze übernahm und sogleich um Unterstützung bei der Entwicklung eines Regionalmarketingkonzeptes gebeten wurde. Der Autor stellte fest, daß das negative Fremdimage der Region, also das Bild, das die Menschen außerhalb der Region von dieser besitzen, zu unrecht schlecht ist. Er entschied sich mitzuhelfen, dies zu ändern. Die dann folgende Arbeit, macht es notwendig, daß er sich intensiv mit der Problematik in der Literatur wie auch in der Praxis beschäftigte. Beim Autor stieg das Bedürfnis, diese Erfahrungen mit der Theorie zu verbinden und in einem Lehrbuch zu vermitteln.

Weitere Gründe finden sich darin, daß der Autor immer wieder um Unterstützung für Stadt- und Regionalmarketing gebeten wurde und wird. Während der Arbeit an dem Thema lernte er viele Regionalmarketingkonzepte kennen, die wohl mehr im Bauch entstanden denn auf der Basis von Marktforschung und mit Planung. Darüber hinaus fand er immer wieder zweifelhafte Berater in Sachen Leitlinien und Regionalmarketing und stieß i.d.R. mehr auf politische denn fachliche Auseinandersetzung mit Initiativen und Konzepten. Er traf in Städten und Regionen auf verklärte Selbstbilder und Unwissenheit über Marketing wie auch auf das Bewußtsein, ohne Vorkenntnisse Regionalmarketing nach (selbst definiertem) gesundem Menschenverstand realisieren zu können. Hier wurde nur zu deutlich, daß ein großer Aufklärungs- und Überzeugungsbedarf bestand.

Der Autor wollte den Akteuren im Regionalmarketing Literatur empfehlen. Doch er fand als Literatur zwar viele einzelne Artikel und Diskussionsbeiträge, Bildbände, Aufsatzsammlungen, Vortragsmitschriften, Studien, Dissertationen und sehr vereinzelt Lehrbücher zu Teilaspekten des Regionalmarketing, in der Masse sehr populär und wenig wissenschaftlich basiert. Ein Lehrbuch des Regionalmarketing in klassischer Machart betriebswirtschaftlicher Lehrbücher hingegen scheint bis heute zu fehlen. Hier war also Nachholbedarf zu erkennen.

Unter den o.g. Gründen dürften den Leser wohl nur die letzteren interessieren, führen sie doch zu den Zielen des vorliegenden Buches: Es soll als Lehrbuch helfen, zu mehr Sachlichkeit und Professionalität, zu mehr Verständnis für die Notwendigkeit eines kompetent geführten Regionalmarketing und zu mehr Marktforschung statt Bauchentscheidungen führen. Es soll Marketingtheorie mit praktischen Erfahrungen und erfolgreichen Lösungen verbinden. Und damit sind die Zielgruppen dieses Buches offensichtlich: Es sind alle diejenigen, die mit dem Regionalmarketing befaßt sind, sei es, daß sie es studieren, beratend unterstützen, planen und durchführen sollen oder nur darüber diskutieren.

Um dieser Zielgruppe gerecht zu werden, ist das Buch möglichst kurz gehalten und auf die wesentlichen Elemente des Regionalmarketing beschränkt. Es sind viele Beispiele und Zwischenzusammenfassungen eingefügt, die Literatur, auf die verwiesen wird, ist Literatur, die sich auch derjenige schnell beschaffen kann, der sich nicht typischerweise in Hochschulen und Bibliotheken aufhält.

Ein Vorwort gibt in jedem Buch Gelegenheit, sich für die Hilfe bei der Entstehung zu bedanken - nicht aus Pflicht und Höflichkeit, sondern aus ehrlichem und herzlichem Dank: Gudrun Littmann für viele, kompetente Zuarbeiten im Rahmen ihrer wissenschaftlichen Arbeit, Carsten E. Meyer, der mal wieder in bewährter und geschätzter Manier die Rechtschreibung des Manuskriptes einer strengen Prüfungen unterzogen hat. Guido Müller für die Erstellung des Stichwortverzeichnisses. Ein herzlicher Dank richtet sich auch an vier kompetente Gesprächspartner: Oliver Falk, Gundolf Schülke, Martin Wilke und Uwe Hoppe. Mit Ihnen war es immer eine Freude, zu diskutieren und Regionalmarketing für eine Region zu initiieren, die - mit Ihren Reizen und Menschen verkannt - es wie vielleicht keine andere Region in Deutschland verdient hat und der dieses Buch gewidmet ist: Ostbrandenburg.

Berlin, im Juni 1999 Jörn-Axel Meyer

Inhaltsverzeichnis

Vorwort V

Abbildungsverzeichnis XI

Tabellenverzeichnis XIII

Abkürzungsverzeichnis XV

Kapitel 1: Regionalmarketing - Von der praktischen Notwendigkeit zu einem Lehrbuch 1

Kapitel 2: Regionalmarketing - Herleitung und Begriff 9

2.1 Zur Anwendbarkeit des betrieblichen Marketing auf Regionen 9

2.2 Begriffsbestimmung und -abgrenzung 17

2.3 Grundlegende Elemente des Regionalmarketing 23

2.4 Zusammenfassung 35

Kapitel 3: Regionalmarketing im politischen Umfeld 39

3.1 Überblick 39

3.2 Rahmenbedingungen und -trends des Regionalmarketing 41

3.2.1 Globale Trends in der Regionalentwicklung 41

3.2.2 Kurzfristige und interessengebundene Planung in den USA 45

3.2.3 Staatliche Interventionspolitik in Großbritannien 48

3.2.4 Das politische Kräftespiel zwischen Kommunen und Wirtschaft in Deutschland 50

3.3 Probleme der Durchsetzung des Regionalmarketing 52

3.4 Zusammenfassung 56

Kapitel 4: Regionalmarketing - Planung und Umsetzung 59

4.1 Überblick 59

4.2 Konzeption und Umsetzung des Regionalmarketing 61

4.2.1 Der Regionalmarketingprozeß - Überblick 61

4.2.2 Marktforschung für Regionen 63

4.2.2.1 Situationsanalyse - Überblick 65

4.2.2.2 Stärken-Schwächen-Analyse 66

4.2.2.3 Chancen-Risiken-Analyse 82

4.2.2.4 Situationsanalyse - Zusammenfassung 91

4.2.2.5 Ergänzung: Die Analyse des Images von Regionen 93

4.2.3 Ziele, Zielgruppen und Strategien 108

4.2.3.1 Überblick 108

4.2.3.2 Ziele des Regionalmarketing 110

4.2.3.3 Auswahl der Zielgruppen 127

4.2.3.4 Strategien des Regionalmarketing 137

4.2.4 Marketing-Maßnahmen 148

4.2.4.1 Überblick 148

4.2.4.2 Standort- und Leistungspolitik 150

4.2.4.3 Kommunikationspolitik 154

4.2.4.4 Kontrahierungspolitik 170

4.2.4.5 Grenzen operativer Maßnahmen 178

4.2.5 Regionalmarketing-Organisation 180

4.2.6 Durchsetzung des Regionalmarketing 189

4.2.7 Kontrolle des Regionalmarketing 195

4.3 Zusammenfassung 201

Kapitel 5: Regionalmarketing in der Praxis - Beispiele und Bewertung 205

5.1 Überblick 205

5.2 Zur Erfüllung regionalentwicklungs- politischer Anforderungen 207

5.3 Zur Umsetzung der Marketingtheorie 214

5.4 Organisation des Regionalmarketing in der Praxis 218

5.5 Kunden- bzw. Zielgruppenorientierung 220

5.6 Zusammenfassung 221

Kapitel 6: Anmerkungen zur Zukunft des Regionalmarketing in der Praxis 223

Literaturverzeichnis 231

Sachverzeichnis 241

Abbildungsverzeichnis

Abb. 1: Aufbau des Buches ... 6

Abb. 2: Erweiterung des Anwendungsbereichs des unternehmerischen Marketing ... 14

Abb. 3: Typologisierung von Austauschbeziehungen ... 15

Abb. 4: Unternehmung, Produkt und Markt im regionalen Kontext ... 27

Abb. 5: Zusammenfassung der zentralen Elemente des Regionalmarketing ... 38

Abb. 6: Regionalmarketingprozeß ... 62

Abb. 7: Zuordnung der marktforscherischen Analysen zum Regionalmarketingprozeß ... 64

Abb. 8: Aufbau der Situationsanalyse ... 66

Abb. 9: Bestandteile der Situationsanalyse für die Region ... 67

Abb. 10: Fiktives Beispiel für ein Profildiagramm zweier Regionen ... 79

Abb. 11: Positionierungsdiagramme ... 80

Abb. 12: Zusammenfassung Stärken-Schwächen-Analyse ... 81

Abb. 13: Zeitliche Abfolge der Erhebungs- und Analyseschritte in der Situationsanalyse für Regionen ... 92

Abb. 14: Selbsteinschätzung, in welchem Umfang der Befragte die Region kennengelernt hat ... 102

Abb. 15: Rating für Selbsteinschätzung, in welchem Umfang der Befragte die Region kennt (i.A.a. Kotler/Haider/Rein 1994, S.185) ... 102

Abb. 16: Beispiel für Analyseprofile eines Image ... 103

Abb. 17: Beispiel für ein sematisches Imagedifferential ... 104

Abb. 18: Beispiel für eine Imageprofildarstellung nach vereinfachter Methode aus der Imagestudie zur Region Frankfurt (Oder) aus dem Jahre 1995 ... 106

Abb. 19: (Alternative) Elemente einer Imageanalyse für Regionen ... 107

Abb. 20: Zusammenhang zwischen Zielen, Strategien und Maßnahmen ... 109

Abb. 21: Veränderungsziele zum Soll-Image bei den Zielgruppen 115

Abb. 22: Ist- und Soll-Positionierung 117

Abb. 23: Beispiele für Logos von Regionen / Städten 121

Abb. 24: Ratingprofile zu den Namen 125

Abb. 25: Abhängigkeiten zwischen den zentralen Zielgrößen im Regionalmarketing 127

Abb. 26: Formen der Marktbearbeitung 129

Abb. 27: Elemente und Schritte der Segmentierung und Zielgruppenauswahl 137

Abb. 28: Wettbewerbsstrategien nach Porter 144

Abb. 29: Zusammenfassung der Strategien 147

Abb. 30: Grundlegende Stoßrichtungen der operativen Marketingmaßnahmen 149

Abb. 31: Elemente der Standort- und Regionalpolitik 154

Abb. 32: Instrumente der Kommunikationspolitik 155

Abb. 33: Aufbau der Kontrahierungspolitik im Regionalmarketing und Zuordnung zu den Instrumenten des „klassischen" Marketing 177

Abb. 34: Organisationsstruktur des Mitteldeutschland e.V. 183

Abb. 35: Organisationsstruktur des Münsterland e.V. (i.A.a. Schmitz 1999, S.36) 184

Abb. 36: Elemente der Bildung einer Regionalmarketinginstitution 188

Abb. 37: Beispiel einer Maßnahmenbeschreibung (Westermann 1995,S.46) 191

Abb. 38: Elemente des Regionalmarketing-Controlling 200

Abb. 39: Regionalmarketingprozeß 201

Abb. 40: Ziele des Stadtmarketing 210

Abb. 41: An der Erarbeitung von Stadtmarketing-Konzepten beteiligte Akteure ... 212

Tabellenverzeichnis

Tab. 1:	Marketingrelevante strukturelle Unterschiede zwischen Unternehmen und Region (Manschwetus 1995, S.94)	26
Tab. 2:	Direkte Übertragung der Instrumentalbereiche des unternehmerischen Marketing auf die Region	31
Tab. 3:	Von Manschwetus entwickelte Instrumentalbereiche des Regionalmarketing	32
Tab. 4a:	Unterschiede in der Willensbildung und -durchsetzung in Unternehmen und Regionen (Teil 1)	53
Tab. 4b:	Unterschiede in der Willensbildung und -durchsetzung in Unternehmen und Regionen (Teil 2)	54
Tab. 5:	Beispiele für Vergleichskriterien	69
Tab. 6:	Experten zur Befragung des Image einer Region in einer Imagestudie für die Region Frankfurt (Oder) 1995	74
Tab. 7:	Beispiel für Fragen an externe Zielgruppen	75
Tab. 8:	Vergleich der Erhebungsformen aus Regionalmarketingsicht	77
Tab. 9:	Zielgruppen	89
Tab. 10:	Katalog einiger Imagekomponenten nach Maier/Wimmer (1992) (Auszug)	96
Tab. 11a:	Imagekomponenten aus einer Analyse des Image der Region Frankfurt (Oder) aus dem Jahre 1995 (Teil 1)	98
Tab. 11b:	Imagekomponenten aus einer Analyse des Image der Region Frankfurt (Oder) aus dem Jahre 1995 (Teil 2)	99
Tab. 12:	Katalog typischer Imagekomponenten	100
Tab. 13:	Ober- und Unterziele, Beispiel Bergisch-Gladbach	111
Tab. 14:	Vom Leitbild zu Teilzielen (Mangels 1995, S.75)	113
Tab. 15:	Beispiel für eine Segmentierung im Regionalmarketing	130
Tab. 16:	Kriterien zur Auswahl von Teilzielgruppen	134

Tab. 17: Ausgewählte Zielgruppen für die Region Frankfurt (Oder) 135

Tab. 18: Zusammengefaßte Marktsegmente in einer Regionalmarketingstudie des Autors aus dem Jahre 1995 für die Region Frankfurt (Oder) 136

Tab. 19: Entscheidungsebenen des Regionalmarketing (morphologischer Kasten)...139

Tab. 20: Ansoff-Matrix für die Region 140

Tab. 21: Profile wichtiger Medientypen 166

Tab. 22: Kommunikative Optionen des Regionalmarketing 170

Tab. 23: Vor- und Nachteile einer Regionalmarketingagentur in GmbH-Rechtsform...185

Tab. 24: Durchsetzungsstrategien...194

Tab. 25: Leitbilder in Mindelheim und Ried im Innkreis im Vergleich 215

Abkürzungsverzeichnis

Σ	Summe
Abb.	Abbildung
AG	Aktiengesellschaft
bzw.	beziehungsweise
CD	Corporate Design
CI	Corporate Identity
CIA	Consumer Initiated Advertising
Diss.	Dissertation
d.h.	das heißt
et.al.	und andere
etc.	et cetera
EU	Europäische Union
f.	folgende (Seite)
ff.	fortfolgende (Seiten)
ggf.	gegebenenfalls
ggü.	gegenüber
GmbH	Gesellschaft mit beschränkter Haftung
Habil.	Habilitationsschrift
HK	Handwerkskammer
i.A.a.	in Anlehnung an
i.d.R.	in der Regel
i.e.S.	im engeren Sinne
IHK	Industrie- und Handelskammer
i.V.m.	in Verbindung mit
i.w.S.	im weiteren Sinne
insb.	insbesondere
Kap.	Kapitel
LK	Landwirtschaftskammer
NAFTA	North Atlantic Free Trade Association
Nr.	Nummer
o.g.	oben genannte(r)
PPP	Public-Privat- Partnership

RGM	Regionalmarketing
S.	Seite
s.	siehe
s.o.	siehe oben
s.u.	siehe unten
sogn.	sogenannte(n)
Sp.	Spalte
Tab.	Tabelle
u.a.	unter anderem
u.E.	unseres Erachtens
USP	Unique Selling Proposition
ULP	Unique Local Proposition
u.s.w.	und so weiter
u.U.	unter Umständen
u.v.m.	und viele(s) mehr
VCG	Venture Capital Gesellschaft(en)
vgl.	vergleiche
VKF	Verkaufsförderung
vs.	versus
z.B.	zum Beispiel
z.T.	zum Teil

Kapitel 1
Regionalmarketing - Von der praktischen Notwendigkeit zu einem Lehrbuch

Wettbewerb der Regionen

Regionalmarketing hat in den vergangen Jahren erheblich an Bedeutung in der öffentlichen Diskussion gewonnen. Es gibt kaum eine Stadt, eine Region, die sich nicht einen mehr oder weniger flotten Slogan gibt, sich mit einem Logo schmückt und die Reize des Standortes anpreist. So hat das Deutsche Institut für Urbanistik (Difu) bei einer Bestandsaufnahme im Jahre 1996 festgestellt, daß von 323 befragten Kommunen 83% "Stadtmarketing" praktizieren bzw. in Kürze praktizieren wollten (Difu 1996, S.3). Sicherlich versteckt sich in dieser Zahl eine Übertreibung der Befragten, und es ist auch zu bezweifeln, ob alle der benannten Aktivitäten auch einem professionellen Marketing gerecht werden, doch ihre hohe Zahl allein gibt schon einen Hinweis auf die Bedeutung, die das Thema heute einnimmt.

Auf der anderen Seite wird die Zahl der Industriebetriebe, die durch Ansiedlungen mehr als 30 Arbeitsplätze schaffen, in Deutschland nur auf 40 pro Jahr geschätzt (Pieper 1994, S.193). Würde man daher die Regionalmarketing-Bewegung als Modeerscheinung abtun, so würde man ihr sicherlich nicht gerecht werden, verbinden sich im Regionalmarketing doch schon lange bekannte und betriebene Aktivitäten insbesondere zum Anwerben von Touristen und Investoren unter einem geschlossenen Konzept.

Denn Regional- und insb. Standortmarketing ist keine neue Erscheinung. Vielmehr wurde bereits im letzten Jahrhundert schon aktiv für Standort geworben. So wurden z.B. Grund und Boden im amerikanischen Westen mittels Anzeigenwerbung angeboten und in Südengland und Belgien zur Jahrhundertwende Touristen aktiv angeworben (Ward 1998). Instrumente im Marketing, wie sie in diesem Buch beschrieben werden, waren auch zu dieser Zeit schon im Einsatz, wie z.B. ein regionenspezifisches Logo oder ein Claim.

Heute ist es ein erheblicher Druck gerade auf wirtschaftsstrukturschwache und von Abwanderung gekennzeichnete Regionen, der diese zwingt, koordinierte Marketingmaßnahmen zu ergreifen, um insbesondere von außen einen Zustrom von Investitionen und Menschen in die Region zu fördern. Der Druck steigt mit der weiteren Erleichterung der internationalen Beweglichkeit für Menschen wie für Unternehmen. Insbesondere durch die Öffnung des früheren Ostblocks und die Vereinigung Westeuropas zur Europäischen Union treten zusätzliche Regionen hervor, um Touristen und Investoren anzuwerben, der „Wettbewerb der Regionen" nimmt zu.

Gründe für den Wettbewerb

Was sind nun im einzelnen die Gründe für diesen wachsenden Wettbewerb? Warum stehen Regionen zunehmend mit internationalen Standorten im Wettbewerb um Anwohner, Touristen und Investoren?

Da sind zunächst die Gründe zu nennen, die sich aus Konzentrationsbewegungen in vielen Branchen und aus der Beweglichkeit zwischen den Volkswirtschaften ergeben: Es ist offensichtlich, daß große Unternehmen eine geringere Bindung an einer Region zeigen als mittelständische oder kleine Unternehmen, die aufgrund der persönlichen Bindung des Unternehmensinhabers an eine Region dort verharren, auch wenn andere Regionen bessere Standortbedingungen bieten. Doch gehen den Regionen gerade diese mittelständische Unternehmen aufgrund von Übernahmen durch größere Unternehmen (z.B. aufgrund des Konzentrationsdrucks im Handel oder Verkauf aufgrund eines fehlenden Nachfolgers) oder Verdrängung durch internationale Konkurrenten verloren, die dann mit weniger Personal die Menschen vor Ort versorgen und zudem die erwirtschafteten Überschüsse nicht in der Region belassen, sondern an dem steuerlich günstigsten Ort entstehen lassen.

Weitere Gründe finden sich in technologischen Entwicklungen: Moderne Kommunikationstechnologien heben für viele Tätigkeiten die Ortsbindung auf, Heimarbeit am Computer verlangt nicht mehr die räumliche Nähe von Unternehmensstandort und Arbeitsort, internationale Netzwerke lassen zu, daß Produktion und Verwaltung von Unternehmen weit voneinander entfernt liegen können. Die Unternehmen werden somit standortunabhängiger, und unternehmerische Aufgaben können international arbeitsteilig organisiert werden: Produktion dort, wo es günstige Arbeitskräfte gibt (z.B. indische Programmierer, die für deutsche Unternehmen über das Internet arbeiten), und Führung / Verwaltung dort, wo eine Präsenz und ein Austausch mit anderen Unternehmen möglich ist (z.B. in Metropolen).

Auf der anderen Seite setzen Unternehmen heute mehr als noch vor Jahrzehnten von Ihren Mitarbeitern voraus, daß sie flexibel ihren Lebensstandort wechseln (Spieß 1998, S.15). Unterstützt wird dies durch den Umstand, daß die Kosten insbesondere in den westlichen Ländern für die Fahrten zum Arbeitsplatz aber auch für Urlaubsreisen in Relation zum Einkommen der Familien erheblich gesunken sind, womit die Entfernung und die Fahr- bzw. Reisezeit weniger Bedeutung bei den Entscheidungen über Wohn- und Urlaubsort besitzen als noch Jahre zuvor. Die Freiheit bei der Auswahl des Lebens- und Arbeitsortes nimmt somit zu. Für die Regionen bedeutet dies, daß sowohl die Unternehmen als auch die Unternehmensmitarbeiter flexibler zwischen den Standorten wählen können und so den Wettbewerb zwischen den Regionen antreiben.

Der Wettbewerbsdruck aufgrund der Flexibilisierung der Standortwahl und Arbeitsteilung wird durch große internationale Differenzen in den Arbeits-, Produktions- und Lebenskosten und dem in vielen Branchen starken internationalen Wettbewerb und damit auch Kostendruck der Unternehmen weiter verschärft: Offene Grenzen bedeuten auch einen geographisch ausgeweiteten Wettbewerb zwischen den Unternehmen. Ein bislang nur national agierendes Unternehmen muß sich dann international orientieren. Nicht, weil es selbst international tätig werden muß, sondern weil hinzukommende internationale Konkurrenten auf dem heimischen Markt auftreten (Kotler/Haider/Rein 1994, S.25). Dies hat bislang immer zu erhöhtem Druck auf die unternehmerischen Kosten geführt und so die Unternehmen gezwungen, über einen Wechsel zu denjenigen Standorten nachzudenken, an denen die geringsten Kosten für das Unternehmen entstehen. In Anbetracht international großer Kostendifferenzen, so z.B. zwischen West- und Osteuropa, lassen andere Argumente für die Standortwahl (z.B. politische Sicherheit) zurückstehen. International agierende, große Unternehmen machen dabei aus der Not eine Tugend und spielen bei Ihren Standortentscheidungen die Regionen gegeneinander aus, um die Standortkosten weiter zu senken. Den Regionen wird somit der Wettbewerb aufgedrängt.

Auch finden sich Gründe in der Veränderung gesellschaftlicher Interessen und Werte: So ist eine stetige Abwanderung junger und ambitionierter Menschen aus den ländlichen Regionen in die Städte und ins Ausland festzustellen, da dort eher Aufstiegschancen gesehen werden. Den ländlichen Regionen gehen diese Arbeitskräfte und Konsumenten verloren. Diese Entwicklung aus den wirtschaftlichen Interessen junger, aufstrebender Menschen heraus wird noch weiter durch eine zunehmende Akademisierung verstärkt, denn diese Bevölkerungsgruppe tendiert zu kulturellen und wissenschaftlichen Zentren, also verlangt von den Regionen ein größeres Angebot an Bildung und Kultur oder verläßt diese Region (Spieß 1998, S.2). Ähnlich ist der schon seit einem Jahrzehnt anhaltende Trend zu Single-Haushalten zu bewerten, die typischerweise weniger auf dem Lande denn in den Städten entstehen. Und nicht zuletzt steigen generell in modernen Industriegesellschaften die Ansprüche an die Lebensqualität vor Ort. Alles dies setzt die Regionen unter Druck, ihre Vorteile herausstellen und ihre Nachteile zu verringern.

Regionalmarketing als Notwendigkeit

Gleichwohl stellen die oben genannten Entwicklungen für die Regionen aber auch Chancen dar. So sind kostengünstigere und bessere Verkehrswege dann von Vorteil, wenn es darum geht, Menschen und Unternehmen aus einer Großstadt herauszuziehen („Speckgürtel"), eine ungewollte umweltverschmutzende Produktionsstätte abzustoßen, aber die Unternehmensleitung und somit auch das Gewerbesteueraufkommen in der Region zu lassen oder moderne Kommunikationstechnologie zu nutzen, kostengünstig Investoren in Übersee anzusprechen und zu werben.

Die Regionen stehen im ausgehenden Jahrtausend also vor einer komplexen Situation aus wachsendem Wettbewerb, neuen technologischen Chancen, einer sinkenden Macht staatlicher Verwaltung gegenüber unternehmerischen Investoren, finanziellen Restriktionen kommunaler Verwaltungen und zunehmend komplexen Entscheidungsstrukturen bei der Standortwahl von Unternehmen und Bürgern.

Diese neuen Herausforderungen verlangen eine engere Zusammenarbeit und Abstimmung regionaler Akteure, um Synergieeffekte zwischen regionalen Potentialen zu nutzen und die Region als ganzes zu vermarkten. Ein professionelles Regionalmarketing ist gefragt.

Mangelnde Kompetenz im Regionalmarketing

Doch hier setzt das zentrale Problem vieler Regionen an. Welcher Entscheidungsträger einer Region ist schon im Regionalmarketing erfahren oder ausgebildet. Nicht selten wird daher Regionalmarketing aus dem Bauch und Gefühl heraus betrieben, bestimmen Drang nach Beschäftigung oder Profilierungssucht die Akteure des Regionalmarketing und nicht die Fachkompetenz. Damit entsteht die Gefahr, daß ohne die relevanten Zielgruppen einer Region und deren Wünsche zu kennen, die Reize des Standortes mitunter verklärt angepriesen oder die Zielgruppen der Region unstrukturiert und unkoordiniert - z.T. sogar konkurrierend zwischen den Akteuren einer Region - angesprochen werden.

Dies erkennend greifen Entscheidungsträger einiger Region auf Berater zurück. Doch auch hierzu sind - gerade in den letzten Jahren in den neuen Bundesländern - viele Fälle bekannt geworden, in denen selbsternannte Regionalmarketingarketingberater von Ort zu Ort gezogen sind und nahezu identische „Leitlinien“ und „Leitmotive“ für die Standorte entwickelt haben. So wurde 1996 ein Fall eines renommierten Beratungshauses bekannt, das bei der Präsentation seines Konzeptes vor regionalen Vertretern vergessen hatten, auf den Präsentationsfolien den Namen der zuvor betreuten Region zu ändern.

Schaut sich der Interessierte nach - deutschsprachiger - Literatur um, so findet er neben wenigen wissenschaftlichen Abhandlungen (z.B. Manschwetus 1995, Spieß 1998) und einer großen Zahl empirischer Studien (wie z.B. die oben zitierte Studie des DiFu 1996 oder die zum Verständnis von Regionalmarketing von Schückhaus/Graf/Dormeier 1993) insbesondere praxisbestimmte Aufsatzsammlungen (z.B. Töpfer 1993, Beyer/Kuron 1995) und eine unüberschaubare Zahl von Praktikerbeiträgen. Dabei fällt eine Dominanz der Beiträge zum Stadtmarketing ggü. denen zum Regionalmarketing auf (Spieß 1998, S.15f.). Lediglich aus der amerikanischen Literatur sind Lehrbücher zum Regional- bzw. Standortmarketing bekannt (z.B. Kotler/Haider/Rein 1994).

Alle diese Umstände legen nahe, ein Lehrbuch zum Regionalmarketing zu verfassen, das wissenschaftliche Erkenntnisse mit der Erfahrung aus konkreten Projekten aus der Praxis zusammenführt und ein pragmatisches Regionalmarketing anleitet. Dies ist Gegenstand des vorliegenden Buches. Es richtet sich an Entscheider und Akteure des Regionalmarketing in den Regionen wie auch an die Lehrenden, die künftige Manager des Regionalmarketing ausbilden, an Institutionen, die sich dem Regionalmarketing verpflichtet fühlen, und an diejenigen, die Berater kompetent beauftragen und kontrollieren sollen.

Das vorliegende Buch versucht diesem Anspruch dadurch gerecht zu werden, daß zunächst in Kapitel 2 ein Überblick über die grundlegenden Begriffe und Elemente eines Regionalmarketing gegeben wird. In Kapitel 2 wird zudem dargelegt, daß im vorliegenden Buch Regionalmarketing auch kommunales Marketing, Standort-, Stadt- und Citymarketing einschließt und somit die weiteren Ausführungen auch unter den Titeln der jeweiligen Teildisziplinen stehen können.

In Kapitel 3 werden Rahmenbedingungen und Problemfelder des Regionalmarketing im internationalen Vergleich aufgedeckt und anschließend - im Kapitel 4 - Planung und Umsetzung eines Regionalmarketingkonzeptes Schritt für Schritt behandelt. Dabei wird bewußt darauf verzichtet, sämtliche - insbesondere aus dem unternehmerischen Marketing stammenden - Fragen der Marktforschung, Marketingplanung und -umsetzung zu diskutieren, um ein weiteres Basislehrbuch des Marketing zu vermeiden. Inwieweit sich das theoretische Konzept des Regionalmarketing in Beispielen für die Regionalmarketingpraxis wiederfindet und welche Konsequenzen daraus zu ziehen sind, ist Gegenstand der Kapitel 5 und 6.

Zur besseren Orientierung wird die Abbildung 1 am Anfang der folgenden Kapitel wiederholt und der jeweilige Schritt hervorgehoben.

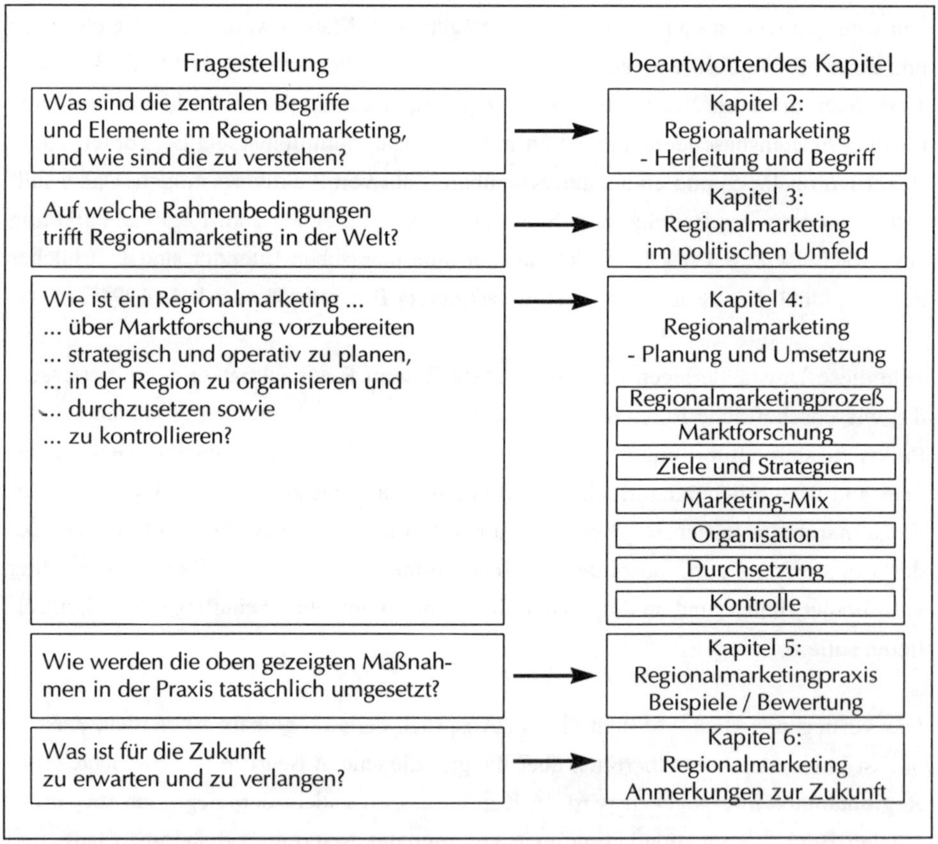

Abb. 1: Aufbau des Buches

Zusammenfassungen am Ende der Hauptkapitel stellen die wesentlichen Ergebnisse für den eiligen Leser in kurzer Form zusammen. Dem Leser wird zudem der hohe Anteil deutschsprachiger Literatur auffallen. Da sich das vorliegende Buch natürlich an den deutschsprachigen und auch nicht unbedingt im Wissenschaftsbereich angesiedelten

Leser wendet, wurden als Verweise und zur Vertiefung Quellen gewählt, die leicht zugänglich sind und geringen Rechercheaufwand mit sich bringen. Hierzu gehören auch zentrale deutschsprachige Lehrbücher aus der Marketingliteratur.

Welche Kapitel sind nun für welche Leser gedacht?

Der akribische Leser, der Regionalmarketing nicht nur in seiner formellen Planung und Durchführungen erlernen möchte, sondern auch Vergleich mit anderen Regionen und deren Erfahrungen und Fehler durchführen möchte, der sollte alle Kapitel durcharbeiten.

Derjenige, der lediglich die formalen Schritte erarbeiten möchte, kann sich auf die Kapitel 2 und 4 beschränken. Derjenige, der nur Vergleiche und Beispiele aus anderen Regionen, auch international, kennenlernen möchte, kann wiederum auf diese Kapitel nahezu verzichten und sich auf den Überblick in Kapitel 2.3 konzentrieren.

Kapitel 2: Regionalmarketing - Herleitung und Begriff

2.1 Zur Anwendbarkeit des betrieblichen Marketing auf Regionen

Überblick

Bevor im weiteren Verlauf dieses Buches Instrumente des unternehmerischen Marketing auf die Region übertragen werden, muß zunächst geklärt werden, ob das klassische Marketing grundsätzlich auf eine Region anwendbar ist und wenn ja, unter welchen Voraussetzungen. Die Beantwortung dieser Frage muß dabei mit einem Vergleich der Region mit Unternehmen und Produkten einher gehen.

Die Diskussion über die Anwendbarkeit des unternehmerischen Marketing auf eine Region wird von Autoren sehr verschiedener Fachrichtungen - wie z.B. Marketing, Geographie, Regionalplanung, soziologischen und politologischen Richtungen - geführt, wenn auch die Protagonisten erwartungsgemäß im Lager der Marketingforschung zu finden sind.

Dabei findet sich in dieser Diskussion bei nahezu allen wesentlichen Autoren (die in diesen Kapiteln immer wieder genannt werden) die Prämisse, daß eine Ausweitung des Anwendungsbereichs von Marketing auf die Region nur dann sinnvoll ist, wenn im Marketing sämtliche Transaktions- und Interaktionsbeziehungen betrachtet werden, die Austauschprozesse erleichtern und durchführen helfen (z.B. Schneider 1993, S.41, Manschwetus 1995, S.35), also auch zwischen Vertretern einer Region und Investoren, Touristen etc.

Die Anwendbarkeit kann z.B. anhand der von Scheuch 1986 entwickelten Grundprinzipien für "Austauschrelationen in komplexen Systemen" geprüft werden (Scheuch 1986, S.6, Schneider 1992, S.40ff.). Diese Grundprinzipien sind:

1. Gratifikationsprinzip: angestrebte Ziele und Tauschäquivalente.
2. Interaktionsprinzip: Aufgeschlossenheit und kommunikative Kompetenz für den Austausch.
3. Souveränitätsprinzip: Autonomiegrad und Grad der Freiwilligkeit.

Beruhen also Austauschbeziehungen zwischen Verwaltung und Betroffenen auf Elementen des Zwanges, können diese nicht dem Marketing zugerechnet werden, da das Souveränitätsprinzip nicht erfüllt wird (Scheuch 1986, S.50f.). Für die Leistungen von Regionen, zu denen auch solche wie oben besprochen gelten, kann ein Marketing also nicht angewendet werden. Dagegen ist die Tatsache, daß beim Regionalmarketing gesellschaftliche Ziele gleichwertig neben Markt- und Ertragszielen stehen, kein Ausschlußkriterium, da es nicht auf die Gewichtung der verfolgten Ziele ankommt (Hübl 1993, S.10). Die Frage nach der Berechtigung des Regionalmarketing bleibt hier somit offen.

In der Literatur scheint hingegen die Frage faktisch beantwortet zu sein. Unter den wesentlichen Autoren scheint Konsens über das „ob" der Anwendbarkeit zu bestehen, sie wird bejaht. Dagegen sind die Auffassungen über das „wie" der Übertragung recht different (z.B. Fehrlage/Winterling 1991, S.255ff., Schneider 1992, S.53f., Manschwetus 1995, S.50). So gibt es in der Ableitung des Regionalmarketing aus der bestehenden Marketingtheorie grundlegende unterschiedliche Vorstellungen:

- Einige Autoren ordnen das Regionalmarketing dem Non-Profit-Marketing zu (u.a. Schwartz 1982, S.43, Töpfer, Müller 1988, S.741).
- Andere wiederum sehen es als Teil des unternehmerischen Marketing (u.a. Fehrlage, Winterling 1991, S.254, Manschwetus 1995, S.22).
- Wieder andere verstehen Regionalmarketing als eine neue Anwendungsform des Marketing in einem ständigen Prozeß der Erweiterung der Marketinganwendung (u.a. Schneider 1992, S.40ff., Hübl 1993, S.5ff.).

Regionalmarketing als Form des Non-Profit-Marketing

Grundlage der Argumentation von Schwartz, Töpfer und Braun für eine Ableitung aus dem Non-Profit-Marketing bildet die Annahme, daß sich Regionalmarketing mit der Gestaltung sämtlicher Beziehungen der Gemeinde als Institution und ihrer Marktpartner befaßt (Schwartz 1982, S.43, Braun/Töpfer 1989, S.9). Die Gemeinde als Organisation und ihre Ziele stehen damit im Mittelpunkt ihrer Marketinganalyse und -planung.

Zu generellen Bedingungen der Anwendbarkeit des Non-Profit-Marketing auf eine Region äußert sich Schwartz jedoch nicht. Auch Töpfer und Braun heben lediglich hervor, daß Regionalmarketing aus dem Non-Profit-Marketing heraus nur dann umsetzbar ist, wenn von den Entscheidungsträgern der Kommunalverwaltung ein bürgerorientierter Führungsstil im Marketing akzeptiert werde (Braun/Töpfer 1989, S.9). Eine solche Aussage kann u.E. kein sinnvolles Abgrenzungskriterium für eine grundsätzliche Anwendbarkeit liefern, wie auch grundsätzlich in Frage zu stellen ist, ob die Non-Profit-Marketingtheorie eine geeignete Sicht auf die Probleme und Lösungen eines Marketing für Regionen zuläßt.

Non-Profit-Marketing versteht sich als Marketing nicht-kommerzieller Organisationen. Dies bedeutet, daß ein Gewinnziel nicht das primäre Ziel des Handelns ist, sondern vielmehr bedarfswirtschaftliche und soziale Ziele im Vordergrund stehen (Raffée/ Wiedmann 1995, Sp.1930ff.), während traditionelle Ziele nicht ausgeschlossen werden. D.h., Regionalmarketing wäre nur dann anwendbar, wenn nur die nichtkommerziellen Institutionen als Betreiber betrachtet werden (z.B. kommunale Verwaltungen, Bürgervereinigungen, gemeinnützige Institutionen). Autoren wie z.B. Manschwetus (1995, S. 23ff.) lehnen jedoch eine solche Einschränkung ab.

Derselbe Autor kritisiert weiter, daß mit dem Non-Profit-Marketing primär außerökonomische Ziele verfolgt werden, während Regionalmarketing explizit ökonomischen Ziele nachgeht (z.B. Sozialziele wie Hilfe für Obdachlose). Zudem sei das Non-Profit-Marketing selbst nur aus dem klassischen Marketing abgeleitet und so nur einen geringen Beitrag zu einer Theorie des Regionalmarketing leisten kann (Manschwetus 1995, S. 24). Vielmehr solle daher auf den Ursprung der Theorie zurückgegangen werden, und dies sei schließlich das „klassische Marketing".

Während Manschwetus Haltung auch recht dogmatisch ablehnend erscheint, so kann ihr doch darin gefolgt werden, daß Regionalmarketing mitnichten voraussetzt, daß nicht-kommerzielle Ziele verfolgt werden und nicht-kommerzielle Institutionen dieses betreiben. Vielmehr zeigt die Realität, daß sich auch Unternehmen am Regionalmarketing beteiligen, um letztendlich den eigenen Gewinnzielen zu genügen. Und auch andere Institutionen, die Regionalmarketing betreiben, können kommerzielle Ziele verfolgen, so z.B. durch den Verkauf von Merchandising-Artikeln zur Region. Spätestens wenn berücksichtigt wird, daß auch nicht-kommerzielle Institutionen mit Regionalmarketing bemüht sind, z.B. um durch den anschließenden Verkauf von Grund und Boden an Investoren Einnahmen in die öffentliche Kasse zu bekommen, verschwimmen im Regionalmarketing die Konturen zwischen kommerziell und nicht-kommerziell.

Regionalmarketing als Variante des unternehmerischen Marketing

Spieß (1998, S.9f., mit Verweis auf u.a. Meffert 1989, S.274 und Wertmöller 1995, S.15) unterstützt die Ansicht, daß Regionalmarketing als eine Variante des unternehmerischen Marketing anzusehen ist, da zentrale unternehmerische Grundprinzipien auf Städte und Regionen übertragen werden können, so insbesondere:

- Die Marketingphilosophie als marktorientierte Unternehmensführung.
- Die planmäßige und systematische Erforschung des Marktes.
- Das Prinzip der differenzierten Marktbearbeitung.
- Konzept von Strategie und (operativer) Aktion.
- Das Prinzip der koordinierten Planung der marktgerichteten Aktivitäten.

Für Manschwetus, der ebenso für eine Zuordnung des Regionalmarketing zum unternehmerischen Marketing argumentiert, ist der Markt als ökonomischer Ort des Tausches untrennbar mit der Vorstellung verbunden, daß Leistungen substituierbar sind

(Manschwetus 1995, S.45f.). Damit bestimmt nicht die Art der Organisation (öffentlich oder privat), sondern das strukturelle Umfeld, in der die Leistungserstellung stattfindet, die Sinnhaftigkeit des Marketingeinsatzes. Werden Leistungsangebote also unter Ausübung legitimer Macht erstellt und abgegeben, sollte, so dieser Autor, nicht von Marketing, sondern lediglich von Öffentlichkeitsarbeit gesprochen werden (Manschwetus 1995, S.45).

Als Beispiel nennt der Autor die Erstellung des Personalausweises: Da der Bürger nicht die Wahl habe, ihn bei einer anderen Organisation als dem Meldeamt erstellen zu lassen, seien Leitlinien wie "[...] die Bereitschaft zur raschen und effizienten Bewältigung auftretender Schwierigkeiten [...]" lediglich Makulatur (Manschwetus 1995, S.48). U.E. erscheint eine Abgrenzung der Leistungen, die unter Zwang erstellt werden, von solchen, die dem Substitutionswettbewerb unterliegen, jedoch nicht eindeutig. So kann das schnelle und kundenorientierte Vorgehen bei der Erstellung des Personalausweises durchaus ein Wettbewerbsvorteil gegenüber anderen Regionen bedeuten, obwohl dafür ausschließlich eine öffentliche Behörde zuständig ist. Es kann hier also nicht die Organisation innerhalb der Region, wohl aber die Region substituiert werden. Natürlich kann darüber gestritten werden, inwieweit die Erstellung eines Personalausweises für die Entscheidung eines Bürgers für oder gegen eine Region eine Rolle spielt. Es bleibt jedoch die Tatsache bestehen, daß diese Leistung grundsätzlich substituiert werden könnte.

So wird die Forderung nach einer klaren Wettbewerbssituation als sinnvolle Voraussetzung für die Anwendung des Regionalmarketing offensichtlich. Damit wird eine Zuordnung zum Non-Profit-Marketing zugleich verneint und heißt zugleich, daß die Region substituierbar sein muß. Wird so das Regionalmarketing zu einer eigenen Disziplin neben dem unternehmerischen Marketing?

Regionalmarketing als eigene, neue Marketingdisziplin

Autoren, die Regionalmarketing als neue Disziplin des Marketing verstehen, überprüfen die Sinnhaftigkeit des Einsatzes von Marketing, unabhängig von bestehenden Konzepten wie unternehmerisches Marketing oder Non-Profit-Marketing (z.B. Schneider 1992). Regionalmarketing steht demzufolge gleichberechtigt neben traditionellen Bereichen wie Konsumgütermarketing und Non-Profit-Marketing (siehe Abbildung 2).

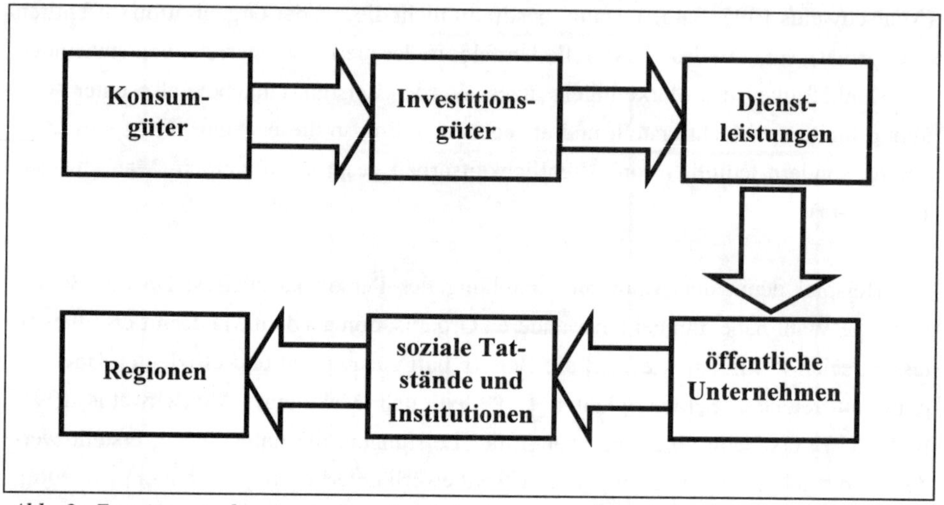

Abb. 2: Erweiterung des Anwendungsbereichs des unternehmerischen Marketing (in Anlehnung an Meissner 1995, S.22)

Von einigen Autoren wird anhand von drei Grundmerkmalen eine typologische Einordnung des Regionalmarketing vorgenommen (Schneider 1992, S.43ff., Hübl 1993, S.12f.). Dazu wird Regionalmarketing zusammen mit anderen Anwendungsformen des Marketing als Quader in einem dreidimensionalen Raum dargestellt (Abbildung 3).

Vergleicht man Austauschbeziehungen des unternehmerischen Marketing (Quader A) mit denen des Stadtmarketing (Quader B) und des Social Marketing (Quader C), stellt man fest, daß im Stadtmarketing (und dies kommt hier dem Regionalmarketing wohl am nächsten) bei der Wahl von Zielgruppen weniger Spielräume als bei den anderen beiden Marketingformen bestehen *(geringe Souveränität)*.

Allerdings gilt dies nur kurzfristig. Langfristig kann sich die Entwicklung einer Region durchaus auf bestimmte Zielgruppen konzentrieren. Die Komplexität der Zielsysteme wird hier für marktliche und kommunale Austauschprozesse gleichbedeutend dargestellt *(mittlere Gratifikation)*. Grundsätzlich werden in beiden Anwendungsbereichen die gleichen Ziele und Tauschäquivalente berücksichtigt, sie unterscheiden sich lediglich bezüglich ihrer Gewichtung (Schneider 1992, S.43). So spielen gesellschaftliche Ziele gegenüber Gewinnzielen und affektive gegenüber monetären Tauschäquivalenten im Regionalmarketing eine größere Rolle als beim unternehmerischen Marketing (affektive Tauschäquivalente sind beispielsweise die Befriedigung an der Umsetzung eigener Ideen sowie die Kommunikation mit anderen Akteuren der Region (Schneider 1992, S.45)).

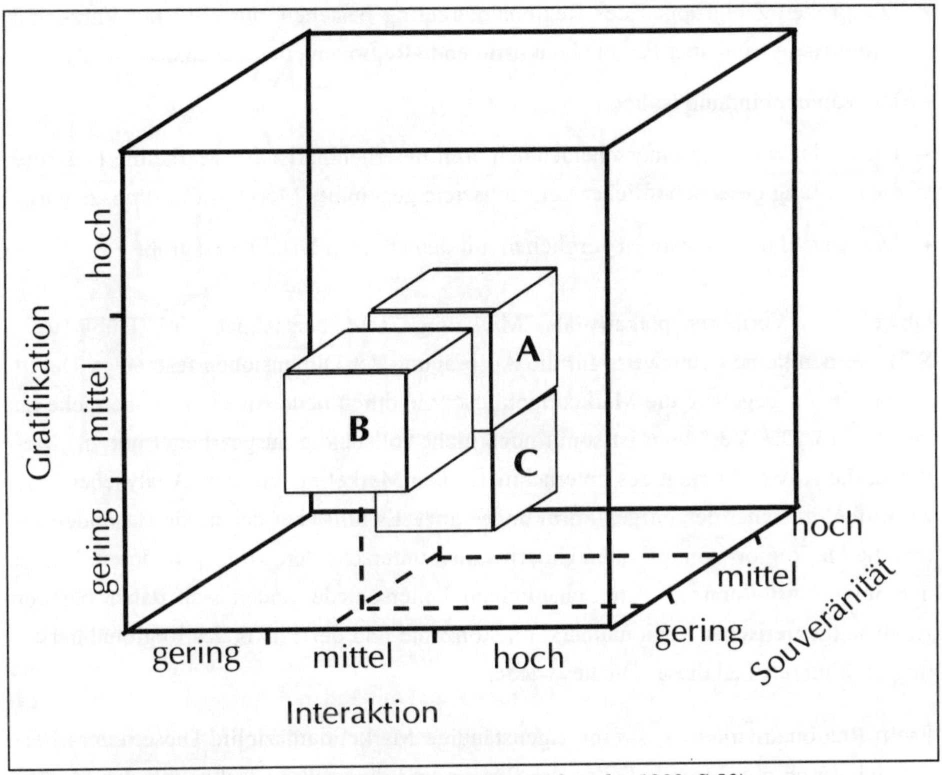

Abb. 3: Typologisierung von Austauschbeziehungen (Schneider 1992, S.53)
Quader A: Unternehmerisches Marketing
Quader B: Städte
Quader C: Social Marketing, hier: soziale Verbände (z.B. Deutsches Rotes Kreuz) oder Umweltverbände (z.B. BUND)

Die Aufgeschlossenheit und kommunikative Kompetenz werden für alle Analysebereiche gleichbedeutend dargestellt *(mittlere Interaktion)*. Obwohl beim Regionalmarketing eine langfristige Zusammenarbeit angestrebt wird, gelingt dies natürlich ebensogut oder -wenig wie im unternehmerischen Marketing (Schneider 1992, S.48ff.). Dennoch soll hier darauf hingewiesen werden, daß längerfristige Interaktionen auch oder vor allem deshalb zustandekommen, weil die Zielgruppen eine geringere Wahlfreiheit als im unternehmerischen Bereich haben. Die Zielgruppen einer Region verfügen in der Regel nicht über eine unbegrenzte Mobilität, so daß die Kundenbindung von vornherein im Vergleich zu beispielsweise Konsumgütern höher ist. Die Kundenbindung würde also eine fehlende Aufgeschlossenheit und kommunikative Kompetenz ausgleichen. Im folgenden werden die wesentlichen Besonderheiten des Anwendungsbereichs Region zusammengefaßt:

- Die groben Zielgruppen des Regionalmarketing bestehen zum Teil nur kurz- und mittelfristig, sind aber für alle konkurrierende Regionen etwa gleich.
- Die Kundenbindung ist hoch.
- Die Zielgewichtung unterscheidet sich vom unternehmerischen Marketing (stärkere Gewichtung gesellschaftlicher Leistungsziele gegenüber Markt- und Ertragszielen).
- Die Anzahl der Akteure ist verglichen mit den anderen Disziplinen groß.

Obwohl das Verfahren plakativ als "Marketing-TÜV" bezeichnet wird (Hübl 1993, S.7), werden keine Grenzwerte für die Ausprägung der Dimensionen festgelegt. Damit ist die Gefahr gegeben, die Marketingphilosophie durch neue Anwendungsbereiche zu verwässern. Das Verfahren ist somit noch nicht vollständig ausgearbeitet und als Methode, die Anwendbarkeit des unternehmerischen Marketing auf neue Analysebereiche zu prüfen, in seiner derzeitigen Form ungeeignet. Es hilft aber dabei, die Besonderheiten, die die Region vom privaten Unternehmen unterscheiden, zu identifizieren. Die in der obigen Abbildung 3 veranschaulichten Unterschiede finden sich daher bei der Analyse theoretischer Regionalmarketingkonzepte und der Praxis des Regionalmarketing im hinteren Teil dieses Buches wieder.

Fazit: Regionalmarketing ist eine eigenständige Marketingdisziplin. Diese unterscheidet sich durch die Besonderheiten der Region und die größere Zielvielfalt des Marketing für Regionen vom unternehmerischen Marketing wie auch vom Non-Profit-Marketing, wenn auch vom unternehmerischen Marketing viele Methoden und Lösungen übernommen und abgewandelt übertragen werden. Dies setzt jedoch voraus, daß der Charakter einer Region in den Augen des Marketing geklärt wird, d.h. ob bei einer Übertragung eine Region eher als Produkt oder als Unternehmen aufzufassen ist.

2.2 Begriffsbestimmung und -abgrenzung

So häufig wie über Regionalmarketing geschrieben und diskutiert wird, so unterschiedlich ist auch dessen Verständnis in Praxis und Literatur. Dies zeigen Studien u.a. von Schückhaus/Graf/Domeier (1993) und Töpfer (1993). Dabei wird selten der Begriff Regionalmarketing verwendet, vielmehr sind Begriffe wie Stadtmarketing, Standortmarketing oder auch Regionalpolitik die gängigen Bezeichnungen, auch wenn der Gegenstand der Ausführungen Regionen und Marketing sind.

Spieß (1998, S. 3) weißt zwar darauf hin, daß statt Regionalmarketing der Begriff Regionenmarketing besser geeignet ist, da ersterer Begriff mit den regional begrenzten Marketingaktivitäten eines Unternehmens verwechselt werden kann. Da aber dieser Begriff - im Gegensatz zu Regionenmarketing - seit vielen Jahren eingeführt und gängig ist, soll er hier beibehalten werden.

Nachdem oben die Anwendbarkeit des klassischen Marketing auf Regionen befürwortet wurde, ist nun das klassische Marketing auf das Objekt Region und deren Besonderheiten anzuwenden. Damit wird das Objekt Region in das Spektrum der zu vermarktenden Objekte eingeordnet, das somit von einzelnen Produkten, Dienstleistungen, Personen oder Veranstaltungen über Produktgruppen und -programme, Unternehmen, Institutionen (auch z.B. Museen) und Unternehmensgruppen bis hin zu Standorten, die von Stadtteilen über Orte, Städte, Städteverbunden, also Regionen, Bundesländer, Nationalstaaten oder internationale Staatengemeinschaften oder - kooperationen (EU, NAFTA) reicht.

Der Begriff „Region"

Was ist jedoch eine Region? Die Auslegungen dieses Begriffs in der Literatur haben leider nur wenig gemeinsam (dazu: von der Heide 1995, S.86). So gibt es beispielsweise für die regionale Gliederung der EU die Euro-Regionen, die im Ausschuß der Regionen in Brüssel vertreten sind. In Deutschland werden vielfach die Bundesländer als Regionen angesehen, Spieß (1998, S.9, mit Verweiß auf Lompe 1996, S.18) sieht Regionen als zusammenhängende Gebiete kleiner als ein Bundesland jedoch größer als eine Kommune. Des weiteren spielt der Begriff Region bei der Raumplanung eine Rolle. Die Regionalplanung ist die Stufe zwischen der Landesplanung und der Bauleitplanung der Gemeinden. Die Bundesländer trafen hier unterschiedliche Regelungen, so daß sich Planungsgemeinschaften unterschiedlicher räumlicher Ausdehnung gebildet haben. Weiter sind in Deutschland die Arbeitsmarktregionen definiert, auf denen die regionale Wirtschaftsförderung beruht. Alle Interpretationen des Begriffes Region haben zu teilweise erheblichen Größenunterschieden zwischen den Regionen geführt und zwar sowohl, was die räumliche Ausdehnung betrifft, als auch bezogen auf die Einwohnerzahl. Aufgrund dessen wird z.B. für die Euro-Regionen eine einheitlichere Vorgehensweise gefordert (von der Heide 1995 S.85f.).

Abgesehen von Zielen der wirtschaftlichen Förderung ist auch die historisch gewachsene Identität einer Region von besonderer Bedeutung für das Regionalmarketing (u.a. Scharff 1993). Damit erhält eine Definition von Balderjahn (1994, S.19) Bedeutung, in der Regionen als „historisch gewachsene Einheiten, kulturell und wirtschaftlich verflochtene geographische Räume, die sich auch unabhängig von Landes-, Kreis- und Stadtgrenzen herausbilden und Bestand haben" verstanden werden. Dieser Auffassung soll hier gefolgt werden.

Eine Definition des Regionalmarketing

Auf der Basis dieses Verständnisses von Region ist der Begriff „Regionalmarketing“ zu bestimmen. Da es nicht zu einer „Verwässerung der Marketingphilosophie" durch neue Anwendungsbereiche (Meffert 1994, S.5) kommen soll, sollte sich eine Definition an der Begriffswelt des unternehmerischen Marketing orientieren. Dem folgen auch viele Autoren, die Regionalmarketing als marktorientiertern Steuerungsansatz interpretieren (u.a. Honert 1991, S. 63, Manschwetus 1995, S.35, Zentes 1996, S.203). In diesem Sinne definiert z.B. Hammann (1995, Sp.1167) „kommunales oder regionales Marketing“ über die Funktionen „der Planung, Entwicklung und Umsetzung von Strategien einer privat- oder öffentlich-rechtlichen Einrichtung bzw. eines Trägers zur Vermarktung“ zum Zwecke „der Vermarktung eines kommunalen bzw. regionalen Standortes“.

Diese Begriffsauslegung entspricht weitgehend der Bedeutung des Begriffes "Marketingplanung" im unternehmerischen Marketing, übertragen auf Regionen (bzw. Kommunen). Da auch im Standardwerk der Marketinglehre, Nieschlag, Dichtl und Hörschgen (1997, S.870f.), die Marketingplanung als Steuerungsansatz in Wettbewerbssituationen beschrieben wird, die es so auf das Regionalmarketing zu übertragen gilt, erscheint es nur konsequent, wenn hier - in Anlehnung an Manschwetus (1995, S.39) und basierend auf der Definition von Balderjahn (1994, S.19) - Regionalmarketing als ...

> ... ein marktorientiertes Steuerungskonzept zur Entwicklung von Regionen definiert wird. Dabei ist unter einer Region ein historisch gewachsenes Territorium beliebiger räumlicher Ausdehnung zu verstehen.

Dieses Verständnis von Region und Regionalmarketing vereint die Vorstellungen der Mehrheit der Autoren zum Regionalmarketing und wird zudem dem Anspruch gerecht, die Bedeutung des Begriffes Marketingplanung nicht zu verwässern. Es muß jedoch bei dieser Definition beachtet werden, daß das Begriffsverständnis in der Forschung bei weitem nicht mit dem in der Praxis üblichen übereinstimmt (dazu später in diesem Buch).

Da Regionalmarketing eine noch junge Disziplin innerhalb der Marketingwissenschaft ist, existiert noch eine Vielzahl neuer Begriffe, die teilweise synonym verwendet werden. Um Mißverständnisse zu verhindern, soll Regionalmarketing im folgenden von verwandten Begriffen abgegrenzt werden:

Kommunales Marketing / Kommunalmarketing

Unter Kommunalmarketing wird eine bürgerorientierte Führung kommunaler Institutionen verstanden (Töpfer/Müller 1988, S.741). Dabei werden Teile des Marketinginstrumentariums auf öffentliche Institutionen übertragen (Schwartz 1982, S.43f.). Als öffentliche Institutionen kommen Gemeindeverwaltungen, kommunale Unternehmen, wie beispielsweise Feuerwehr oder Energieversorgungsunternehmen, sowie übergeordnete staatliche Stellen in Betracht. Demzufolge ist Kommunalmarketing im Gegensatz zum Regionalmarketing nicht auf Märkte begrenzt, die dem Wettbewerb unterliegen.

Standortmarketing

Ein Standort ist nach Hammann (1995, Sp.1167f.) „die in einem regionalen bzw. kommunalen Raum abgegrenzte, geographische Einheit unter Berücksichtigung ihrer geophysischen, ökologischen, soziokulturellen und infrastrukturellen Merkmale, zuzüglich der an, auf und in dieser Einheit anbietbaren Dienstleistungen“. In diesem Sinne ist eine Region auch eine Ausprägung eines Standortes. So kann einer - in der Literatur wiederholt zu findende - Differenzierung des Standortmarketing vom Regionalmarketing aufgrund einer Unterscheidung von Region und Standort (als Synonym für einen abgegrenzten (Gewerbe-) Standort nicht gefolgt werden. Gleichwohl ist Standortmarketing als eine Teildisziplin des Regionalmarketing aufzufassen. Es hat jedoch nur die Gestaltung der Beziehungen zu Investoren zum Gegenstand, insbesondere die operative Investorenakquisition. Dagegen spricht Regionalmarketing mehr Zielgruppen an, wie z.B. Touristen, potentielle Wohnbevölkerung, allgemeine Öffentlichkeit (Kotler/Haider/Rein 1994, S.69, Manschwetus 1995, S.37).

Stadt- und Citymarketing

Vor dem Hintergrund der obigen Definitionen zu Region und Regionalmarketing erscheint es angebracht, Stadtmarketing als Regionalmarketing mit räumlicher Ausdehnung auf den Standort „Stadt" aufzufassen. Stadtmarketing stellt in diesem Sinne nur eine geographische Einengung des Begriffes Regionalmarketing dar. Dies bedeutet jedoch nicht, daß Regional- und Stadtmarketing identisch sind. So kann das Marketing für eine Stadt Unterschiede aufgrund seiner lokalen Orientierung zum Marketing für eine Regionen aufweisen (von der Heide 1995, S.85ff.), was sich z.B. im Fehlen der Integration von ländlichen und städtischen Interessen, der Fülle der zu kommunizierenden Themen und im stärkeren lokalen Bezug der kommunikativen Aussagen zeigt. Dennoch lassen sich Beiträge in der Literatur zum Stadtmarketing auch auf Regionen anwenden, so z.B. in der Aufsatzsammlung von Töpfer (1995).

Citymarketing wird in der deutschen Literatur enger eingefaßt als in anderen Ländern: So wird z.B. bei Helbrecht (1994, S.3) und bei Werthmöller (1995, S.26) das Citymarketing auf abgegrenzte Teile einer Stadt (z.B. Innenstadt, Fußgängerzone etc.) beschränkt, während in der Praxis anderer europäischer Länder (z.B. Niederlande, Frankreich, UK) ein Verständnis vorherrscht, daß dem des Stadtmarketing gleichkommt (Konken 1996, S.12 zitiert bei Spieß 1998, S.11).

Standort-, Stadt- und Regionalpolitik

Die Stadtentwicklungsplanung bzw. -politik hat nach Junker, Frauns und Schaller (1996, S.286) die übergeordnete Aufgabe, die Aktivitäten und Prioritäten im gesellschaftlichen Raum zu steuern, während Stadtmarketing stärker auf eine Moderation gesellschaftlicher Akteure abzielt. Die Moderation ist hier ein Mittel zum Zweck, welches eingesetzt wird, um individuelle Interessen abzugleichen. Was die Autoren für den Standort „Stadt" definieren, kann auch auf jegliche Form eines Standorts übertragen werden, so auch zur Abgrenzung von Regionalpolitik und -marketing. Regionalpolitik ist über der Ebene der einzelnen Regionen angesiedelt und moderiert die

Aktivitätenschwerpunkte zwischen den Regionen. Helbrecht hält es aber - auf langfristige Sicht - für möglich, daß Regionalmarketing unser derzeitiges System der regionalen Entwicklungsplanung in Deutschland ersetzt (Helbrecht 1994, S.21). Dagegen ist Hammann der Auffassung, daß regionales Marketing im wesentlichen als Teil der privaten bzw. öffentlich-rechtlichen Wirtschaftsförderung aufgefaßt werden sollte (Hammann 1995, Sp.1167ff.). Denn so wird das Marketing auf Wirtschaftseinheiten und -ziele beschränkt. Marketingaktivitäten, die letztendlich der Bevölkerung dienen, werden so ausgeschlossen. Dieser Auffassung soll hier widersprochen werden. Im weiteren Verlauf des Buches wird noch deutlich werden, daß Regionalmarketing gerade letzteres zu seinen Aufgaben zählt und die eigene Bevölkerung als Zielgruppe und Nutznießer ausweist.

Regionalmarketing schließt Standort- und Stadtmarketing ein

Aus den bisherigen Abgrenzungen dürfte deutlich geworden sein, daß Regionalmarketing - in der obigen Definition - die anderen Begriffe einschließt, letztere demnach nur Teilaspekte des Regionalmarketing beschreiben:

- Kommunales Marketing ist Regionalmarketing mit Konzentration auf öffentliche Institutionen.
- Standortmarketing ist Regionalmarketing mit Konzentration auf die Zielgruppe der Investoren.
- Stadt- und Citymarketing ist Regionalmarketing mit Konzentration auf die „Regionen“ Stadt und Innenstadt.

Sie können in diesem Sinne als Teildisziplinen des Regionalmarketing angesehen werden. Einzige Ausnahme stellen Standort-, Stadt- und Regionalpolitik dar. Sie überschneiden sich mit der politischen und moderierenden Komponente des Regionalmarketing.

Zwar mögen die Disziplinen Kommunales Marketing, Standort-, Stadt- und Citymarketing Besonderheiten durch ihre Konzentration auf einen Teil des Regionalmarketing aufweisen, diese sind jedoch entsprechend in der Gesamtdarstellung des Regionalmarketing zu berücksichtigen, wie auch im unternehmerischen Marketing die Besonderheiten von Teildisziplinen (z.B. Dienstleistungsmarketing, Handelsmarketing) nicht dazu führen, eine übergeordnete Marketingtheorie aufzustellen.

Entsprechend wird hier verfahren. Regionalmarketing soll hier nicht von den Disziplinen Kommunales Marketing, Standort-, Stadt- und Citymarketing abgegrenzt werden, sondern diese einschließen. Die weiteren Ausführungen zum Regionalmarketing werden prinzipielle Aufgaben, Methoden und Lösungen darlegen, die so auch bei einer beschränkten Sicht auf nur eine Teildisziplin ihre Gültigkeit und Bedeutung behalten. Auf die Besonderheiten der Teildisziplinen wird dann an den entsprechenden Stellen eingegangen.

Diese Ansicht bedeutet auch, daß prinzipiell Literatur, die sich auf die Teildisziplinen beschränkt, auch für diese Schrift herangezogen werden kann. Insbesondere in Kapitel 5 werden für die Beispiele und Bewertungen zur Praxisumsetzung des Regionalmarketing sowohl größere Regionen wie auch Städte herangezogen.

2.3 Grundlegende Elemente des Regionalmarketing

Überblick

Regionalmarketing wurde oben als ein marktorientiertes Steuerungskonzept zur Entwicklung von Regionen definiert. Soll die klassische Marketingtheorie nun auf Regionen übertragen werden, so stellt sich in einem nächsten Schritt nach der obigen Definition die Frage, was grundlegenden Elemente und Aufgaben des Regionalmarketing sind. Kotler/Haider/Rein (1994, S.50) nennen als zentrale Elemente des Standortmarketing - hier auch auf Regionen übertragbar - Image, Attraktionen, Infrastruktur und Menschen. Dies erscheint doch recht vereinfacht.

Regionalmarketing betrachtet - in Ableitung des klassischen Marketing - Objekte der Vermarktung, die anvisierten Zielgruppen und die jeweils damit verbundenen Ziele sowie die Instrumente der Realisierung. Die Aufgaben ergeben sich aus den Zielen für die Objekte und Subjekte des Regionalmarketing. Auf diese Begriffe soll hier in einem Überblick eingegangen werden.

Was ist hier jedoch das konkrete Objekt der Vermarktung? Es ist sicherlich zu einfach, die Frage nach dem Objekt des Regionalmarketing lediglich mit „Region" zu beantwortet (z.B. bei Spieß 1998, S.28). Vielmehr ist aus der Praxis des Regionalmarketing ersichtlich, daß sich die Vermarktung sowohl auf die Region als Ganzes (mit ihrem Image) beziehen kann, wie auch auf das kulturelle, das touristische, das lebens- und konsumbezogene, das arbeitsbezogene oder das wirtschaftliche Angebot einer Region. Ist das Vermarktungsobjekt „Region" aus der Sicht des klassischen Marketing nun als ein Dach über eine Produkte erbringende Einheit zu verstehen, also einem Unternehmen gleichzusetzen, oder stehen die einzelnen Produkte einer Region im Vordergrund, so daß eine Region im Marketingsinne eher als Produkt anzusehen ist?

Ist eine Region ein Produkt?

Damit wird eine in der Literatur heftig und vielfach auch sehr formalistisch geführte Diskussion aufgegriffen (dazu für einen Überblick Manschwetus 1995, S.57ff., sowie zur Diskussion u.a. Dorn 1973, S.23ff., Bölz 1988, S.996, Hill 1982, S.260f., Grätz 1983, S.70ff., Hubka, 1975, S.117ff., Fischer 1989, S.621ff.). Da diese Diskussion immer wieder sowohl in der Wissenschaft als auch im praktischen Regionalmarketing aufkommt und zudem für die Ausgestaltung des Regionalmarketing von erheblicher Bedeutung ist, sollen die wesentlichen Argumente hier nachgezeichnet werden.

Zwar erscheint es zunächst naheliegend, eine Region als vermarktbares Produkt aufzufassen, was insbesondere in populärwissenschaftlichen Schriften gerne plakativ dargestellt wird. Von verschiedenen Autoren wird dies aber mit dem Argument kritisiert, daß Regionalmarketing das Produkt Region als ganzes oder nur einzelne Teile betrachtet, was für Produkte untypisch sei (Quellen s.o.). Dem ist jedoch zu entgegnen, daß eine solche Trennung auch im Marketing für komplexe Güter wie z.B. Transportleistungen, Versicherungen, Spielzeugeisenbahnen, bekannt ist, hier aber von Produkten gesprochen wird.

Auch die Argumente gegen die Begriffsverwendung „Produkt", im Marketing für Regionen vermischten sich physisches Gut und Dienstleistung und diese nähmen je nach Zielgruppe unterschiedliche Bedeutung ein und sind dabei auch isoliert zu vermarkten, kann nicht gelten gelassen werden, denn ein solches Marketing unterscheidet sich nicht von serviceintensiven Produkten z.B. aus dem Anlagenbau, bei denen die Verwendung des Produktbegriffs unstrittig ist.

Manschwetus (1995, S.57ff.) wendet sich gegen die Anwendung des Produktbegriffes auf Regionen, da ein Produkt immer nur dann vorliege, wenn es im Wettbewerb steht, Elemente der Regionen jedoch dieses nicht immer besitzen müssen, wie z.B. gesetzlich vorgeschriebene Förderungsleistungen für Investoren, die überall gelten. Diesem Argument ist zu entgegnen, daß auch klassische Produkte verschiedentlichen Beschränkungen unterliegen, die sie zum Teil oder vollständig aus dem Wettbewerb ziehen, z.B. Preisvorgaben bei Zeitschriften oder ärztlichen Leistungen, Werbeverbote bei Rechtsanwälten oder Zulassungen wie bei Medikamenten.

Abgeleitet aus dem Argument des fehlenden Wettbewerbs wird auch vorgebracht, daß Teile von Regionen Kollektivgüter sind (z.B. frische Luft, Straßen, Park- und Waldanlagen), von denen niemand ausgeschlossen werden kann (Hill 1982, S.262, Dorn 1973). Kollektivgüter sind jedoch keine Produkte, für die Marketing betrieben werden kann (Manschwetus 1995, S.59). Dieses Argument ist zunächst schon deshalb unverständlich, da nicht nachzuvollziehen ist, warum nicht für den Besuch eines Waldgebietes Marketing betrieben werden soll, auch wenn dahinter keine unmittelbare Gewinnerzielungsabsicht steht. Das Argument geht zudem an den nachgelagerten Zielen des Regionalmarketing als bedarfs- und bedürfnisweckendes Instrumentarium vorbei:

Marketing für Kollektivgüter einer Region besitzt das Ziel, mittelbar die Nachfrage nach mit dem Kollektivgut verbundenen Leistungen und nach (knappen) Individualgütern zu steigern: Ein Tourist nutzt zwar die frische Luft und die Waldgebiete als Kollektivgüter, ohne der Region einen Gewinn zu verschaffen, er fragt aber ggf. Hotel- und Gaststättenleistungen, Transport und Unterhaltung während seines Besuches und damit vermarktbare Güter im Sinne der kritisierenden Autoren nach.

Kann nach dieser Diskussion noch vom „Produkt Region" gesprochen werden? Für die Anwendung des Produktbegriffes auf eine Region spricht, daß ihre Eigenschaften denen komplexer oder serviceintensiven Produkte gleichkommen: Wie bei der Vermarktung von diesen Produkten auch, können sich die Zielgruppen aus dem Gesamt der Leistungen jeweils ihren Teil heraussuchen. Die begrifflichen Verwirrungen und Diskussionen lassen sich u.E. auch auf eine unsaubere Differenzierung von Produkt/Leistung, Produkteigenschaften und Kundennutzen zurückführen. So ist z.B. Erholung kein Produkt der Region, sondern ein Nutzen für Kunden beim Besuch der Region, was wiederum mit einer Dienstleistung verbunden ist. Auch ist eine schöne Landschaft kein Teil des Produktes, sondern eine Eigenschaft, die erst dann zu einem Nutzen beim Kunden führt, wenn er sich bei einem Besuch daran erfreut. Die Leistungen einer Region bestehen darin, dieses durch eine entsprechende Infrastruktur zur Verfügung zu stellen und begleitende Leistungen (z.B. Hotel, Gaststätten) anzubieten.

Ist eine Region ein Unternehmen?

Gegen diese Auffassung spricht zunächst, daß das „Produkt Region" ein Konglomerat von Leistungen ist, die zum Teil nebeneinander vermarktet werden. Die Region wäre vielmehr als Unternehmen und die Produkte/Leistungen der Region als klassische Produkte aufzufassen.

Dem stellt Manschwetus (1995, S. 94) erhebliche Unterschiede anhand von 14 Kriterien tabellarisch gegenüber (Tabelle 1). U.E. sind die dort genannten Kriterien jedoch wenig geeignet, Unterschiede zu Tage zu fördern, die der Vermarktung einer Region wie die eines gesamten Unternehmens entgegenstehen. Manschwetus vergleicht Region und Unternehmen als soziale Systeme, die Marketing betreiben, nicht als Objekt des Marketing. Der Begriff Unternehmen kann hier nicht in dem Sinne verwenden werden, daß Regionalmarketing eine Aktivität des „Unternehmens Region" ist mit allen aufbau- und ablauforganisatorischen und marketingstrategischen Fragen, vielmehr ist die Region ein Objekt des Marketing, wie es auch das gesamte Unternehmen oder eine Marke sein kann, unabhängig von der Institution, die das Marketing betreibt.

Kriterium	Unternehmen	Region
Standort	mobil	immobil
Point of Sale	standortunabhängig	standortgebunden
Art der Tauschobjekte	Produkte	regionale Leistungen
Kontrahierungspolitische Freiräume	Preise frei gestaltbar	Gebühren / Steuern nicht frei gestaltbar
Dauer des Transaktionsprozesses	punktuell (Konsumgüter) oder teilweise prozeßhaft (Dienstleistungen/Investitions -güter)	i.d.R. prozeßhafter Charakter
Komplexität der Transaktionsbeziehung	im Vergleich zu Regionen gering	im Vergleich zum Unterneh-men komplex
Organisationsziele	primär Gewinnerzielung	primär Beschäftigungsziele
Unternehmerisches Risiko	vorhanden	nicht vorhanden
Pluralistische Willensbildung	nicht notwendig	notwendig
Öffentliches Interesse	nur in Ausnahmefällen vor-handen	in der Regel gegeben
Status der Mitarbeiter	Angestellte	Angestellte oder Beamte/ Angestellte des öffentlichen Dienstes (Bei Verwaltun-gen/Behörden)
Beförderungsmodus	Leistungsprinzip	Leistungs- oder Senioritäts-prinzip (Bei Verwaltungen / Behörden)
Messung des ökonomischen Erfolges	Erfolg der Marketingmaßnah-me schwer quantifizierbar	Erfolg der Marketingmaßnah-me sehr schwer quantifizier-bar
Marketingerfahrung	lange Tradition	wenig Erfahrung

Tab. 1: Marketingrelevante strukturelle Unterschiede zwischen Unternehmen und Region (Manschwetus 1995, S.94)

Die Region als Objekt des Marketing: Produkt und Unternehmen

Mit der obigen Diskussion wird die Vielseitigkeit des Marketingobjektes „Region" offengelegt: Eine Region kann sich über eine Vielzahl von Einzelprodukten/-leistungen und Eigenschaften definieren, wie auch - einem Unternehmen oder einer Marke gleich - als ganzes verstehen und sich dann wie ein einzelnes Produkt vermarkten, insbesondere wenn es sich einen starken Gesamtcharakter geben will. Die Produktleistungen treten dabei in den Hintergrund, Image und Bekanntheit dafür in den Vordergrund.

Eine Region als Marketingobjekt besitzt also sowohl Charakterzüge eines Unternehmens als auch eines Produktes (sowohl für den Konsum als für eine Investition), und das Regionalmarketing hat diesen unterschiedlichen Zügen Rechnung zu tragen.

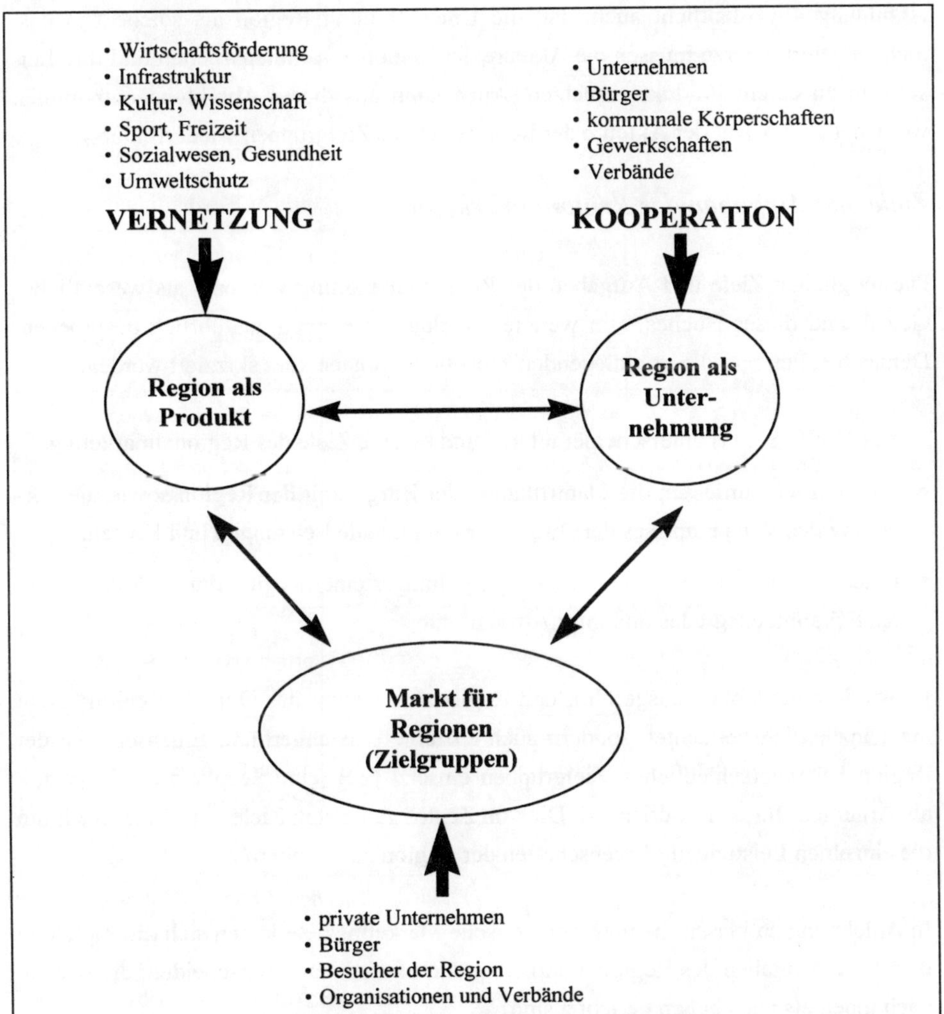

Abb. 4: Unternehmung, Produkt und Markt im regionalen Kontext

Damit wird hier Balderjahn (1994, S.24) gefolgt, für den eine Region Produkt und Unternehmen gleichermaßen ist (Abbildung 4):

- als Unternehmen mit seiner Bevölkerung, der Wirtschaft und der Kultur und seinem Image und seiner Bekanntheit sowie der Zusammenarbeit der Bestandteile,
- als Produkt mit seinen Leistungen und Gütern sowie deren Eigenschaften, die z.T. eher den Begriff Gegebenheiten verdienen (z.B. wenn es sich um die landschaftlichen Reize handelt).

Abbildung 4 verdeutlicht auch, daß die Unternehmung Region als solche zunächst nicht existiert. Hierzu müssen die Akteure der Region zusammenarbeiten und ihre Leistungen zu einem Produkt vernetzen. Auch kann aus dieser Abbildung entnommen werden, daß ein Teil der Akteure der Region sich als Zielgruppen wiederfinden.

Ziele und Aufgaben des Regionalmarketing

Die möglichen Ziele und Aufgaben des Regionalmarketing werden - als wesentlicher Gegenstand dieses Buches - im weiteren Verlauf zwar noch ausführlich besprochen. Dennoch sollen hier die grundlegenden Ziele und Aufgabe kurz skizziert werden.

Zentes (1996, S.203) unterscheidet interne und externe Ziele des Regionalmarketing:

- Interne Ziele umfassen die Identifikation der Bürger mit der Region sowie die Förderung des Verständnisses der Bürger für kommunale Leistungen und Kosten.
- Externe Ziele umfassen die Förderung des Images einer Region durch Erhöhung ihres Bekanntheitsgrades und ihrer Attraktivität.

Es wurde bereits oben ausgeführt, daß Regionalmarketing das Objekt „Region" nicht nur ganzheitlich betrachtet, sondern auch einzelne Leistungen und Eigenschaften der Region bei unterschiedlichen Zielgruppen einsetzt (z.B. eine Seenlandschaft speziell als Argument für den Tourismus). Die von Zentes genannten Ziele sind daher auch um die einzelnen Leistungen / Eigenschaften der Region zu erweitern.

In Anlehnung an klassische unternehmerische Marketingziele lassen sich die Ziele und damit die Aufgaben des Regionalmarketing auch funktional unterscheiden, die sowohl nach innen als nach außen gerichtet sind.

- Integrierende und konstituierende Aufgabe: Regionalmarketing muß die Kräfte einer Region zur Durchsetzung und Realisation bündeln und ggf. in institutioneller

Form verbinden. Dazu müssen auch unterschiedliche, ggf. sogar gegeneinanderstehende Interessen und Meinungen in der Region in einem gemeinsamen Marketingkonzept integriert werden (z.B. Umweltschutzinteressen vs. Interesse an neuen Arbeitsplätzen bei der Akquisition eines Investors mit umweltbelastender Produktion).

- Initiierende und gestaltende Aufgabe: Regionalmarketing muß Aktivitäten und Maßnahmen in der Region vorantreiben, Ideen und Innovationen in die Region hineintragen, Wünsche der Zielgruppen in der Region umsetzen oder zumindest dazu anhalten (z.B. Vorschläge für die Entwicklung einer Einkaufszeile). Nicht nur Initiative ist vom Regionalmarketing zu verlangen, sondern auch die planerische Gestaltung der Maßnahmen (z.B. durch Vorlage von entsprechenden Entwürfen).
- Koordinierende, steuernde und kontrollierende Aufgabe: Regionalmarketing muß die relevanten Maßnahmen in einer Region aufeinander abstimmen, Redundanzen und ein Gegeneinanderarbeiten vermeiden sowie die Realisierung der Maßnahmen steuern und deren Erfolg kontrollieren (z.B. zeitliche Abstimmung von Veranstaltungen in der Region, um Terminüberschneidungen zu vermeiden).
- Informative und kommunikative Aufgabe: Grundlage jedes (Regional-)Marketing ist die Beschaffung und Verarbeitung von Informationen über die Zielgruppen, die Konkurrenten wie auch über die eigene Region (also u.a. Marktforschung betreiben). Diese Informationen sind mit den Zielen des Marketing zu verbinden und in den Maßnahmen nach innen wie nach außen einer Region zu kommunizieren.

Aus dieser Aufstellung wird deutlich, daß dem Regionalmarketing mehr als im klassischen unternehmerischen Marketing eine normative Aufgabe zukommt, da sich ein Regionalmarketing im Gegensatz zum Unternehmen nicht zwangsläufig aus einer unternehmerischen Tätigkeit ergibt. Auf die normative Kraft eines laufenden unternehmerischen Betriebs kann ein Regionalmarketing nicht aufbauen. Insbesondere weil in einer Region gemeinsame Aktivitäten nahezu nur auf dem Prinzip der Freiwilligkeit aufbauen können, ist - zumindest am Anfang - das Regionalmarketing auf die Initiativkraft einzelner Protagonisten der Region angewiesen und muß selbst mit Konzepten die mitbestimmenden Entscheidungsträger der Region überzeugen und koordinieren (z.B. die Regionalmarketinginitiative der Industrie- und Handelskammer zu Frankfurt (Oder) im Jahre 1995).

Zielgruppen des Regionalmarketing

Die obige Unterscheidung von Zentes der Regionalmarketingziele in externe und interne läßt schon zwei wesentliche Zielgruppen entstehen: Die eigene Bevölkerung der

Region, die es für die Region und das Regionalmarketing zu gewinnen gilt, sowie Zielgruppen außerhalb einer Region. Für letzteres werden in der Literatur folgende typische Gruppen genannt, die sich natürlich vielfältig überschneiden (eine sehr ausführliche Beschreibung der Zielgruppen findet sich u.a. bei Spieß 1998, S.31ff. und Kotler/Haider/Rein 1994, S.42ff.):

- die allgemeine Öffentlichkeit,
- Investoren (fremde wie ortansässige),
- Touristen / Urlauber,
- Kulturinteressierte, Freizeitinteressierte,
- Arbeitskräfte,
- Familien zwecks Ansiedlung.

Entsprechend sind aber auch Mittler zu diesen Zielgruppen als weitere Zielgruppen anzusehen. Diese Mittler sind z.B. Journalisten, Fachexperten und weitere Meinungsführer aus Kultur, Politik und Wirtschaft.

Entsprechend diesen Zielgruppen existieren neben dem Regionalmarketing weitere Marketingspezialisierungen, so das Standortmarketing (Investoren) (s.o.), Kulturmarketing (Kulturinteressierte) und Tourismusmarketing (Urlauber). Auf die Untersuchung der Gruppen wird in den späteren Kapiteln noch ausführlich eingegangen. Kotler/Haider/Rein (1994, S.42ff.) zählen zu den Zielgruppen bzw. -märkten auch Exportmärkte (also internationale Kundengruppen) der heimischen Industrie. Regionalmarketing soll der regionalen Wirtschaft dadurch helften, daß auf den Exportmärkten nicht für einzelne Unternehmen oder Produkte aus heimischer Produktion Marketing betrieben wird, sondern indem eine positive Assoziation zur Region hergestellt wird (z.B. „Made in Germany"). Da jedoch derartige Marketingmaßnahmen zumeist von den Unternehmen selbst durchgeführt werden, soll diese Zielgruppe hier für das Regionalmarketing nicht berücksichtigt werden.

Instrumente des Regionalmarketing - Das Regionalmarketing-Mix

Die Instrumente rekrutieren sich aus dem klassischen strategischen und operativen Marketing (strategische wie operative Komponente des Regionalmarketing, Funke 1994, Balderjahn 1994).

Während Marktforschung und strategische Marketingplanung (Strategieentwicklung) grundsätzlich zum Instrumentarium auch des Regionalmarketing gehören, wird in der Literatur vielfach gestritten, ob die klassischen operativen Instrumente Produkt, Kommunikation, Preis und Distribution oder andere, vergleichbare Unterteilungen übertragbar sind (dazu u.a. Manschwetus 1995, S.66ff., Spieß 1998, S.112ff.).

In der Literatur gibt es verschiedene Modelle, die das Marketing-Mix vom unternehmerischen Marketing auf die Region übertragen. Die Mehrzahl der Autoren orientiert sich dabei konsequent am unternehmerischen Marketing (z.B. Meffert 1989, S.278f., Schneider 1992, S.86ff.). Das Marketing-Mix umfaßt dabei die vier Bereiche Produktpolitik, Preispolitik, Distributionspolitik und Kommunikationspolitik. Bei der Übertragung ergeben sich unter den Definitionen für die Region Unterschiede. In Tabelle 2 werden die Instrumentalbereiche von Meffert und Schneider gegenübergestellt, um zu verdeutlichen, daß sie die gleichen Begriffe für die Region teilweise unterschiedlich auslegen.

	Meffert	**Schneider**
Produktpolitik	Gestaltung Leistungen Erscheinungsbild	Gestaltung Leistungen Erscheinungsbild
Kommunikations-politik	Vermittlung subjektiver und objektiver Standortcharakteristika	Vermittlung subjektiver und objektiver Standortcharakteristika
Preispolitik	Tarife Hebesätze Subventionen	Gegenleistungen (Steuern, Gebühren, Beiträge)
Distributionspolitik	Verkehrssysteme	Erreichbarkeit Öffnungszeiten Information

Tab. 2: Direkte Übertragung der Instrumentalbereiche des unternehmerischen Marketing auf die Region (in Anlehnung an Meffert 1989, S.278f., Schneider 1992, S.86ff.)

Die in Tabelle 2 aufgezeigten Abweichungen der einzelnen Definitionen sind Ergebnis der mangelnden Assoziationskraft, die die Begriffe Produkt, Preis und Distribution im regionalen Kontext aufweisen. Wie bereits oben erläutert, ist der Begriff Produkt nur schwer vom Unternehmen abzugrenzen und damit nicht leicht erfaßbar.

Die von Manschwetus vorgeschlagenen Begriffe Standort- und Leistungskernpolitik sind hingegen leicht voneinander abzugrenzen (Manschwetus 1995, S.275): Die Standortpolitik befaßt sich mit Maßnahmen zur Gestaltung der Region, während die Leistungskernpolitik die Leistungen der regionalen Akteure betrifft. Diese Begriffe sind also besser an den regionalen Kontext angepaßt als die Vokabel Produktpolitik. Sie decken gemeinsam die Instrumentalbereiche der Produkt-, Distributions- und Preispolitik ab. Auch den beiden letztgenannten Begriffen steht Manschwetus ablehnend gegenüber. Die Argumentation von Schneider, nach der unter Distributionspolitik alle Maßnahmen zu verstehen sind, die die Frage betreffen, wie der Kunde zum Produkt kommt (Schneider 1992, S.97), bezeichnet er als "Kunstgriff": Es entbehre jeglicher theoretischen Grundlage in der allgemeinen Marketingliteratur (Manschwetus 1995, S.276). Eine isolierte Hervorhebung der Preispolitik im Sinne der Definition von Meffert hält Manschwetus nicht für gerechtfertigt. Er begründet dies zum einen mit dem geringen steuerungspolitischen Einfluß finanzieller Vergünstigungen, zum anderen damit, daß der Dispositionsspielraum in bezug auf die meisten finanziellen Instrumente eher unbedeutend ist. Die Autoren Schneider und Meffert bestätigen diese Argumentation, indem sie in ihren Ausführungen darauf hinweisen, daß die Preis- bzw. Entgeltpolitik beim Regionalmarketing nur eine untergeordnete Rolle spielt (Meffert 1989, S.278, Schneider 1992). Die von Manschwetus vorgeschlagenen Instrumentalbereiche und die in ihnen jeweils möglichen Maßnahmen sind der Tabelle 3 zu entnehmen.

Standortpolitik	**Leistungskernpolitik**	**Kommunikationspolitik**
• Infrastrukturmaßnahmen: • Flächeninfrastruktur • Verkehrsinfrastruktur • Ver- und Entsorgung • Wirtschaftsnahe Infrastruktureinrichtungen • Kommunikations-infrastruktur • Soziale Infrastruktur • Gestaltungsmaßnahmen (Landschafts- und Stadtästhetik) • Umweltschutz • Arbeitsmarktpolitische Maßnahmen	• Finanzielle Förderung • Beratung • Qualifikationsmaßnahmen • Information • Kooperation • Absatzförderung	• Werbung • Direktmarketing • Public Relations • Promotions • Personal Selling • Sponsoring • Messen • Diskussions- und Informationsveranstaltungen

Tab. 3: Von Manschwetus entwickelte Instrumentalbereiche des Regionalmarketing (Manschwetus 1995, S.278)

Die von Manschwetus vorgeschlagenen Begriffe zeichnen sich durch eine zufriedenstellende Assoziationskraft aus und stellen zwar für den regionalen Kontext eine gangbare Alternative dar, dennoch erscheint uns die Beachtung der Kontrahierung (dem Zusammenkommen von Zielgruppe und Region) und der Gestaltung der preislichen Bedingungen unterschätzt. Gerade letztere haben im Regionalmarketing in den letzten Jahren an Bedeutung gewonnen, da Investoren die Regionen erheblich unter Druck gesetzt haben.

Daher soll hier eine Verbindung der soeben beschriebenen Konzepte erfolgen. Im weiteren Verlauf dieses Buches werden folgende Instrumentengruppen des Regionalmarketing-Mix gebildet und noch weiter erläutert:

- Die Standort- und Leistungspolitik umfaßt alle Maßnahmen des Regionalmarketing, die auf die inhaltliche Gestaltung der Eigenschaften und der Leistungen/ Produkte sowie das Erscheinungsbild einer Region ausgerichtet sind (z.B. Einrichtung von Wanderwegen). Sie kommt der klassischen Produktpolitik sehr nahe.
- Die Kommunikationspolitik umfaßt wie die klassische alle Maßnahmen der Verbreitung aller kommunikativen Inhalte, die die Entscheidungsträger einer Region den Zielgruppen vermitteln wollen (Werbung, Public Relations, Verkaufsförderung, Sponsoring, Placement, Direct Marketing).
- Die Kontrahierungspolitik umfaßt alle Maßnahmen, die zur Festlegung der Preise und weiteren Konditionen bei der Nutzung der Leistungen einer Region von den Zielgruppen zu entrichten sind (Konditionenpolitik, z.B. Preise für Grund und Boden, kommunale Dienstleistungen wie Müllentsorgung oder Wasser- und Energieversorgung) sowie die Maßnahmen zur Gestaltung des physischen Zusammenkommens von Region und Zielgruppen (Kontaktmanagement, z.B. Nachgehen und Erhalten von Kontakten zu interessierten Investoren). Diese Gruppe kommt den klassischen Gruppen „Preis“ und „Distribution“ nahe.

Weiter werden im späteren Verlauf des Buches noch Instrumente der

- Organisation,
- Durchsetzung und
- Kontrolle

des Regionalmarketing erläutert, die sich an die Planungsphase anschließen.

Träger des Regionalmarketing

In der Literatur werden vielfach die folgenden Organisationsformen und Institutionen als Träger des Regionalmarketing genannt (u.a. Manschwetus 1995, S.303f., Spieß 1998, S.36ff., Haag 1994, S.359ff., Glogowski 1997):

- Stabstelle (z.B. beim Bürgermeister oder Landrat),
- Behördliches Amt,
- Industrie- und Handelskammern, Handwerkskammern,
- Wirtschaftsförderungsinstitute,
- Marketingagentur (als selbständige, manchmal auch extra hierfür eingerichtete Gesellschaft oder als Verein).

Wenn nach den Trägern des Regionalmarketing gefragt wird, so ist dies auch immer eine Frage nach der Legitimation - nur im verwaltungsrechtlichen, sondern auch im politischen Sinne. Dabei ist zu beachten, daß die Initiatoren nicht unbedingt auch die späteren Träger des Regionalmarketing sind. Da - im Gegensatz zum Marketing in einem Unternehmen - einer Region eine vergleichbare legitimierende, organisationale Struktur fehlt und somit das Regionalmarketing primär auf Kooperation und Unterstützung durch Interessengruppen in einer Region angewiesen ist, haben die Initiatoren dem Prinzip „Betroffene zu Beteiligten machen“ (Töpfer 1993, S.65) zu folgen und sie als Träger des Regionalmarketing zu werben. Nur wenn diese Voraussetzung gegeben ist und eine - entweder vorhandene oder neu geschaffene - Institution in der Region durch alle relevanten Gruppen anerkannt ist, kann das Regionalmarketing auf eine politische Legitimation aufbauen. Jenseits dieser Legitimation ist der institutionelle Träger des Regionalmarketing nach funktionalen Anforderung auszubilden und kann die oben aufgeführten Formen annehmen. Im Kapitel 4 wird dazu eine Institution für das Regionalmarketing vorgeschlagen, die neben einem strategischen Placemanagement und einer operativen Rezeption auch ein Kuratorium umfaßt.

2.4 Zusammenfassung

Im folgenden sind die wesentlichen Aussagen des vorliegenden Kapitels zusammengefaßt. Zur besseren Orientierung sind jeweils die Unterkapitel und Seitenzahlen der ausführlichen Diskussion benannt. Auch werden Verweise zu den späteren Kapiteln, die sich dem jeweiligen Thema noch einmal widmen, gegeben.

- Regionalmarketing ist eine eigenständige Marketingdisziplin, die sich durch die Besonderheiten der Region und die größere Zielvielfalt des Marketing für Regionen von dem reinen unternehmerischen Marketing unterscheidet wie auch von einem Non-Profit-Marketing. Wenn auch vom unternehmerischen Marketing viele Methoden und Lösungen übernommen und abgewandelt übertragen werden können. Dies setzt jedoch voraus, daß der Charakter einer Region in den Augen des Marketing geklärt wird, d.h. ob bei einer Übertragung eine Region eher als Produkt oder als Unternehmen aufzufassen ist. (Exzerpt aus Kapitel 2.1).

- Regionalmarketing ist ein marktorientiertes Steuerungskonzept zur Entwicklung von Regionen. (Exzerpt aus Kapitel 2.2).

- Dabei ist eine Region eine historisch gewachsene Einheit, ein kulturell und wirtschaftlich verflochtener geographischer Raum, der sich auch unabhängig von Landes-, Kreis- und Stadtgrenzen herausbildet und Bestand hat, also ein historisch gewachsenes Territorium beliebiger räumlicher Ausdehnung. (Exzerpt aus Kapitel 2.2, S.29f.).

- Die Region als Objekt des Regionalmarketing weist den Charakter eines Produktes und Unternehmens gleichermaßen auf (Exzerpt aus Kapitel 2.3):
    - als Unternehmen mit seiner Bevölkerung, der Wirtschaft und der Kultur und seinem Image und seiner Bekanntheit und der Zusammenarbeit seiner Bestandteile;
    - als Produkt mit seinen Leistungen und Gütern sowie deren Eigenschaften, die z.T. eher den Begriff Gegebenheiten verdienen (z.B. wenn es sich um die landschaftlichen Reize handelt).

- Es können interne und externe Ziele des Regionalmarketing unterschieden werden (Exzerpt aus Kapitel 2.3):

  - Interne Ziele umfassen die Identifikation der Bürger mit der Region und ihren einzelnen Leistungen, Produkte und Eigenschaften sowie die Förderung des Verständnisses der Bürger für kommunale Leistungen und Kosten.
  - Externe Ziele umfassen die Förderung des Images einer Region und ihrer Leistungen, Produkten und Eigenschaften durch Erhöhung ihres Bekanntheitsgrades und ihrer Attraktivität.

  Auf die einzelnen Ziele wird im Kapitel 4.2.3.2 weiter eingegangen.

- Funktionale Aufgaben sind (Exzerpt aus Kapitel 2.3):
  - Integrierende und konstituierende Aufgabe,
  - Initiierende und gestaltende Aufgabe,
  - Koordinierende, steuernde und kontrollierende Aufgabe,
  - Informative und kommunikative Aufgabe.

- Typische Zielgruppen des Regionalmarketing finden sich neben der eigenen Bevölkerung auch außerhalb einer Region (Exzerpt aus Kapitel 2.3):
  - die allgemeine Öffentlichkeit,
  - Meinungsführer aus Journalismus, Kultur, Politik und Wirtschaft,
  - Investoren (fremde wie ortansässige),
  - Touristen / Urlauber,
  - Kulturinteressierte, Freizeitinteressierte,
  - Arbeitskräfte,
  - Familien zwecks Ansiedlung.

  Auf die einzelnen Zielgruppen wird in den Kapiteln 4.2.2.3 und 4.2.3.3 weiter eingegangen.

- Dem Regionalmarketing stehen die klassischen Instrumente des Marketing zur Verfügung, die in folgende Gruppen zusammengefaßt werden können (Exzerpt aus Kapitel 2.3):
  - Marktforschung,
  - Strategische Marketingplanung,
  - operativer Regionalmarketing-Mix,

    - Standort- und Leistungspolitik,
    - Kommunikationspolitik,
    - Kontrahierungspolitik,
  - Organisation,
  - Durchsetzung,
  - Kontrolle.

  Auf die einzelnen Schritte und strategischen Instrumente im Regionalmarketing sowie Strategien und Maßnahmen der Organisation, Durchsetzung und Kontrolle wird in den Kapiteln 4.2.2 bis 4.2.7 weiter eingegangen.

- Die Träger des Regionalmarketing müssen nicht immer mit den Initiatoren identisch sein, da für die eine politische Legitimation vorhanden sein muß, um arbeiten zu können (Exzerpt aus Kapitel 2.3). In der Literatur werden vielfach vorgeschlagen:
  - Stabstelle (z.B. beim Bürgermeister oder Landrat),
  - Behördliches Amt,
  - Industrie- und Handelskammern, Handwerkskammern,
  - Wirtschaftsförderungsinstitute,
  - Marketingagentur (als selbständige, manchmal auch extra hierfür eingerichtete Gesellschaft oder als Verein).

  Für letzteres (Marketingagentur) sind drei Bestandteile vorzuschlagen, ein Placemanagement (strategische Planung), eine Rezeption (operative Durchführung) und ein Kuratorium (Zielsetzung und Kontrolle). Auf die Organisation des Regionalmarketing und dessen Träger wird in Kapitel 4.2.5 weiter eingegangen.

Die folgende Abbildung 5 stellt die Elemente des Regionalmarketing noch einmal bildlich zusammen:

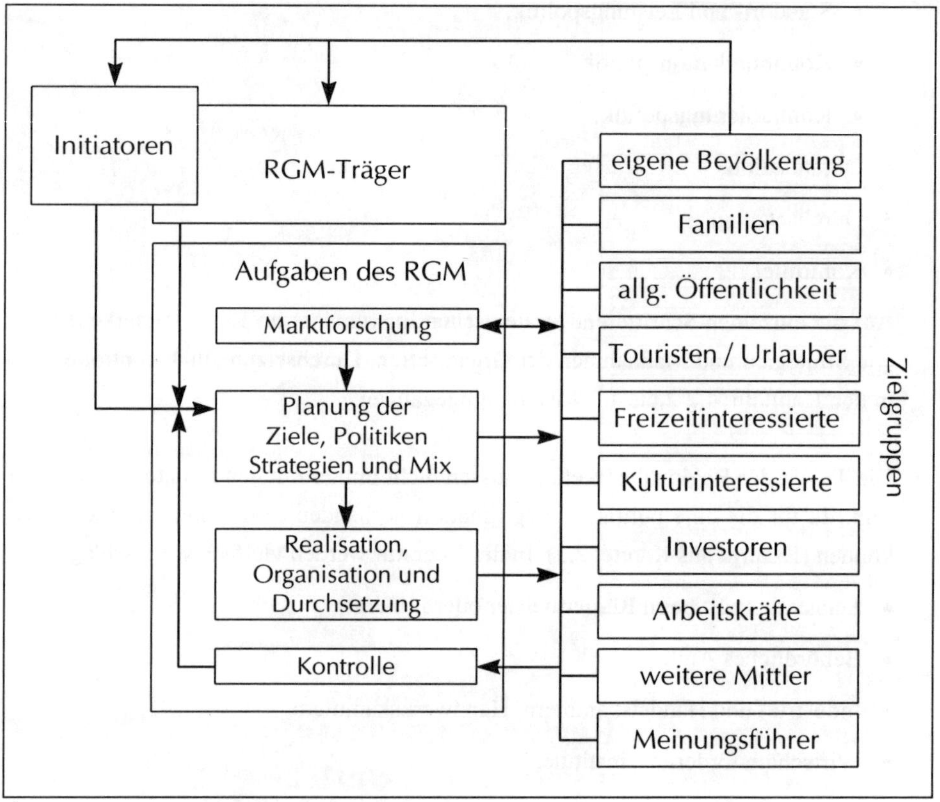

Abb. 5: Zusammenfassung der zentralen Elemente des Regionalmarketing

Kapitel 2:
Regionalmarketing
- Herleitung und Begriff

Kapitel 3:
Regionalmarketing
im politischen Umfeld

Kapitel 4:
Regionalmarketing
- Planung und Umsetzung

Regionalmarketingprozeß
Marktforschung
Ziele und Strategien
Marketing-Mix
Organisation
Durchsetzung
Kontrolle

Kapitel 5:
Regionalmarketingpraxis
Beispiele / Bewertung

Kapitel 6:
Regionalmarketing
Anmerkungen zur Zukunft

Kapitel 3: Regionalmarketing im politischen Umfeld

3.1 Überblick

Regionalmarketing muß - wie bereits schon ausgeführt wurde - von einer Region, d.h. im wesentlichen von den Entscheidungsträgern, aber auch der Bevölkerung getragen werden. Daher sind neben Marktbedingungen außerhalb der Region (Zielgruppen und Wettbewerber des Regionalmarketing) die verschiedenen Meinungen und Interessen innerhalb einer Region in einem Konzept zuverbinden (integrative Aufgabe des Regionalmarketing) und die Marketingaktivitäten in einer Region zu koordinieren (koordinierende und steuernde Aufgabe des Regionalmarketing). Für ein Unternehmen gilt dies im Prinzip auch, da auch hier die verschiedenen innerbetrieblichen Interessen und Aktivitäten berücksichtigt und ein gemeinsames Marketing durchgesetzt werden müssen.

Die wesentlichen Unterschiede zwischen Regionalmarketing und unternehmerischem Marketing zeigen sich jedoch in den Machtstrukturen bei der Koordination und der Durchsetzung des Marketing. Während in einem Unternehmen i.d.R. ein gewohntes und akzeptiertes Beteiligungs- und Weisungsgefüge vorhanden ist, ist dies in einer Region wohl kaum der Fall. Vielmehr bauen viele Regionalmarketingmaßnahmen auf die freiwillige Unterstützung aus der Region auf. Regionalmarketing muß daher unter komplexen regionalpolitischem Rahmenbedingungen aus Macht- und Weisungsbeziehungen entwickelt werden und ist daher ungleich schwerer abzustimmen und durchzusetzen als im Unternehmen. Dies ist insbesondere dann gegeben, wenn ein Regionalmarketing zunächst noch initiiert werden muß und nicht bereits institutionalisiert und damit in der Region auch formal eingebunden ist.

Bevor in Kapitel 4 die Schritte und Instrumente des Regionalmarketing erläutert werden, sollen in diesem Kapitel vorab ein Einblick in Rahmenbedingungen und Probleme im Umfeld des Regionalmarketing gegeben und daraus weitere Anforderung an ein Regionalmarketing entwickelt werden:

- Regionalentwicklungspolitische Rahmenbedingungen und deren Entwicklung in verschiedenen Ländern (Kapitel 3.2) sowie
- Probleme der Durchsetzung eines Regionalmarketing (Kapitel 3.3).

Vor dem Hintergrund, daß an ein Regionalmarketing die Erwartung gestellt wird, bisherige Defizite der Regionalentwicklung auszugleichen (Helbrecht 1994, S.42), sollen in diesem Kapitel internationale Beiträge zur Regionalentwicklung und zum Regionalmarketing behandelt werden. In 3.2.1 werden daher zunächst globale Trends in der Regionalentwicklung und die Anforderungen, die seitens der Wissenschaft an die zukünftige Regionalentwicklung gestellt werden, analysiert. In den darauffolgenden Kapiteln werden die in den USA, in Großbritannien und in Deutschland vorhandenen Traditionen und national verfolgte Strategien der Regionalentwicklung sowie deren Bewertung durch die internationale Wissenschaft behandelt.

In Kapitel 3.3 werden Probleme der Durchsetzung des Regionalmarketing im regionalen Umfeld aufgeworfen und diskutiert. Es werden dann regionalentwicklungspolitische Anforderungen an ein Regionalmarketing in Deutschland abgeleitet. Sie sollen in Kapitel 3.4 in die kritische Würdigung theoretischer Regionalmarketingkonzepte einfließen und später im Buch als Bewertungskriterien für die Praxis des Regionalmarketing verwendet werden.

3.2 Rahmenbedingungen und -trends des Regionalmarketing

3.2.1 Globale Trends in der Regionalentwicklung

Wirtschaftliche Entwicklung ist stets mit Strukturwandel verbunden. Der Strukturwandel äußert sich in einem über- oder unterdurchschnittlichen Wachstum von Branchen und damit auch von Regionen. Grundlegende und nachhaltige Veränderungen in den Rahmenbedingungen der Regionalentwicklung führen zu einer Intensivierung und Beschleunigung derartiger Prozesse. Diese Veränderungen sollen im folgenden analysiert werden. Dabei konnten vier grundlegende Trends festgestellt werden:

- Verstärkung des Wettbewerbs unter den Regionen,
- Neuverteilung von Macht,
- Finanzielle Restriktionen der kommunalen Selbstverwaltungen,
- Zunehmende Komplexität der politischen Entscheidungsfindung.

Als besonders eingreifende Veränderungen, die zu einer Verschärfung des Wettbewerbs der Regionen führt, sind die moderne Informationstechnologie und die Globalisierung zu nennen. Moderne Informationstechnologien machen es heute möglich, daß Unternehmen sich an Orten abseits der Ballungszentren zu niedrigen Kosten oder attraktiven Arbeitsbedingungen ansiedeln können, ohne mit Nachteilen bei der Kommunikation oder Versorgung des Unternehmens rechnen zu müssen (Kotler/Haider/Rein 1994, S.24). Standorte werden dadurch immer leichter ersetzbar.

Klassische Standortfaktoren, wie beispielsweise Rohstoffvorkommen und bestimmte verkehrsmäßige Anbindungen, nehmen im Gegensatz zu "weichen" Standortfaktoren an Bedeutung ab (Hübl 1994, S.2). Unter "weichen" Standortfaktoren werden unter anderem menschlicher Willen, Fähigkeiten, Energien, Werte und Organisation verstanden (Kotler/Haider/Rein 1994, S.36). Neben den modernen Informationstechnologien bildet ein zur Zeit konsequent betriebener Abbau von Handelshemmnissen eine weitere Voraussetzung für den globalen Wettbewerb. Dadurch erhöht sich der Wettbewerbsdruck auf die Unternehmen, was wiederum ihre Bereitschaft, den Standort zu wechseln, zusätzlich erhöht. Um dieser Mobilität entgegenzuwirken, muß die Region als Ganzes betrachtet und vermarktet werden. Hierzu ist eine enge Zusammenarbeit regionaler Akteure zur Entwicklung eines Gesamtangebots aus regionalen Potentialen erforderlich (z.B. Angebot an Grund und Boden sowie an qualifizierten Arbeitskräften). Ein weiteres Problem stellt die mangelnde Beständigkeit von politischen, wirtschaftlichen, insbesondere branchenspezifischen Veränderungen dar: Aufgrund schneller Weiterentwicklung in den vielen Technologien und damit auch in Branchen, aber auch in der Politik, haben heute auch prosperierende Regionen auf ausreichende Flexibilität in ihrer Entwicklung zu achten. So kann ein attraktiver Standort an einer Landesgrenze (z.B. für Duty-Free-Geschäfte oder als Umschlagplatz für Speditionen) allein durch ein Länderabkommen für entsprechenden Investoren wieder uninteressant werden.

Darüber hinaus führt ein schnelles wirtschaftliches Wachstum gerade in dynamischen Regionen zu Problemen durch unkontrolliertes Wachstum (Kotler/ Haider/Rein 1994, S.17). Wohngebiete und Industriegebiete können ggf. zu nahe rücken, Kur- und Erholungsurlauber durch Massentourismus vertrieben werden.

Für die Veränderung der Machtstrukturen in der Regionalentwicklung ist ebenso wie für die Verschärfung des Wettbewerbs vornehmlich eine Globalisierung vieler Märkte verantwortlich (u.a. Spieß 1998, S.1f.). Die Entscheidungen zum Abbau von Handelshemmnissen werden nicht mehr wie früher auf nationaler Ebene gefällt, sondern von Wirtschaftsgemeinschaften auf internationaler Ebene, wie beispielsweise WTO oder OECD. Des weiteren nimmt der Einfluß transnationaler Unternehmen auf politische Entscheidungen zu, da Entscheidungen dieser Unternehmen für oder gegen eine Region erheblichen Einfluß auf verfügbare Arbeitsplätze der Region haben. Der Abbau von Handelshemmnissen begünstigt dabei weiter die Machtverlagerung hin zu privaten Unternehmen. Auch die rapide Weiterentwicklung der Informationstechnologie ist von nationalen Regierungen nicht mehr steuerbar (Bullmann/Heinze 1997, S.7), wie die grenzüberschreitenden Verflechtungen im Internet und die damit verbundenen Probleme der Anwendung bzw. Anpassung bisheriger Gesetze zeigen. In Europa werden zudem seit Schaffung des Binnenmarkts Entscheidungen zunehmend auf EU-Ebene getroffen. Einen Schwerpunkt der EU-Politik bildet aber auch die Stärkung der Regionen (Bullmann/Goldsmith/Page 1997, S.110 u. S.133f.).

In Europa sind neben den bekannten Veränderung durch eine Globalisierung vieler Märkte noch der Binnenmarkt und die zusätzlichen Märkte in Osteuropa als tiefgreifende Veränderungen zu nennen. Zum einen schafft der Binnenmarkt neue Chancen für die Regionen, er erhöht aber auch den Wettbewerbsdruck. Die Wirkungsweise ist analog der oben beschriebenen Wirkung der Globalisierung, der europäische Binnenmarkt beschleunigt diese sogar zusätzlich. Auch die Währungsunion wird eine katalysierende Wirkung auf die oben beschriebenen Prozesse haben. Verstärkt wird dies durch alternative Regionen in Osteuropa, die mit günstigen steuerlichen Konditionen, niedrigen Arbeitslöhnen und z.T. hoch qualifizierten Arbeitskräften mit EU-Regionen konkurrieren.

Ein weiterer Faktor für die Rahmenbedingungen der Regionalentwicklung ist die Verschärfung der Finanzlage der kommunalen Selbstverwaltung (Spieß 1998, S.17f.). Als Konsequenz der Unbezahlbarkeit der in der Nachkriegszeit in vielen Ländern vorherrschenden Subventionspolitik findet seit den 80er Jahren auf nationaler, regionaler und kommunaler Ebene eine stärkere Ausrichtung an Marktkriterien statt (Kreating 1997, S.80f.). Vor allem die Öffnung europäischer und internationaler Märkte war für den Wechsel von Prioritäten der nationalen Regierungen mit verantwortlich. Statt in der Entwicklung zurückgebliebene Regionen zu fördern, wurden nun zunehmend besonders dynamische Regionen unterstützt, um so die nationale Wettbewerbsfähigkeit zu erhöhen (Kreating 1997, S.81). Darüber hinaus wird nun die Investitionssteuerung aufgrund der gestiegenen Kapitalmobilität immer schwieriger und damit auch kapitalaufwendiger (Bullmann/Heinze 1997, S.7).

Als vierter Trend soll hier noch die zunehmende Komplexität der politischen Entscheidungsfindung angesprochen werden. Eine wesentliche Ursache hierfür sind steigende Ansprüche und Politisierung der Bürger. Steigendes soziales Engagement und Umweltbewußtsein führt zu einer Zunahme an Bürgerbewegungen und der Forderung nach einer höheren Bürgerbeteiligung bei wichtigen Entscheidungen der Regionalentwicklung (Honert 1991, S.394). Auch die erhöhte wechselseitige Abhängigkeit zwischen Politik und Wirtschaft (u.a. Kruzewicz 1989, S.762) bedingt zusätzlich die Komplexität der politischen Entscheidungsfindung. Einige Autoren weisen daher ausdrücklich darauf hin, daß eine zufriedenstellende Lösung der Probleme von Regionen heute nur mit einer Beteiligung von möglichst vielen Akteuren einer Region möglich ist (u.a. Kruzewitz 1989, S.762). So reicht es heute nicht mehr aus, sich um multinational operierende Unternehmen zu bemühen, die mit ihren Produkten gerade besonders erfolgreich sind (Häußermann 1992, S.19). Die Zielgruppen einer Region sind nicht extern gegeben und für alle Regionen gleich, sondern vielmehr Ergebnis einer spezifischen Entwicklungsgeschichte. Hierzu müssen regionale Entwicklungskoalitionen gebildet werden, denn nur regionale Akteure selbst können darüber entscheiden, was die regionale Identität ist oder sein könnte (Bullmann/Heinze 1997, S.12). Auch können - nach Ansicht dieser Autoren - nur gut organisierte Koalitionen wirksam die erforderliche Lobby-Arbeit betreiben, und zwar auf allen Ebenen, auf denen heute für die Region wichtige Entscheidungen getroffen werden.

Zusammenfassend kann hier also festgestellt werden, daß die Lage in vielen Regionen zunehmend komplex wird und regionalpolitische Lösungen auf immer weniger beständige Rahmenbedingungen treffen. Um den neuen Anforderungen zu begegnen, sollte jede Region ihre eigene, regionsspezifische Dynamik nutzen. Hierzu ist es notwendig, daß die Akteure einer Region eng zusammenarbeiten. Des weiteren sollte auf die Flexibilität des Regionalmarketing geachtet werden, um adäquat auf immer dynamischere Veränderungsprozesse der Rahmenbedingungen reagieren zu können.

3.2.2 Kurzfristige und interessengebundene Planung in den USA

Die US-amerikanische Regionalentwicklung der letzten 10 bis 15 Jahre ist vor allem durch eine steigende Bedeutung von Private-Public-Partnership gekennzeichnet. Unter Private-Public-Partnership werden dabei Institutionen verstanden, denen gleichberechtigt Vertreter der öffentlichen Verwaltung und der privaten Wirtschaft angehören (Häußermann 1992, S.27). Ein Beispiel hierfür ist die Entwicklung städtischer Grundstücke, beispielsweise die Errichtung eines Bürohauses (Peiser 1990, S.496). Von Helbrecht werden diese Institutionen als "Marketingansätze in der Stadtentwicklung" bezeichnet (Helbrecht 1994, S.56). Auch andere Autoren betonen in ihren Arbeiten die Marktorientierung von Private-Public-Partnerships (Leitner 1987, S.119, Häußermann 1992, S.27). Wie aus den folgenden Ausführungen jedoch klar hervorgeht, beinhalten die diskutierten Public-Private-Partnership meist nur Teilaspekte des Regionalmarketing. Dies bildet auch die Grundlage der international an der US-amerikanischen Regionalentwicklung geäußerten Kritik.

Umfassende Planwerke, die eine traditionelle Flächennutzungsplanung beinhalten, spielen in den USA seit den 70er Jahren eine immer geringere Rolle (Peiser 1990, S.496). Als Ursachen für diese Entwicklung werden zum Einen US-spezifische raumstrukturelle und politische Traditionen genannt, zum Anderen die in den letzten 10-15 Jahren zu beobachtende Entwicklung wesentlicher Rahmenbedingungen der Regionalentwicklung. Die in der Literatur untersuchten internationalen Rahmenbedingungen entsprechen dabei im wesentlichen den zuvor analysierten globalen Trends, so daß hier nicht nochmal darauf eingegangen werden soll.

Vor allem deutsche Autoren betonen in ihren Analysen der US-amerikanischen Regionalentwicklung die sogenannte Tradition des "check and balance" (Kruzewicz 1989, S.762, Helbrecht 1994, S.58). Statt universale Normen festzulegen, wird fallspezifisch verhandelt. Haben bestimmte Verhandlungen dann negative Konsequenzen, sei es für einen der Verhandlungspartner oder für eine andere gesellschaftliche Gruppe, werden weitere Verhandlungen geführt. Somit werden die jeweiligen negativen Auswirkungen laufend ausbalanciert. Diese Tradition wird von der Bevölkerung weitgehend verinnerlicht und als Weg, das Allgemeinwohl anzustreben, akzeptiert (Helbrecht 1994, S.65).

Als wesentliche nationale Rahmenbedingung werden die massiven Kürzungen der staatlichen Unterstützungen für innerstädtische Entwicklungsvorhaben genannt (z.B. Peiser 1990, S.499, Sagalyn 1990, S.429). Seit den 40er Jahren wurden den Gemeinden zwei Drittel aller Kosten für Sanierungs- und Neubauprogramme von Washington ersetzt. 1974 wurde diese Subvention schlagartig gekürzt.

Eine entscheidende Folge der oben genannten Veränderungen in der Regionalentwicklung ist die zunehmende Abhängigkeit der "Planer" von den "Entwicklern" (Peiser 1990, S.496). Dies trifft jedoch auch in entgegengesetzter Richtung zu, da die Komplexität von Planungsprozessen entscheidend gestiegen ist. So müssen sich Entwickler z.B. immer mehr mit Fragen der sozialen Akzeptanz auseinandersetzen, um mögliche Überraschungen bei unerwarteten Widerständen lokaler Bürgervereinigungen zu vermeiden. Entwickler befassen sich traditionell mehr mit gesellschaftlichen Erfordernissen z.B. bei Bauvorhaben oder bei der Ansiedlung von Unternehmen, so daß durch eine Zusammenarbeit Synergieeffekte erzielt werden können (Peiser 1990, S.499).

Weiterhin ist eine Beteiligung des Staates an Kooperationen zur Regionalentwicklung ausdrücklich erwünscht. Sie könne weitreichenden Einfluß auf den Aufgabenbereich des Public-Private-Partnership haben. So weist Leitner darauf hin, daß Public-Private-Partnership dem Staat zumindest die Möglichkeit bietet, als Mediator aktiv zu werden und damit gesamtgesellschaftliche Ziele verfolgen kann (Leitner 1987, S.118f.). Eine Rückkehr zu einer eher normativen Rolle des Staates wird dagegen nicht in Betracht gezogen: Leitner stellt lediglich fest, daß die Rolle des Staates sich in den letzten 10 bis 15 Jahren weg von einer vergleichsweise normativen Rolle hin zur Rolle des Kapitalgebers gewandelt habe (Leitner 1987, S.115).

Häußermann und Helbrecht stellen in ihren Arbeiten fest, daß eine Integration der Ziele der lokalen Bevölkerung und ihrer sozialen Bedürfnisse mit dieser Politik - zumindest bislang - nicht gelungen sei. Im Mittelpunkt habe bei den bisherigen Aktivitäten immer nur die Schaffung attraktiver Bedingungen für private Investoren gestanden. So wurden ihrer Ansicht nach bei den meisten Public-Private-Partnership demokratische Rechte untergraben (Häußermann 1992, S.28f., Helbrecht 1994, S.63ff.). Auch US-amerikanische Autoren bezweifeln, daß eine Erfüllung dieser drei Ziele gleichzeitig möglich ist (Sagalyn 1990, S.438). Weiter bemängeln deutsche Autoren die kurzfristige Orientierung US-amerikanischer Regionalentwicklung (Häußermann 1992, S.28f., Helbrecht 1994, S.63ff.). Leitner argumentiert in ihrer Abhandlung darüber hinaus für eine stärkere Beteiligung von Gewerkschaften an Kooperationen zur Regionalentwicklung (Leitner 1988, S.118). So könnten durch eine Integration ihrer Ziele eine spätere Blockierung regionalentwicklungspolitischer Maßnahmen von vornherein ausgeschlossen werden.

Trotz ihrer eindeutigen Kritik an der US-amerikanischen Regionalentwicklung weist Helbrecht darauf hin, daß die Erfahrungen mit Public-Private-Partnership (PPP) - wenn auch nicht in entscheidendem Maße - variieren (Helbrecht 1994, S.60ff.). Sie trennt die Erfahrungen der Städte in die, die eine eher liberale Wachstumsideologie verfolgen, und die, die dies eher zurückhaltend tun. Zu letzteren zählt sie insbesondere San Francisco (Helbrecht 1994, S.62f.). Hier wurden langfristige konzeptionelle Entwürfe ausgearbeitet, eine umfassende räumliche Betrachtung angestrebt und ein breiter Teil der Bevölkerung an der Planung beteiligt. Wesentlichen Einfluß auf diese Entwicklung hatte ihrer Meinung nach der in der San Francisco Bay Area hohe Organisationsgrad der Bevölkerung. Nach 1974 entstand hier eine der wenigen lokalen Gegenbewegungen gegen den kommunalen Wachstumskurs. Diese drängt seit Jahren über Gerichtsverfahren und Kampagnen auf eine qualitativ ausgewogene Wachstumspolitik. Die Erfahrungen in San Francisco werden jedoch sowohl von deutschen wie auch von US-amerikanischen Autoren als für die USA einzigartig bewertet (z.B. Scott 1992, S.102).

3.2.3 Staatliche Interventionspolitik in Großbritannien

Das britische Rechtssystem weist einen hohen Spielraum zur Ausgestaltung des Planungssystems auf. In den letzten Jahrzehnten ermöglichte dies zwei entscheidende Kurswechsel in der Regionalentwicklung. Im folgenden werden die Kurswechsel und ihre Beurteilung von deutschen und britischen Autoren näher dargestellt.

Das 1947 konzipierte Planungssystem sollte für eine umfassende und langfristige Planungspraxis in der Regionalentwicklung sorgen (Healey 1992, S.412). Damit wurde die Erfüllung der drei Ziele ökonomische Effizienz, Umweltschutz und öffentliche Versorgung angestrebt. Obwohl im britischen Rechtssystem kein Selbstverwaltungsrecht der Gemeinden verankert ist, entwarfen die Gemeinden in der Nachkriegszeit bis in die 80er Jahre ihre Pläne stets eigenständig und legten sie den staatlichen Behörden lediglich zur Genehmigung vor (Helbrecht 1994, S.66).

In den 80er Jahren vollzog die konservative Regierung jedoch eine radikale Umstellung des Planungssystems. Das freie Spiel der Märkte sollte helfen, ökonomisch ineffiziente, bürokratische Strukturen und Regelungsmechanismen abzubauen. Der Wandel teilt sich in zwei Phasen auf:

In der ersten Phase von 1979 bis 1985 wurden primär veränderte makroökonomische Rahmenbedingungen geschaffen. Dies wurde über verschiedene zentralstaatliche, insbesondere finanzpolitische Vorgaben erzielt (Helbrecht 1994, S.69). Der Staat wurde ermächtigt, Gemeinden zur Baulandausweisung zu zwingen. Mehrausgaben, die das festgelegte Jahresbudget um über 10% überschritten, führten zu Fördermittelkürzungen. Des weiteren wurden Höchstgrenzen für lokale Steuern festgelegt. Damit wurde vor allem das Ziel der ökonomischen Effizienz angestrebt, während Umweltschutz als Ziel nur noch in bestimmten Gebieten Beachtung fand und die Bedeutung der öffentlichen Versorgung in der Zielpriorität deutlich abnahm (Healey 1992, S.412, Helbrecht 1994, S.67). Die Kommunen wurden nun ebenso wie die in den USA dazu gezwungen, neue Finanzquellen zu erschließen, Einsparungen vorzunehmen und die Kooperation mit der lokalen Wirtschaft zu suchen. Als Vorteil dieser Entwicklung nennt Healey das bessere Verständnis der Planer für die Entscheidungskriterien der Entwickler (Healey 1992, S.416). Dieser Trend konnte vor allem im Baugewerbe festgestellt werden, war jedoch auch in der Gewerbe- und Industrieentwicklung zu erkennen. Aufgrund der konsequenten Marktausrichtung wandelte sich das britische Planungssystem immer mehr zu projektweise durchgeführten Verhandlungsprozessen. In diesen Verhandlungen werden strategische Betrachtungen gegen detaillierte Entwicklungspläne abgewogen. Es ist jedoch, so Healey, unbedingt erforderlich, daß beide Seiten weiter aufeinander zugehen.

In einer zweiten Phase von 1985 bis 1991 wurden besondere, staatlich geschützte "Enterprise Zones" definiert und lokal eingerichtete staatliche Institutionen - die sogenannten Urban Development Corporations (UDC) - eingeführt. Der Richtungswechsel wurde erforderlich, da die in der ersten Phase vorgesehene finanzpolitische Kontrolle die Problemverarbeitungskapazitäten der Ministerien überforderte (Helbrecht 1994, S.70). Mit den UDC betrieb der Staat seine eigene Entwicklungspolitik unabhängig von den Wünschen und Bedürfnissen der kommunalen Verwaltungen (Helbrecht 1994, S.71f.). Der Staat konzentrierte sich dabei vor allem auf wirtschaftsorientierte Projekte in den Innenstädten.

In den 90er Jahren setzt wieder eine Trendwende zu mehr ganzheitlicher Planung ein. Die Frage, ob eine erneute Umkehr möglich ist, spielt in der britischen Forschung eine besondere Rolle. Zumindest sind hierzu laut Healey einige Voraussetzungen zu schaffen (Healey 1992, S.412):

- Größere Verbindlichkeit von Plänen;
- Erweiterte Mitspracherechte bei Genehmigungsverfahren;
- Entwicklung eines besseren gegenseitigen Verständnisses von Planer und Entwickler;
- Beteiligung von Universitäten an der Regionalentwicklung;
- Auswirkungen der Pläne als Ganzes auf die Umwelt und das soziale Umfeld betrachten.

Hierzu muß das Planungssystem die in den 80er Jahren bei der Zusammenarbeit öffentlicher und privater Akteure gewonnenen Erfahrungen mit denen aus der Nachkriegszeit vor dem Richtungswechsel verknüpfen. Damit ist zwangsläufig eine Entwicklung hin zu regional gesteuerter Planung und weg von der zentralisierten Planung der 80er Jahre erforderlich. Genau dieser "Transport des Public-Private-Partnership von der zentralen auf die lokale Ebene" erscheint Helbrecht jedoch als sehr schwierig (Helbrecht 1994, S.77).

3.2.4 Das politische Kräftespiel zwischen Kommunen und Wirtschaft in Deutschland

Schwerpunkt der Diskussion in Deutschland bildet die Frage, ob sich Regionalmarketing für eine Neuorientierung der Regionalentwicklung eignet und welche Formen des Regionalmarketing die dabei entstehenden Konflikte minimieren.

Die Regionalentwicklung in Deutschland ist im Gegensatz zu Großbritannien und den USA durch eine vergleichsweise große Bedeutung der Planung bzw. der strategischen Regionalentwicklung gekennzeichnet. In den 60er und 70er Jahren verfolgte man den Anspruch, die regionale und staatliche Verwaltung müsse die Interessen der gesamten Gesellschaft systematisch und flächendeckend integrieren und koordinieren (Helbrecht 1994, S.41). In den 80er Jahren zog sich die Planung jedoch von diesem Anspruch zurück, da er unmöglich zu verwirklichen schien. Während dieses Jahrzehnts plante man vor allem kleinräumig und vergangenheitsorientiert. Dabei wurden insbesondere Erfahrungen zur feinkörnigen Planung und zur demokratischen Legitimation der Planung gesammelt. Eine grundsätzliche Neuorientierung der Stadtentwicklung wagte man jedoch nicht. In den 90er Jahren wurden nun mit Stadtmarketing erstmalig wieder neue Konzepte zu einer integrierten Stadtentwicklungspolitik diskutiert (Helbrecht 1994, S.42). Angestoßen wurde diese Diskussion von den eingreifenden Veränderungen in den Rahmenbedingungen der Regionalentwicklung im ausgehenden Jahrhundert.

In Nordrhein-Westfalen wurden von 1987 bis 1992 lokale Kooperationen von der Landesregierung mit Förderprogrammen unterstützt (Helbrecht 1994, S.86). Helbrecht bezeichnet diese Politik als "inszenierter Korporatismus" und betont damit das Fehlen des eigentlichen Willens zur Kooperation.

Obwohl im Regionalmarketing also eine Möglichkeit zur Neuorientierung der Entwicklungsplanung gesehen wird, wird es dennoch kritisch betrachtet. So warnt Helbrecht davor, daß Regionalmarketing zwangsläufig zu einem Bedeutungsverlust gesamtgesellschaftlicher Institutionen wie staatlicher Einrichtungen und Kommunalverwaltungen führe, während es die Macht gut organisierter Gruppen gegenüber Minderheiten erhöhe. Letztere haben weniger Möglichkeiten, ihre Ziele und Bedürfnisse im Regionalmarketing zu vertreten, da sie sich erstens meist nur in unbedeutendem Maße finanziell beteiligen können und daher in Vereinen oder GmbHs nur wenige Mitglieder bzw. Gesellschafter stellen können und zweitens an der Umsetzung konkreter Maßnahmen aufgrund ihrer begrenzten Einflußmöglichkeiten selten selber beteiligt sind. Der gesteigerten Handlungsfähigkeit und Effizienz stellt Helbrecht somit den Verlust an politischer Demokratie gegenüber. Obwohl diese Frontstellung nicht zwingend auftreten müsse, würde mit Regionalmarketing zumindest ein riskanter Weg beschritten werden (Junker, Frauns, Schaller 1996, S.287). Junker, Frauns und Schaller bemängeln dabei vor allem, daß Stadtmarketing derzeit keine allgemeingültig formulierten Aufgaben erfülle.

Mit der Frage, wie diese Konfrontation von Demokratie und Effizienz vermieden werden könne, beschäftigt sich eine Reihe von Autoren. Trotz der vielen in Deutschland erprobten Ansätze sei es den meisten nicht gelungen, diesem Anspruch gerecht zu werden. So seien sie entweder nicht umsetzungsorientiert genug, oder sie beschränkten sich nur auf bestimmte Handlungsfelder oder darauf, ganz spezifische Interessen zu vertreten (z.B. Honert 1991, S.395, Junker, Frauns, Schaller 1996, S.285). Laut Helbrecht glichen die konkreten Vorstellungen des ganzheitlichen Stadtmarketing bisweilen eher einem Forderungskatalog (Helbrecht 1994, S.89).

3.3 Probleme der Durchsetzung des Regionalmarketing

Bereits oben wurde kurz ausgeführt, daß die Willensbildung und -durchsetzung für ein Regionalmarketing erheblich schwieriger ist als in einem Unternehmen. Es kann hier hervorgehoben werden, daß die Abstimmung und die Durchsetzung eines Regionalmarketingkonzeptes mehr Zeit und Anstrengung für die Initiatoren bedeutet als die professionelle Erarbeitung des Konzeptes. Dies ist insbesondere darin begründet, daß die Entscheidungsträger in einer Region im Gegensatz zu Mitarbeitern oder Abteilungen in einem Unternehmen in gänzlich anderer Beziehung und Abhängigkeit zueinander stehen (dazu u.a. Walchshöfer 1994, S. 347ff.). Die Betreiber eines Regionalmarketing sind auf rechtliche wie auch politische Legitimation für ihr Handeln (dazu ausführlich Spieß 1998, S.36ff.) und auf die - großenteils freiwillige - Unterstützung der Entscheidungsträger einer Region angewiesen.

Wer sind nun diese Entscheidungsträger einer Region?

Im Gegensatz zu einem Unternehmen bestehen diese nicht in Führungskräften einer vorhandenen Hierarchie, sondern müssen von den Initiatoren (die aus den u.g. Gruppen stammen können) des Regionalmarketing in der Region identifiziert und angesprochen werden. In der Praxis ist immer wieder ein großes Bemühen der Initiatoren eines Regionalmarketing zu erkennen, möglichst alle wesentlichen Gruppen einer regionalen Gesellschaft über ihre Repräsentanten einzubinden. Und dies sind i.d.R.

- Gewerkschaften, Arbeits- und Arbeitslosenvertretungen,
- Bürgerbewegungen, ökologische Vereinigungen,
- politische Parteien,
- Wirtschaftsunternehmen, insbesondere große Unternehmen am Standort,
- Wirtschaftsvertretungen (IHK, Handwerkskammer etc.),
- Freizeit- und Sportvereinigungen,
- einzelne Institutionen (z.B. Hochschulen, Ministerien),
- öffentliche Verwaltung,
- Institutionen, die inhaltlich nahe am Regionalmarketing angesiedelt sind, so z.B. Wirtschaftsförderungen, Fremdenverkehrsverein,

- ggf. Experten außerhalb der Region, wie z.B. Regionalmarketingberater, Vertreter von überregional tätigen Tourismusunternehmen.

Die Abteilungen und Mitarbeiter in einem Unternehmen sind in einem organisierten sozialen System eingebunden, in dem eine Machtstruktur über formelle Weisungsbeziehungen vorgegeben ist. Alle Teile eines Unternehmens sind auf das Vorankommen des Unternehmens angewiesen und somit zum Konsens und zur Realisation der Entscheidungen verpflichtet. Dies erleichtert sowohl eine autoritäre wie auch partizipative, teamorientierte Willensbildung und -durchsetzung in einem Unternehmen erheblich gegenüber der in einer Region, in der die Entscheidungsträger i.d.R. unabhängig von anderen Entscheidungsträgern agieren und nur in wenigen Fällen in direkten Weisungsbeziehungen stehen. Die diesbezüglichen Unterschiede zwischen Unternehmen und Region sind in der folgenden Tabelle 4a/b zusammengefaßt. Dabei soll die Region nicht als Objekt des Marketing, das es zu vermarkten gilt, verstanden werden, sondern vielmehr als Organisationsform, in deren Rahmen die Willensbildung und -durchsetzung des Regionalmarketing geschieht.

	Unternehmen	**Regionen**
Willensbildung	Diskussion zwischen Geschäftsführung, Marketingabteilung und ggf. weiterer betroffener Mitarbeiter / Abteilungen	Diskussion zwischen den wesentlichen Gruppen und Vertretungen in der Region
Interessengruppen	Geschäftsführung, Marketingabteilung, ggf. einzelne Mitarbeiter und Betroffene	alle aktiven Gruppen und Vertretungen in der Region, Bevölkerung und der Region übergeordnete Institutionen
Interessen	Gesamtinteresse des Unternehmens, Interessen einzelner Abteilungen möglich, Profilierungsinteressen einzelner möglich	Interessen jeder Gruppe dominieren i.d.R. vor den Gesamtinterssen der Region, eher auch Profilierungsinteresse einzelner
Entscheider	Geschäftsführung, Marketingabteilung	vielfältige Kräfte in der Region
Wirkung der Entscheidung / Risiko	Erfolg oder Mißerfolg tragen die Geschäftsführung, Abteilungen und einzelne Mitarbeiter, Risiko bei negativer Wirkung für das Unternehmen	Erfolg oder Mißerfolg der Maßnahmen sind für die Bevölkerung und die entscheidenden Gruppen nicht sofort meßbar, Fehlschlagen des Regionalmarketing i.d.R. keine negativen Konsequenzen

Tab. 4a: Unterschiede in der Willensbildung und -durchsetzung in Unternehmen und Regionen (Teil 1)

	Unternehmen	Regionen
Willens-durchsetzung	wenn nicht Teamentscheidung, dann durch hierarchische Weisungsbefugnisse bestimmt, eher sachliche Diskussion zu erwarten, i.d.R. vorgegebene Machtstrukturen und vorgegebene, übergeordnete Ziele	intendierter demokratischer Prozeß, baut auf Unterstützung und damit zumindest implizite Zustimmung aller wesentlicher Kräfte der Region auf, eher politisch bestimmte Diskussion zu erwarten, Machtstrukturen nur politisch gegeben, nur selten oder nur unverbindliche übergeordnete Ziele einer Region
Beteiligung an Realisation	„zwangsweise" durch Verpflichtung zur Mitarbeit im Unternehmen	freiwillig, selten durch Weisung möglich
Konsequenzen bei Nichtzustimmung	Entscheidungen sind dennoch zu unterstützen bzw. zu befolgen. Ggf. verlassen Mitarbeiter das Unternehmen	Nichtzustimmung bewirkt tendenziell Nichtunterstützung, Menschen werden und können i.d.R. deswegen nicht die Region verlassen

Tab. 4b: Unterschiede in der Willensbildung und -durchsetzung in Unternehmen und Regionen (Teil 2)

Da i.d.R. die Gruppen der Region zur Unterstützung des Regionalmarketing nicht gezwungen sind, sich an der Planung und Umsetzung zu beteiligen, müssen die Initiatoren des Regionalmarketing auf den Konsens mit den Entscheidungsträgern aufbauen, die sie unbedingt am Marketing beteiligen wollen. Und dies dürften i.d.R. die oben genannten Gruppen sein.

Aber diese Entscheidungsträger besitzen isolierte, individuelle Ziele, die sich nicht - wie in einem Unternehmen - den übergeordneten Zielen des Gesamtunternehmens - hier also der Region - unterzuordnen haben. Auch entsteht mitunter schon eine grundlegende Ablehnung einzelner Entscheidungsträger gegen die Regionalmarketinginitiative, weil deren Initiatoren von einer anderen politischen Partei oder aus einem „gegnerischen" Verband stammen. Die Interessen, die die verschiedenen Gruppen aus der Region in das Regionalmarketing hineintragen, sind daher vielfältiger, unabhängiger und tendenziell eher konfliktär als in einem Unternehmen und tendenziell auch eher emotional getrieben, denn sachlich. Zudem dürften - im Gegensatz zum Unternehmen - die Konsequenzen des Scheiterns eines Regionalmarketingkonzeptes für die beteiligten Gruppen weniger bedeutend sein, da dies nicht den weiteren Bestand einer Region gefährden kann.

Die Folge kann also sein, daß in Regionen - im Gegensatz zu Unternehmen, in denen i.d.R. exakte Ziele vorliegen sollten - ein Konsens über die Ziele des Regionalmarketing nur in Form unverbindlicher, alle Interessen einschließenden Leitlinien realisiert werden. Zudem besteht die Gefahr, daß sich die Willensbildung und -durchsetzung für ein Regionalmarketing durch die Interessen der einzelnen Gruppen in einer Region, dem Zwang zum Konsens und ggf. der Profilierungssucht einzelner Gruppen oder Personen in der Region zu einen äußerst schwierigen Prozeß entwickelt, der die inhaltliche Seite des Regionalmarketing dahinter zurücktreten läßt.

Die Durchsetzung des Regionalmarketing wird damit zu einer Aufgabe, die kaum durch Konzepte und Strategien direkt gelöst werden kann. Rationale Argumente sind mitunter im politischen Umfeld nicht hilfreich. Vielmehr sind politisches Geschick, menschliche Überzeugungskraft, Wille und Fähigkeit zum Konsens gefragt. Denn wenn sich mit einer wesentlichen Gruppe von Entscheidungsträgern der Region kein Konsens finden läßt, können die Reaktionen in Nichtbeteiligung und fehlender finanzieller Unterstützung, in Trotzreaktionen wie parallele Aktivitäten oder sogar in Gegenmaßnahmen in Form von Blockaden, Verzögerungsverhalten (z.B. Verweigerung bzw. Verzögerung von Genehmigungen für Veranstaltungen) und Ausspielen der eigenen politischen Macht gegen das bestehende Regionalmarketing bestehen (z.B. Einbringen von Anträgen in Parlamenten, Erwirken einstweiliger Verfügungen).

3.4 Zusammenfassung

Im folgenden sind die wesentlichen Aussagen des vorliegenden Kapitels zusammengefaßt. Zur besseren Orientierung sind jeweils die Unterkapitel und Seitenzahlen der ausführlichen Diskussion benannt. Auch werden Verweise zu den späteren Kapiteln, die sich dem jeweiligen Thema noch einmal widmen, gegeben.

- Die Ausgangslage von Regionen ist global von einer Verschärfung des Wettbewerbs, Änderungen von Machtstrukturen, Verschärfung der Finanzlage kommunaler Selbstverwaltungen und einer zunehmenden Komplexität der politischen Entscheidungsfindung gekennzeichnet. Eine Lösung wird vorwiegend darin gesehen, ein regionales Spezifikum für die Regionen zu entwickeln. Hierzu sollten die Akteure einer Region zusammenarbeiten. Auch muß konsequent auf die Flexibilität des Regionalmarketing geachtet werden. (Exzerpt aus Kapitel 3.2.1).

- Regionalentwicklungspolitische Traditionen wirkten sich vor allem in den USA positiv auf die Zusammenarbeit öffentlicher und privater Akteure aus. Soll sich Regionalmarketing in Deutschland erfolgreich durchsetzen, ist hier noch Überzeugungsarbeit nötig. (Exzerpt aus Kapitel 3.2.2).

- Um die fehlenden traditionellen Voraussetzungen auszugleichen, versuchte sich der Staat in Großbritannien als Initiator für Public-Private Partnerships, wodurch die Anzahl solcher Kooperationen anstieg. Auch in Deutschland fördern bzw. förderten einige Bundesländer regionale Kooperationen. Sowohl in Großbritannien als auch in Deutschland ist man sich jedoch darin einig, daß eine solche Zusammenarbeit nicht erzwungen werden könne, sondern vielmehr freiwillig erfolgen müsse. Auch sei der Staat - wie es sich in Großbritannien in den 80er Jahren zeigte - finanziell und personell mit der Überwachung sämtlicher Projekte überfordert. (Exzerpt aus Kapitel 3.2.3).

- Obwohl die Traditionen und gesellschaftlichen Vorstellungen in den hier untersuchten Ländern unterschiedlich sind, gleichen sich die Ziele für eine zukünftige Orientierung der Regionalentwicklung. So ist eine ganzheitliche Planung ausdrücklich erwünscht. Diese sollte neben der Effizienz des jeweiligen Vorhabens auch nicht-ökonomische Ziele berücksichtigen.

- Die Vorstellungen, auf welchem Weg dies erreicht werden kann, sind in Deutschland - zumindest in der Theorie - schon sehr konkret. Hier spielt Regionalmarketing als neue Stoßrichtung der Regionalentwicklung eine herausragende Rolle. Dennoch herrscht Skepsis, ob Regionalmarketing sich negativ auf die Demokratie auswirken wird. Befürchtet wird, daß gut organisierte Bevölkerungsgruppen gegenüber Minderheiten an Macht gewinnen. Einige Autoren bestehen daher darauf, neben dem Regionalmarketing zumindest mittelfristig an der traditionellen, regionalen und flächendeckenden Entwicklungsplanung festzuhalten. Auch in Großbritannien ist man mit den derzeitigen Erfahrungen zu privater und öffentlicher Zusammenarbeit wenig zufrieden. Angestrebt wird hier eine ähnliche Entwicklungsplanung wie in Deutschland: regional und flächendeckend. Des weiteren fordern einige deutsche und britische Autoren gesamtgesellschaftliche Institutionen, wie Universitäten und Gewerkschaften, zu beteiligen. In der US-amerikanischen Forschung spielen öffentliche Planungsinstanzen eher eine untergeordnete Rolle. Hier wird darauf gesetzt, daß sie sich im Regionalmarketing stärker als Mediatoren engagieren. Deutsche und britische Autoren halten mittelfristig einen normativen Rahmen für die Regionalentwicklung weiterhin für erforderlich. Da dieser langfristig jedoch zugunsten von Verhandlungsprozessen an Bedeutung verlieren wird, wird darüber hinaus eine breite Beteiligung regionaler und gesamtgesellschaftlicher Akteure - z.B. als Mediatoren - gefordert. Gleichwohl bedeutet die Beteiligung möglichst vieler regionaler Gruppen auch einen erheblichen Abstimmungsaufwand und damit auch Konflikte und Verzögerungen, da diese Beteiligung auf Freiwilligkeit von Gruppen mit recht unterschiedlichen Interesse beruht. (Exzerpt aus Kapitel 3.2.4).

- Als zentrale regionalentwicklungspolitische Ziele kristallisieren sich die gezielte Entwicklung eines regionalen Spezifikums, eine hohe Flexibilität des Regionalmarketing, die Integration nichtökonomischer und langfristiger Ziele sowie die Vertretung der lokalen Bevölkerung heraus. Dazu ist die Förderung der internen Kooperation erforderlich - d.h. in Deutschland insbesondere die Überwindung mangelnder Tradition zur regionalen Zusammenarbeit trotz aller Probleme der Willensbildung und -durchsetzung, die zu erwarten stehen. Des weiteren ist eine Einbindung der Region in globale Netzwerke erforderlich.

- Willensbildung und -durchsetzung des Regionalmarketing sind - im Gegensatz zu Unternehmen - auf die politische und rechtliche Legitimation sowie die Unterstützung durch die relevanten Entscheidungsträgergruppen einer Region angewiesen. Diese Gruppen sind i.d.R.:

- Gewerkschaften, Arbeits- und Arbeitslosenvertretungen,
- Bürgerbewegungen, ökologische Vereinigungen,
- politische Parteien,
- Wirtschaftsunternehmen, insbesondere große Unternehmen am Standort,
- Wirtschaftsvertretungen (IHK, Handwerkskammer etc.),
- Freizeit- und Sportvereinigungen,
- einzelne Institutionen (z.B. Hochschulen, Ministerien),
- öffentliche Verwaltung,
- Institutionen, die inhaltlich nahe am Regionalmarketing angesiedelt sind, so z.B. Wirtschaftsförderungen, Fremdenverkehrsverein,
- ggf. Experten außerhalb der Region, wie z.B. Regionalmarketingberater, Vertreter von überregional tätigen Tourismusunternehmen.

- Die Durchsetzung wird damit zu einer Aufgabe, die kaum durch Konzepte und Strategien direkt gelöst werden kann. Vielmehr ist politisches Geschick, menschliche Überzeugungskraft, Wille und Fähigkeit zum Konsens gefragt. Denn wenn sich mit einer wesentlichen Gruppe von Entscheidungsträgern der Region kein Konsens finden läßt, können die Reaktionen neben Nichtbeteiligung und fehlender finanzieller Unterstützung auch Trotzreaktionen wie parallele Aktivitäten oder sogar Gegenmaßnahmen in Form von Blockaden, Verzögerungsverhalten (z.B. Verweigerung bzw. Verzögerung von Genehmigungen für Veranstaltungen) und Ausspielen der eigenen politischen Macht gegen das bestehende Regionalmarketing sein. (Exzerpt aus Kapitel 3.3). Im späteren Kapitel 4.2.6 werden daher Strategien vorgeschlagen, die bei der Durchsetzung des Regionalmarketingkonzeptes helfen sollen.

Kapitel 4: Regionalmarketing - Planung und Umsetzung

4.1 Überblick

In diesen Kapitel sollen Methoden und auch Probleme der Planung und Umsetzung des Regionalmarketing vorgestellt werden. Dabei wird der marketingerfahrene Leser recht schnell erkennen, daß viele Analogien zum klassischen Marketing existieren. Dies erscheint auch berechtigt, wurde doch in Kapitel 2 die Übertragbarkeit festgestellt.

Somit können auch hier die zentralen Werke zum Marketing (z.B. Nieschlag/ Dichtl/ Hörschgen 1997, Kotler/Bliemel 1996, Meffert 1998) herangezogen und auf deren grundlegende Ausführungen im späteren Verlauf dieses Kapitels verwiesen werden, so daß hier nicht noch einmal die Grundlagen des Marketing geschrieben werden müssen. Vielmehr sollen diejenigen Inhalte aufgegriffen werden, die für das Regionalmarketing besonders sind. Denn im unternehmerischen Marketing haben sich einige Grundmuster der Struktur und Entwicklung von Marketingkonzepten herausgebildet, die auch auf den regionalen Kontext angewendet werden. Dies betrifft zuerst einmal die Verwendung der zentralen Begriffe Marketingphilosophie und Marketingkonzept (Balderjahn 1995, S.24ff.).

- Unter Marketingphilosophie wird die Haltung verstanden, die Organisationsangehörige gegenüber der Umwelt einnehmen und damit sämtlichen Entscheidungen im Rahmen eines Marketingkonzepts zugrunde legen (z.B. Meffert 1989, S.274). Sie beinhaltet sowohl im unternehmerischen Marketing als auch im Regionalmarketing die konsequente Orientierung an den Wünschen und Bedürfnissen der Zielgruppen (Schneider 1992, S.55). Weiterhin wird der Begriff des Marketingkonzepts aus dem unternehmerischen Marketing übernommen (dazu auch die Meinungen von Becker 1998, S.1ff., Manschwetus 1995, S.211).

- Unter einem Regionalmarketingkonzept ist demnach ein umfassender, gedanklicher Entwurf zu verstehen, der sich an einer bestimmten Leitidee bzw. bestimmten Richtgrößen (Ziele) orientiert und grundlegende Handlungsrahmen (Strategien) wie auch die notwendigen operativen Handlungen (Instrumenteneinsatz) zu einem schlüssigen Plan zusammenfaßt.

Das Regionalmarketingkonzept ist Ergebnis der ersten Schritte im Planungs- und Umsetzungsprozeß des Regionalmarketing, der, beginnend mit der Marktforschung und über die Entwicklung von Zielen und Strategien, die Planung operativer Maßnahmen, deren Durchsetzung und Realisation sowie die Kontrolle des Erfolges umfaßt. An diesem Regionalmarketingprozeß orientieren sich die Kapitel auf den nächsten Seiten. Zunächst soll aber der Prozeß von der vorbereitenden Marktforschung bis zur Kontrolle erläutert werden.

4.2 Konzeption und Umsetzung des Regionalmarketing

4.2.1 Der Regionalmarketingprozeß - Überblick

Bislang gibt es nur wenige wissenschaftliche Beiträge, die sich mit der systematischen Übertragung des Referenzmodells für Marketingkonzepte im unternehmerischen Marketing auf die Region befassen (z.B. Meffert 1989, S.273ff., Schneider 1992, Hammann 1995, S.1166ff., von der Heide 1995, Balderjahn 1995, Manschwetus 1995, S.210ff. und Spieß 1998). Die Phasen des Regionalmarketingprozesses (Analyse, Planung, Durchführung, Kontrolle) stimmen aber im wesentlichen für private Unternehmen und Regionen überein. Sie werden in der folgenden Abbildung 6 veranschaulicht. Bei dem Schema in dieser Abbildung handelt es sich um einen Prozeß, in welchem mehrere Wechselwirkungen zwischen den einzelnen Phasen existieren, was sich in den Ausführungen zu den einzelnen Schritten zeigen wird. Dennoch hilft dieses Schema, die Aufgaben zu strukturieren, die bei der Aufstellung eines Marketingplans für eine Region durchzuführen sind. Im folgenden werden die einzelnen Phasen des strategischen Phasenmodells näher erläutert.

Der erste Schritt (Kapitel 4.2.2 Marktforschung für Regionen) umfaßt die marktforscherische Analyse der Situation der Region, d.h. der eigenen Stärken und Schwächen ggü. konkurrierenden Regionen sowie der Chancen und Risiken, die sich aus Entwicklungen im Umfeld um das Regionalmarketing ergeben genauso wie aus den Entwicklungen der Zielgruppen und deren Wünschen. Der Entwurf eines Regionalmarketing-Konzepts (Kapitel 4.2.3 Ziele, Leitbilder, ULP, Zielgruppen und Strategien und Kapitel 4.2.4 Marketing-Maßnahmen) bewegt sich, wie auch das klassische Marketing-Konzept, auf drei Ebenen: Ziele, Strategien und Maßnahmen (Becker 1998, S.4, Manschwetus 1995, S.212, Balderjahn 1995, S.27).

Der Realisierung werden zwei Kapitel (Kapitel 4.2.5 Regionalmarketing-Organisation und Kapitel 4.2.6 Durchsetzung des Regionalmarketing) gewidmet, da zum einen Fragen der institutionellen Umsetzung des Regionalmarketing zu erörtern sind wie auch Strategien der Durchsetzung. Die Ausführungen schließen mit einem Kapitel über die Kontrolle des Erfolges ab (Kapitel 4.2.7 Kontrolle des Regionalmarketing).

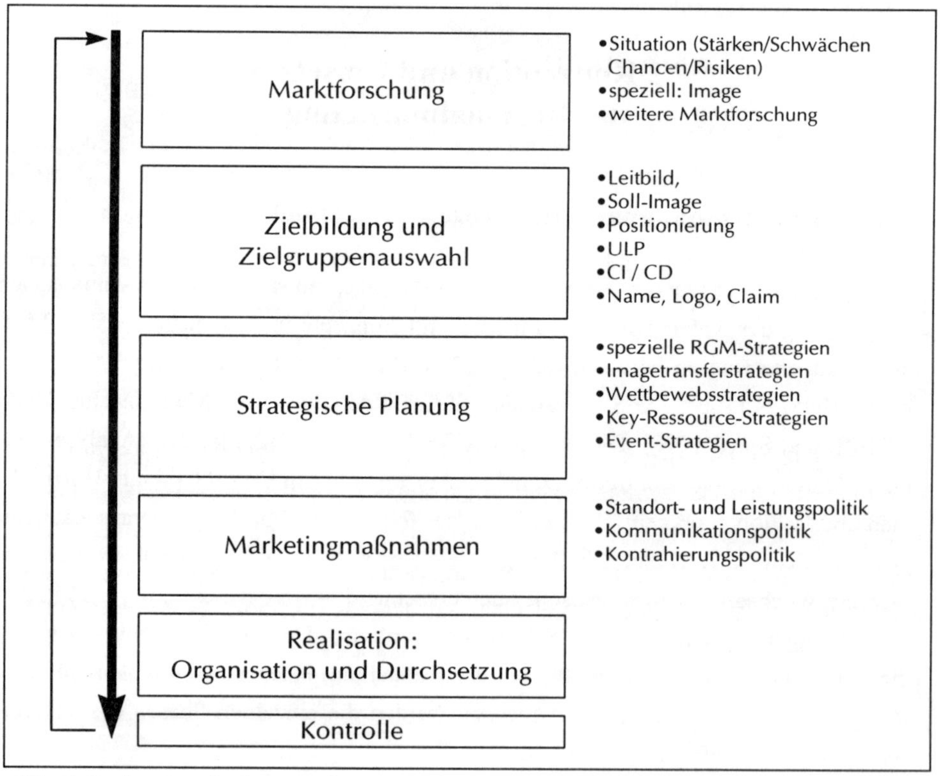

Abb. 6: Regionalmarketingprozeß

4.2.2 Marktforschung für Regionen

Marktforschung für Regionen unterscheidet sich im prinzipiellen Vorgehen und in der Verwendung der Erhebungs- und Analysemethoden nicht wesentlich von der im klassischen Marketing. Es soll daher hier vermieden werden, ein weiteres Lehrbuch der Marktforschung vorzuführen, hierfür kann der Leser in der reichlich vorhandenen Literatur nachschlagen (u.a. Berekoven/Eckert/Ellenrieder 1996, Meffert 1992 und 1997, Backhaus/Erichson/Plinke/Weiber 1996). Vielmehr soll hier auf einige Besonderheiten der Marktforschung für Regionen eingegangen werden.

Im Mittelpunkt steht dabei die klassische Situationsanalyse, die hier auf Regionen angewendet wird. Danach wird die Analyse des Image einer Region - als Teil der Potentialanalyse - genauer erläutert, da dem Image einer Region in der Regionalmarketingpraxis besondere Bedeutung zugemessen wird. Damit wird auch deutlich, daß eine Region als Objekt der Marktforschung mehr auf dem Aggregationsniveau eines Unternehmens betrachtet wird denn als einzelnes Produkt.

Die Untersuchungen in den folgenden Unterkapiteln sind vor der Erstellung und Realisierung eines Marketingkonzeptes durchzuführen, da sie die Grundlage von Entscheidungen darstellen. Es gibt aber auch einige Entscheidungen, die während der Konzeption des Regionalmarketing getroffen werden und einer empirischen Überprüfung bedürfen. Zu diesen Untersuchungen gehören intensivere Analysen ausgewählter Zielgruppen (z.B. besonderes Konsum- und Kommunikationsverhalten) und die Untersuchungen zur Kontrolle des Erfolges des Regionalmarketing. Eine wichtige Untersuchung findet sich jedoch schon am Anfang der Marketingkonzeption, die der Analyse von Logo, Name und Claim der Region. Um die logische und zeitliche Abfolge der Schritte im Regionalmarketingplanungsprozeß nicht zu stören, wird auf die empirische Untersuchung an den Stellen kurz eingegangen, an denen auch die Entscheidungen über Zielgruppen, Claim, Logo, Name und Kontrolle getroffen werden. Die folgende Abbildung 7 zeigt, welche marktforscherischen Analysen zu welchem Zeitpunkt im Regionalmarketingprozeß notwendig werden. Die Pfeile zeigen nicht nur den Informationsfluß an, sondern weisen auch auf die Schritte hin, zu denen die jeweiligen Analysen hier im Buch besprochen werden.

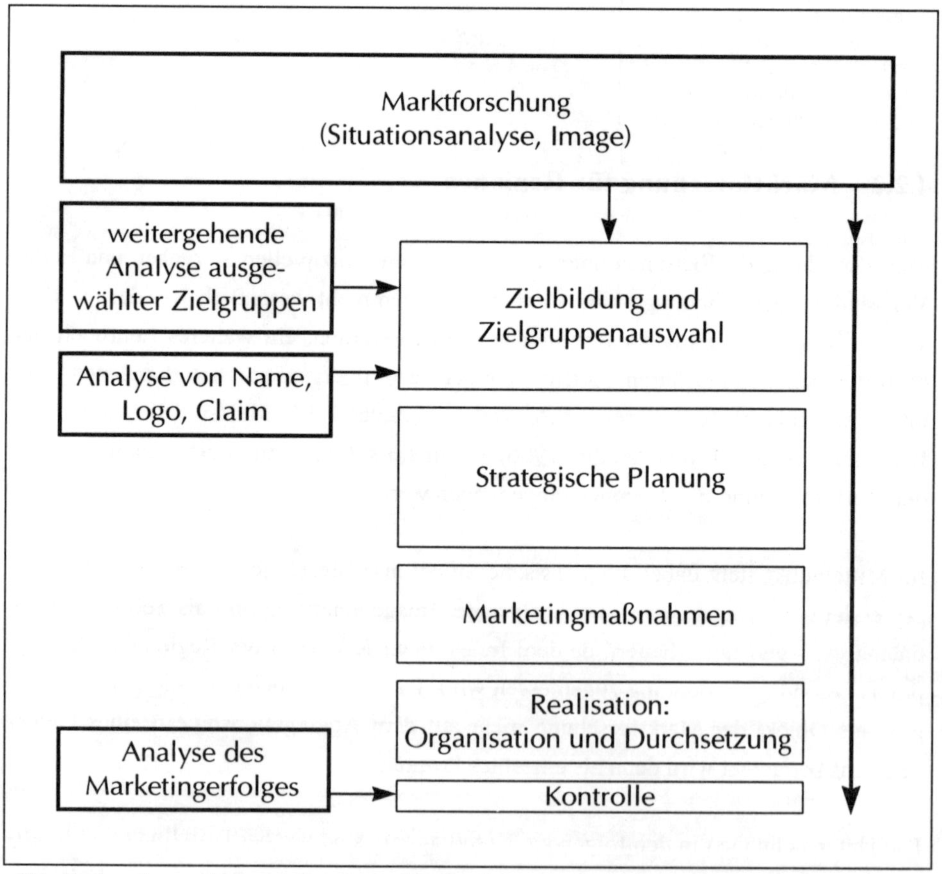

Abb. 7: Zuordnung der marktforscherischen Analysen zum Regionalmarketingprozeß

Jenseits dieser grundlegenden marktforscherischen Analysen finden sich in der Literatur Vorschläge, weitere Analysemethoden aus dem - insbesondere strategischen - unternehmerischen Marketing auf Regionen zu übertragen, so z.B. Gap-, Lebenszyklus- und Portfolioanalyse (z.B. bei Spieß 1998, S.73ff.). Während z.B. die Portfoliomethode sicherlich innerhalb der Situationsanalyse eine sinnvolle Anwendung finden kann, so ist dies für die Lebenszyklusanalyse zu beweifeln. Es würde aber hier zu weit führen, alle denkbaren Analysemethoden auf Ihre Anwendbarkeit im Regionalmarketing hin zu prüfen und die verbleibenden zu präsentieren. Daher sollen sich die Ausführungen in dem vorliegenden Buch auf die grundlegenden marktforscherischen Schritte und speziell im Regionalmarketing bedeutende Analysen (Imageanalyse, Analyse von Name, Logo und Claim) beschränken. Dem Leser sei es überlassen, weitergehende Anwendungsvorschläge für die individuellen, eigenen Untersuchungen aufzugreifen.

4.2.2.1 Situationsanalyse - Überblick

Zweck der Situationsanalyse für Regionen ist es, die Ausgangslage der Region festzustellen, d.h. welche Stärken und Schwächen, welche Chancen und Risiken die Region im Vergleich zu anderen Standorten besitzt. Die Situationsanalyse bildet die Grundlage für sämtliche nachgelagerten Phasen: So sind Leistungsdifferenzen bei der Zielbildung zu berücksichtigen. In späteren Phasen kann eine Ergebniskontrolle herbeigeführt werden, indem die gleichen oder besonders aussagekräftige Eigenschaften erneut erhoben werden und ein Vergleich mit dem Ausgangszustand vorgenommen wird. Hieraus resultieren dann wiederum Nachbesserungen der Ziele, Strategien und des Maßnahmen-Mix (vgl. die o.g. Grundlagenlehrbücher zum Marketing sowie speziell auf Regionen bezogen: Manschwetus 1995, S.214ff. sowie für die Situationsanalyse bei Standorten: Kotler/Haider/ Rein 1994, S.111ff.).

Für die Situationsanalyse (vgl. Abbildung 8) werden zunächst die eigenen Stärken und die Schwächen der Region (Potentialanalyse) im Vergleich zu anderen analysiert (Konkurrenzanalyse). Anschließend werden eine Umfeldanalyse (Faktoren im technischen, rechtlichen wie gesellschaftlichen Umfeld um die Region) und eine Marktanalyse (Kunden / Mittler) durchgeführt, um die Chancen und Risiken für die Region abzuschätzen. Diese Analysen mit der Ermittlung der SWOT (Strength, Weakness, Opportunities, Threats) ermöglichen die Festlegung einer durchgehenden und eindeutigen Positionierung und die Identifizierung / Beschreibung der geeigneten Zielgruppen.

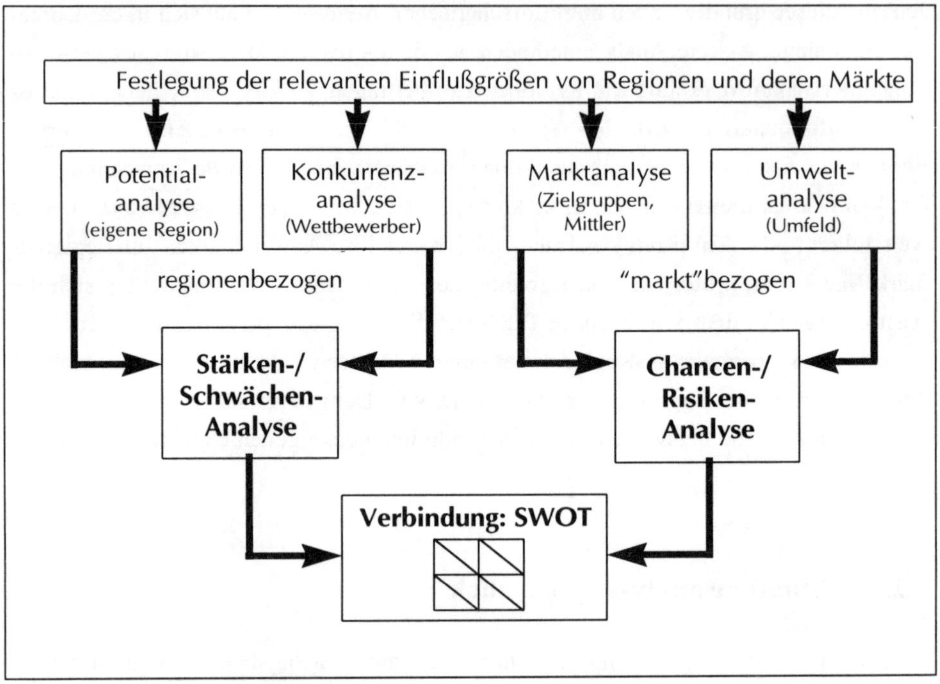

Abb. 8: Aufbau der Situationsanalyse

Im unternehmerischen Marketing werden Informationen zu Kunden (Zielgruppen), zu den eigenen Potentialen, zu den Wettbewerbern und zur Umwelt erhoben. Diese Systematik ist in den theoretischen Arbeiten zum Regionalmarketing so nicht erkennbar (z.B. Spieß 1998, S.54ff., Meffert 1989, S.275ff., Manschwetus 1995, S.214ff.). Zur besseren Übersichtlichkeit soll sie hier jedoch beibehalten werden. Abbildung 9 dient der Klärung der Begriffe im regionalen Kontext. Die Bereiche Umfeld und Potentiale müssen für die Region neu definiert werden, was im folgenden in der Stärken-/Schwächen- und in der Chancen-/Risiken-Analyse erfolgt.

4.2.2.2 Stärken-Schwächen-Analyse

In der Stärken-Schwächen-Analyse wird die Situation (Struktur, Ressourcen, Lage, Preise etc.) der Region anhand von definierten Bewertungskriterien im Vergleich zu anderen Regionen dargestellt (Potential- und Konkurrenzanalyse).

Die Stärken und Schwächen erhält man aus der Analyse objektiver und subjektiver Vor- und Nachteile einer Region sowie aus den Vor- und Nachteilen der Wettbewerbsregionen. Potential- und Konkurrenzanalyse sind daher gleichzeitig zu entwickeln. Daher stellt sich zunächst die Frage nach den Konkurrenten: Mit wem vergleicht sich die Region? Anhand welcher Kriterien werden von den Zielgruppen die Regionen verglichen?

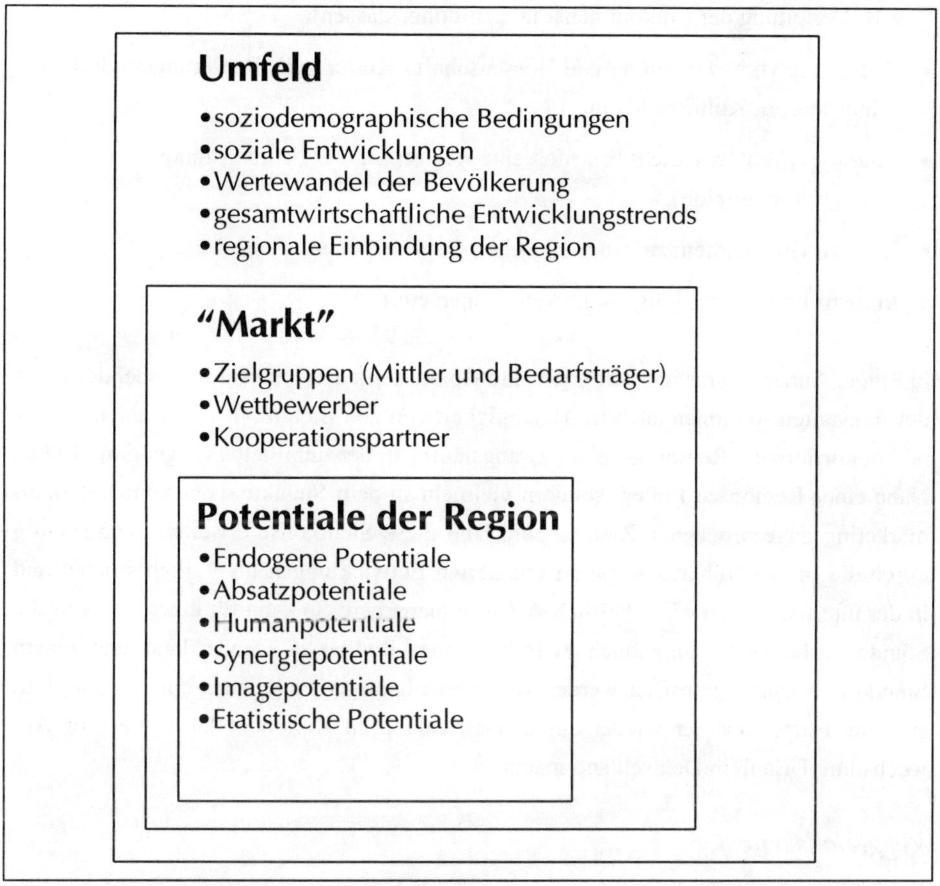

Abb. 9: Bestandteile der Situationsanalyse für die Region

Auswahl der Konkurrenten für den Vergleich

Die Wettbewerber stellen dabei für die tatsächliche Eignung einer Region einen Bezugsrahmen dar (Manschwetus 1995, S.217). Hierzu müssen zunächst die Regionen identifiziert werden, deren Leistungen Substitutionscharakter zu den Leistungen der eigenen Region haben (Manschwetus 1995, S.215). Als Kriterien der Vergleichbarkeit von Regionen kommen u.a.

- räumliche Ausdehnung (Fläche),
- landschaftliche Charakteristik (z.B. Anteile der Waldgebiete, Berge, Seen, Flüsse),
- Wirtschafts- und Sozialstruktur (z.B. Art und Anteil der Wirtschaftssektoren, der Branchen, Art und Zahl der Betriebe sowie deren Mitarbeiter, soziale Kriterien, wie z.B. Verteilung der Einkommens- und Bildungsklassen),
- Bedeutung von Verwaltung und Wissenschaft / Kultur (z.B. Regierungsstadt, Hochschulstandort, Kulturbedeutung),
- Raumtyp (Maß, wie dicht besiedelt eine Region ist: Verdichtungsraum oder ländlich geprägte Randregion),
- Lage zu Großstädten, zu geographischen Gegebenheiten,
- Infrastruktur (Bahn, Flughäfen, Autobahnen etc.)

in Frage. Anhand derartiger Kriterien sind Konkurrenten auszuwählen, wobei der Kreis der relevanten Regionen auch in Abhängigkeit von den Zielgruppen zu wählen ist: Eine konkurrierende Region ist nicht zwangsläufig in der unmittelbaren geographischen Nähe einer Region zu finden, sondern vielmehr in dem Sichtkreis der vom Regionalmarketing angesprochenen Zielgruppen. Und diese Sichtkreise erweitern sich ständig durch die in den früheren Kapiteln erläuterten Entwicklungen im Verkehrswesen und in der internationalen wirtschaftlichen Zusammenarbeit: So kann für einen Investor die Standortwahlentscheidung auch zwischen einer Region in Deutschland und einem Standort in Irland getroffen werden (ein heute häufiger Fall), oder ein Tourist stellt sich die Frage, ober er wieder auf den afrikanischen Kontinent fährt oder zur Abwechslung Urlaub in Deutschland macht.

Vergleichskriterien

Die obigen Kriterien zur Auswahl der Konkurrenzregionen können prinzipiell auch als Vergleichskriterien zwischen den Regionen herangezogen werden. Jedoch führen sie nur schlecht zu Stärken und Schwächen. Daher ist es sinnvoll, weitere Kriterien aufzustellen. Zur Bewertung der Regionen können "harte" wie auch „weiche" Kriterien herangezogen werden (Beispiele finden sich hierzu z.B. bei Spieß 1998, S.63f.):

- "Weiche" Kriterien sind nicht objektiv meßbar. Sie basieren auf Meinungen oder Einschätzungen des individuellen Betrachter. Typische Faktoren ergeben sich aus den Kriterien, die das Image einer Region bestimmen, wie u.a. landschaftlicher Reiz und Abwechslung, Gastfreundschaftlichkeit der Bevölkerung, Erholungspotential und Unterhaltungswert der Region, Qualität des Kultur-, des Freizeit- und des Sportangebotes.

- „Harte“ Kriterien hingegen sind an meßbaren Eigenschaften festzumachen.

Die folgende Tabelle 5 stellt einige denkbare Kriterien zusammen:

Bezug	Kriterium	... dabei berücksichtigt
Produkt	qualitative Attraktivität des Standortes	• geographische Lage • Verkehrsverbindungen, Erreichbarkeit • natürliche Umweltbedingungen • Vielfalt und Qualität der gewerblichen Flächen und Bauten • Wohnraum und dessen Qualität • Nähe zu Wissenschafts- und Forschungseinrichtungen sowie Verwaltung und Politik • fachliches Mitarbeiterpotential (Qualität) • angebotene Serviceleistungen • generelle Lebensqualität • Umweltverschmutzung • Wirtschaftsstruktur • Finanzklima • Tourismus- und Freizeitangebot • Einkaufsmöglichkeiten • Mentalität der Bevölkerung • Geschichte
	quantitative Attraktivität des Standortes	• Standortgröße und quantitative Ausstattung • Auslastung des Standortes • Expansionsmöglichkeit am Standort / im Umfeld • fachliches Mitarbeiterpotential (Quantität)
Distribution	Technologische Spezialisierung (Ist) und Selbstverständnis (Soll) sowie Betreuungsqualität	• derzeitige Branchenausrichtung • Grad der Spezialisierung der bestehenden Unternehmen • Alleinstellungspositionen • ULP/Ziele • primäre Zielgruppen und Ansiedlungsbedingungen • Standortsymbole • Internationale Orientierung
Kommunikation	Akquisitionsausstattung und -maßnahmen	• Werbemittel • Ansprechpartner • Maßnahmen
Preis	Standortkonditionen	• Kosten, Gebühren und Unternehmensteuern • Lohnkosten • Lebenshaltungskosten

Tab. 5: Beispiele für Vergleichskriterien

Dabei wurden diese an den vier bekannten Marketinginstrumenten (Produkt, Preis, Distribution und Kommunikation) entlang klassifiziert. Fügt man nun die Ergebnisse der harten und weichen Kriterien (inkl. Image-Analyse) zu regionalspezifischen Potentialen (auch ggü. den konkurrierenden Regionen) zusammen, so kann man hierzu auf Manschwetus Potentiale zurückgreifen.

Manschwetus' Potentiale einer Region

Manschwetus entwickelte in Anlehnung an die Theorie regionaler Wettbewerbsvorteile von Porter für die internationale Wettbewerbsfähigkeit von Ländern (Porter 1991) die folgenden Potentialfelder (Manschwetus 1995, S.101ff.).

- Endogene Potentiale: materielle und immaterielle Ressourcen einer Region (z.B. Arbeitskräfte, Infrastruktur, Landschaftsästhetik).
- Absatzpotentiale: Marktchancen der Branchen einer Region.
- Betriebliche Humanpotentiale: Managementqualität und Qualifikationsniveau in den ortsansässigen Betrieben.
- Synergiepotentiale: Wettbewerbsvorteile aus dem Zusammenwirken zwischen Unternehmen.
- Imagepotentiale: Ansehen der Region bei relevanten Personen und Organisationen.
- Etatistische Potentiale: Durch staatliche Gebietskörperschaften induzierte Einflußgrößen wie Gesetze, Steuern, Subventionen.

Da es eine Vielzahl von Interdependenzen zwischen den Potentialen gibt, können die Potentiale nicht losgelöst voneinander betrachtet werden (Manschwetus 1995, S.192). So bestimmt beispielsweise die Qualifikation (Bildung) der Menschen vor Ort nicht nur direkt das Humanpotential, sondern auch - über die Anzahl der Arbeitskräfte und die Differenzierung ihrer Leistungen - das endogene Potential (Manschwetus 1995, S.146). Mit dem Einkommen gut ausgebildeter Arbeitskräfte steigt auch das Absatzpotential der Branchen in der Region. Eventuell treten auch Synergieeffekte auf, indem neue Dienstleistungsbetriebe zur Vermittlung von Know-How entstehen, z.B. in der Informations-technologie. Nicht zuletzt wirkt sich ein hohes Qualifikationsniveau positiv auf das Image einer Region aus.

Erhebung der Stärken und Schwächen

Bislang wurde in diesem Kapitel ausgeführt, welche Potentiale einer Region - auch im Vergleich zu anderen Regionen - und welche konkreten Kriterien zur Bewertung der Stärken und Schwächen einer Region heranzuziehen sind. Es wurde nicht ausgeführt, wie die entsprechenden Informationen gewonnen werden können. Dies unterscheidet sich im Prinzip auch nicht von den Erhebungsformen und -quellen, die für die Stärken-Schwächen-Analyse von Unternehmen oder Produkten herangezogen werden.

Daher lassen sich auch zwei grundlegende Quellen unterscheiden, die für Sekundärdaten und die für Primärdaten (vgl. hierzu auch die o.g. Marktforschungsliteratur):

- Sekundärdaten sind Informationen, die bereits für andere Zwecke erstmalig (primär) erhoben wurden. Sie eignen sich insbesondere für Informationen zu den harten Kriterien, also Fakten, die keine subjektive Bewertung verlangen, wie z.B. Bevölkerungsumfang, Kennzahlen zur Wirtschaftskraft (insbesondere Bruttosozialprodukt pro Kopf, Zahl und Gewerbesteueraufkommen der Betriebe), und zur Wirtschaftsstruktur (z.B. Verteilung der Unternehmern und Beschäftigten auf Branchen), zur Infrastruktur (z.B. Summe aller Straßenkilometer, Bahnfahrplan, Zahlen zu Reisen über einen Flughafen), zum Zustand der Umwelt (z.B. Waldschadensbericht, Daten zu Luftverschmutzung, Niederschlagsmengen, Wasser- und Lufttemperaturen) oder zu aussagekräftigen Zahlen zum Kulturangebot (z.B. Zahl der Konzerte und der Bühnenaufführungen sowie deren Besucherzahlen).

  Derartige Zahlen finden sich zum einen in Statistiken und Studien/Berichten auf regionaler, (bundes)länder- oder nationaler Ebene wieder und zum anderen in Katalogen der regionalen Verwaltung (z.B. ausgewiesene und belegte Gewerbefläche über das Kataster des Bauamtes). Daher können als Quellen ...

  - das Statistische Bundesamt und dessen Landesämter,
  - Ministerien auf Landes- oder Bundesebene (z.B. Wirtschaft, Bildung, Kultur, Landwirtschaft),
  - besondere Behörden (z.B. Arbeitsamt, Bundesumweltamt oder sogar das Kraftfahrtbundesamt),
  - die Stadtverwaltung und weitere regionale Behörden,
  - Industrie- und Handelskammer und die Handwerkskammer, Gewerkschaften,
  - Verbände und Vereine für Tourismus und Kultur auf regionaler oder nationaler Ebene,

- wissenschaftliche Einrichtungen (z.B. der Geographie, der Tourismus- du Freizeitforschung, der Volkswirtschaftslehre),
- regionalmarketingnahe Einrichtungen, wie z.B. eine Wirtschaftsförderungsgesellschaft,
- größere Unternehmen der Regionen, insbesondere Versorgerunternehmen (z.B. Energieversorger und Stadtwerke),

herangezogen werden. Diese Quellen finden sich - je nach nationaler Einbindung auch in vergleichbaren Institutionen - auch zu anderen Regionen, wobei hier zusätzlich - sofern vorhanden - auch die Regionalmarketinginstitutionen dieser Regionen in Frage kommen.

Ein sehr schneller Weg, Informationen gerade zu anderen Regionen zu erhalten, findet sich in der Analyse der Aussagen und Wertungen in Publikationen, in Magazinen, Zeitungsberichten und Selbstdarstellungen der Wettbewerberregionen.

In einer Zeit, in der eine Präsenz im Internet auch für Regionen nahezu schon als Pflicht angesehen wird, findet sich hier ein schneller und insbesondere kostengünstiger zusätzlicher Weg der Informationsbeschaffung. So sei hier als Beispiel auf die vielen Internetseiten des Landes Brandenburg hingewiesen, in denen sehr detailliert zu allen Teilen des Bundeslandes wirtschaftliche, touristische und kulturelle Informationen gegeben werden, die sogar die Hebesätze der Gewerbesteuer jeder Gemeinde zeigen.

- Primärdaten sind erstmals dann zu erheben, wenn die notwendigen Informationen anderweitig noch nicht erhoben wurden oder deren Beschaffung nicht möglich oder mit zu hohen Kosten verbunden ist. Hierfür stehen die klassischen Erhebungsmethoden Beobachtung und Befragung zur Verfügung:

  Die Form der Beobachtung findet sich in Besuchen der Wettbewerber-Regionen wieder wie auch bei Erhebungen in der eigenen Region, wie z.B. in Zählungen von Besuchern in Einkaufsstraßen sowie in Konzerten, Kinos oder bei Sportveranstaltungen oder in der Erfassung der Fahrzeugfrequenzen auf den Straßen oder der Zahl der Segelboote auf den Gewässern. Zur Beobachtung gehören aber auch die Erfassung der Zahl und Inhalte von Berichten im Fernsehen, Radio oder in der Presse (z.B. Auszählung der Häufigkeit der Nennungen im positiven wie negativen) wie auch ungewöhnliche Maßnahmen wie die Vermessung von Freizeitanlagen, Spielplätzen oder sogar Waldgebieten, Stränden und Wanderwegen. Eine Beobachtungsmethode, die aber nur sehr subjektive Informationen erbringt, ist die Beobachtung des regionalen „Nachtlebens“ in Cafés, Diskotheken und Restaurants. Sehr selten dürfte die Messung von Umweltdaten wie z.B. die Luftverschmutzung sein, häufiger dagegen die von Umweltverunreinigungen wie z.B. die Anzahl legaler und illegaler Müllabladeplätze.

Die obigen Kriterien umfassen nicht nur tatsächliche Sachverhalte, sondern auch deren Einschätzung in den Köpfen der Menschen in und außerhalb der Region. Stärken und Schwächen einer Region zeigen sich u.a. darin, daß z.B. eine Region trotz objektiv besserer Leistungen und Eigenschaften in den Köpfen der Menschen in den Zielgruppen schlechter angesehen wird als eine andere Region (so wurde 1995 in einer Untersuchung in Brandenburg die Diebstahls-Kriminalität in Frankfurt (Oder) höher eingeschätzt als in Berlin und Potsdam, obwohl die Realität höhere Quoten in den beiden letztgenannten Städten zeigt). Aber gerade diese subjektiven Einschätzungen sind für ein Regionalmarketing ein „objektiver" Maßstab, der durch die Marketingmaßnahmen zu verändern ist.

Für diese Informationen bietet sich die Befragung der externen Zielgruppen, der eigenen Bevölkerung und von Experten an. Befragt werden können zunächst ...

- Experten aus der Region z.B. für die Beschaffung von sonst nicht dokumentierten Eigenschaften in der Region (z.B. Zahl der Vogelarten, besondere Tiere, Luft- und Wassertemperaturen, Alter und Historie von Baudenkmälern oder auch Zahl und Herkunft der Investoren, die in der vergangenen Zeit Interesse an der Region zeigten). Solche Experten finden sich z.B. in Vereinen, Kultureinrichtungen (z.B. Museen) oder auch in den Stadtverwaltungen, den Wirtschaftsförderungen und in den Industrie-, Handels- und Handwerkskammern wie auch bei Gewerkschaften.
- Überregionale Experten sollen Auskunft über andere Regionen, wie auch über die eigene und die Wettbewerber Auskunft geben. Die Experten können natürlich nicht nur Vertreter der oben genannten Institutionen sein, sondern aus jedem Bereich des gesellschaftlichen Lebens stammen, so z.B. Politiker, Unternehmensvertreter insbesondere größerer Unternehmen, Journalisten für z.B. Gesellschaft, Wirtschaft, Kultur und Sport, Wissenschaftler, Berater, Kulturvertreter oder auch für bestimmte Zielgruppen erkennbare Meinungsführer (z.B. Sprecher einer Interessensgruppe oder beliebte Schauspieler). Einen Einblick in die Auswahl von Experten in der Praxis gibt eine Untersuchung zum Image der Region Frankfurt (Oder) im Jahre 1995, bei der neben einer größeren Zahl von Unternehmensvertretern und Vertretern von Tourismusunternehmen noch Experten aus folgenden Bereichen befragt wurden (Tabelle 6).

Die Befragung von Experten wird i.d.R. als Interview durchgeführt und ergibt qualitative Ergebnisse, da nur eine begrenzte Zahl von ihnen befragt werden kann. Die Kosten für die Befragung sind, wenn sie telephonisch durchgeführt wird, im Vergleich zu anderen Erhebungsdesigns (z.B. schriftliche Fragebogenuntersuchungen) gering, und die Erhebung ist schnell durchführbar. Werden die Befragungen jedoch persönlich vor Ort beim Experten durchgeführt, entstehen mitunter erhebliche Reisekosten zu jedem einzelnen Befragten. Hinzu kommen die Kosten für einen qualifizierten Interviewer.

Je ein ...
... Vertreter der Industrie und Handelskammer zu Berlin,
... Vertreter des Deutschen Gewerkschaftsbundes,
... Vertreter der Redaktion Handelsblatt im Verlag Handelsblatt,
... Vertreter des Bundes Umwelt und Naturschutz (BUND),
... Vertreter des Bundeswirtschaftsministeriums,
... Vertreter der Gesellschaft für Konsumforschung,
... Vertreter der Redaktion der Zeitschrift Max,
... Vertreter des Bundesverbandes der Deutschen Industrie,
... Vertreter des Deutschen Touristik- und Reiseverbandes,
... Vertreter des Deutschen Städtetages,
... Vertreter des Kultusministeriums des Landes Niedersachsen,
... Vertreter des Allgemeinen Deutschen Automobil-Clubs Deutschland,
... Mitglied des Bundestages, Fraktion der SPD,
... Mitglied des Bundestages, Fraktion der CDU.

Tab. 6: Experten zur Befragung des Image einer Region in einer Imagestudie für die Region Frankfurt (Oder) 1995

Die Angaben der Interviewten sind natürlich subjektive Bewertungen, auch wenn Schätzungen zu Zahlen (z.B. Vogelbestand) erfragt werden. Gerade wenn Experten aus der Region befragt werden, kann die emotionale Nähe zur eigenen Region zu verzerrten Einschätzungen führen, die auf ein verklärtes Bild der eigenen Heimat zurückzuführen sind. Dennoch sind gerade die Wertungen der Experten - als Expertisen - die wesentliche Information aus den Interviews.

Im Gegensatz zu den Experteninterviews, bei denen auf die individuelle Aussage des einzelnen Befragten (die Expertise) abgestellt wird, sind schriftliche Fragebogenuntersuchungen primär auf die gemeinsame Aussage aller oder großer Teile der

Befragten ausgerichtet. Aufgrund der hohen Zahl von Befragten können deren Aussagen in quantitative, statistische Ergebnisse überführt werden. Zudem sind Ratingfragen (Antworten erfolgen an einer Skala, entlang derer der Befragte seine Antwort variieren kann) bei einer schriftlichen Befragung gut einsetzbar. Für derartige Befragungen sind insbesondere die Zielgruppen außerhalb der Region (potentielle Investoren, Touristen etc., siehe oben) interessant. Sie werden ohnehin im Rahmen der Marktanalyse befragt (siehe dazu später). Fragen zur Einschätzung der Region und im Vergleich zu anderen Regionen jedoch gehören in die Stärken-Schwächen-Analyse. Die folgende Tabelle führt einige typische Fragen auf (Tabelle 7).

- Fragen zur Bekanntheit und Kenntnis der Region und ihrer Eigenschaften / Besonderheiten (aus der Presse/TV, von Freunden, durch eigenen Besuch/Aufenthalt)
  - Lage
  - Größe, Bevölkerungszahl
  - Besonderheiten
  - bekannte Persönlichkeiten aus der Region
  - desgl. für Unternehmen, Kulturstätten, Bildungseinrichtungen
- Fragen zum generellen Image der Region und der Vergleichsregionen
- Fragen zur Einschätzung der Bevölkerung
- Fragen zur Einschätzung der Verkehrslage
- Fragen zur Einschätzung der Sicherheit in der Region insbesondere im Vergleich zu anderen Regionen
- Fragen nach der Attraktivität als Wirtschafts- und Investitionsstandort, z.B.
  - Attraktivität der Wirtschaftsstruktur
  - Einschätzung der Arbeitskräftequalität
  - Bewertung des Finanzstandortes
  - Bewertung der Infrastruktur
- Fragen nach Attraktivität als Kultur-, Lebens-, Freizeit- und / oder Urlaubsstandort, z.B.
  - Lebensqualität
  - Freizeit- und Erholungsqualität
  - Bekanntheit des Erholungs- und Freizeitangebotes
  - Bekanntheit von kulturellen Einrichtungen und Bildungseinrichtungen
  - Bekanntheit von Kulturveranstaltungen
- Fragen nach der Kenntnis über jüngste Investitionen durch Unternehmen in der Region
- Fragen nach der Einschätzung, wer sich für die Region interessieren kann

Tab. 7: Beispiel für Fragen an externe Zielgruppen

Die Fragen sind auf die oben genannten Kriterien auszurichten, und der Vergleich mit den konkurrierenden Regionen ist zu ermöglichen.

Den Vorteilen von schriftlichen Fragebogenuntersuchungen - geringe Kosten für jeden Befragten (Porto, Papier/Druck, Anteil an Kosten für Fragebogenerstellung, Pretest und Auswertung) und quantitative Auswertung insbesondere mit Ratingfragen - stehen aber auch Nachteile gegenüber: So sind nur geringe Rücklaufquoten (Zahl der zurückgesendeten Fragebögen im Verhältnis zu den versandten Fragebögen) zu erwarten (bis unter 1%), was auf die leichte Erstellung von Serienbriefen mittels Computern zurückgeht, die heute zu einer Flut von Befragungen geführt haben, so daß gerade Unternehmensvertreter selten bereit sind, sich den Fragen zu stellen. Dies führt dazu, daß eine sehr große Zahl von Fragebögen versendet werden muß, um eine für statistische Auswertungen ausreichende Zahl von Fragebögen zurück zu erhalten. Zudem ergibt sich u.U. eine Verzerrung der Antworten, wenn diejenigen, die geantwortet haben, signifikant andere Aussagen abgeben, als diejenigen, die nicht geantwortet haben (sogn. Non-Response-Bias): So kann es vorkommen, daß nur diejenigen Befragten den Bogen beantworten, die bereits Interesse an einer Region besitzen (z.B. als Urlaubsort) und somit eine positivere Bewertung als die Gesamtbevölkerung abgeben.

Auch ist die Antwortsituation, d.h. wer in welcher Verfassung und unter welchem Zeitdruck die Fragen beantwortet, nicht kontrollierbar. Zudem muß die Zahl der versendeten Fragebögen groß sein, um nicht Verzerrungen dadurch zu erhalten, daß die Zielgruppe, die möglicherweise weltweit anzutreffen ist, nicht repräsentativ abgebildet wird. Ein potentieller Investor aus Frankreich könnte andere Antworten geben als ein Investor aus den USA, wie auch ein potentieller Tourist in Süddeutschland andere Urlaubs- und Freizeitgewohnheiten (eher Skifahren) zeigen kann als sein Pendant in Norddeutschland (eher Segeln).

Diese Probleme lassen die schriftliche Fragebogenuntersuchung nicht immer ratsam erscheinen, so daß ein Mittelweg zwischen schriftlicher Befragung und qualitativem Interview eine sinnvolle Alternative ist: das Telephoninterview. Hier wird der Fragebogen per Telephon bei den Zielpersonen erfragt. Pro Befragten sind zwar die Kosten höher als bei einem Brief, dafür steht man jedoch nicht vor dem Problem der geringen Rücklaufquoten und kann zudem die Befragung schnell durchführen.

Gerade für eine Befragung von Personen in der Region (z.B. die Bevölkerung) kann auch auf das Telephon verzichtet werden, da mit geringen Kosten vor Ort in der Region z.B. auf Einkaufsstraßen Interviews am Fragebogen entlang durchgeführt werden können. Nachteil dieser Form der Befragung ist die Gefahr, die Befragungszielgruppe an Ort und Stelle nicht repräsentativ wiederzufinden.

Die folgende Tabelle 8 faßt noch einmal die Vor- und Nachteile und Anwendungsfelder der Befragungsformen speziell im Regionalmarketing zusammen:

	schriftliche Befragung	**persönliche Interviews**	**Telephon-interviews**
Zahl der Befragten	groß	gering	mittel
Kosten pro Befragten	gering	hoch	mittel
Auswertung	quantitativ	qualitativ	qualitativ und qualitativ
typische Befragte im RGM	Experten	allg. Bevölkerung	Meinungsführer, Firmenvertreter
besondere Probleme	• geringe Rücklaufquoten • Non-Response-Bias	• unterschiedliche Ergebnisse durch unterschiedliche Interviewer	• unterschiedliche Ergebnisse durch unterschiedliche Interviewer • Vergleichbarkeit der Antworten sehr schwer möglich

Tab. 8: Vergleich der Erhebungsformen aus Regionalmarketingsicht

Auswertung und Aufbereitung der Vergleichsdaten zu Stärken und Schwächen

Nach Erhebung der Daten und deren Erfassung (i.d.R. heute mittels EDV) sind die Daten zunächst auszuwerten und sodann für Entscheidungsträger in verständlicher Form aufzubereiten (vgl. hierzu die o.g. generelle Marktforschungsliteratur).

Da es sich bei der Auswertung primär um deskriptive (also die Realität beschreibende) Analysen handelt, stehen bei den quantitativen Auswertungen einfache Statistiken wie Häufigkeitsauszählungen, Mittelwertbildungen oder Kreuztabellen sowie bei den qualitativen Auswertungen Analysen der Gesprächsniederschriften und der in den Interviews genannten Begriffe und Aussagen im Vordergrund. Die gewonnenen Informationen bedürfen dann der Interpretation, d.h. was sind Stärken und was sind Schwächen der Region ggü. anderen Regionen und welche Bedeutung sind diesen zuzumessen.

Der Aufbereitung dieser Ergebnisse für die weiteren Entscheidungen kommt im Regionalmarketing eine besondere Bedeutung zu, da hier zu erwarten ist, daß die mit den Ergebnissen konfrontierten Entscheidungsträger (z.B. Stadtverordnete) nicht immer entsprechende Vorkenntnisse und Erfahrung mitbringen. Die Möglichkeiten der Aufbereitung sind sehr vielfältig und reichen von verbalen Fließtexten über tabellarische Aufstellungen statistischer Auswertungen bis zu bildlichen Darstellungen der Informationen (dazu Meyer 1999). Zwei visuelle Instrumente zur Aufbereitung der Ergebnisse sollen hier herausgehoben werden, da sie gerade für die oben beschriebenen Sachverhalte gut geeignet sind: das Profildiagramm und das Positionierungsdiagramm.

- Das Profildiagramm ist besonders für die Darstellung der Ergebnisse zu den einzelnen harten und weichen Kriterien geeignet. Dazu müssen die Ergebnisse zu jedem Kriterium zunächst in eine allen Kriterien gemeinsamen Ratingskala („gut" bis „schlecht", „stark" bis „schwach") überführt werden. Die folgende Abbildung 10 zeigt ein solches Profildiagramm.

  Wurden in den Befragungen bereits Ratingfragen gleicher Skala gestellt, so können die Mittelwerte über alle Befragten direkt in das Diagramm übertragen werden. Sind die Daten anders skaliert, so z.B. bei der Bevölkerungsdichte, sind die Daten in das Rating zu transformieren. Liegen gar nur verbale Aussagen vor (z.B. Meinungen aus den Experteninterviews), so sind diese durch einen kompetenten Bearbeiter ebenfalls in ein Rating zu übertragen. Dieser Schritt beinhaltet aber ein erhebliches Maß an - subjektiver - Interpretation.

  In die Profildiagramme werden auch die konkurrierenden Regionen mit ihren Ratingwerten eingetragen. So werden die Stärken und Schwächen der eigenen Region sofort sichtbar und darüber hinaus auch ggf. ein besonderes „Profil" einer Region: Im Beispiel der Abbildung 10 wird z.B. sichtbar, daß die eigene Region eher touristische Reize bietet und dort Stärken besitzt, während die Konkurrenzregion eher ein „Investorenparadies" darstellt.

- Positionierungsdiagramm: Ist das Profildiagramm aufgrund der großen Zahl von Kriterien zu unübersichtlich, so können die Regionen auch an nur zwei oder drei Kriterien verglichen werden. Dazu sind sowohl metrisch skalierbare weiche und harte Kriterien geeignet, die sich inhaltlich nicht überschneiden bzw. zumindest im statistischen Sinne unabhängig sind. Auch können die obigen Kriterien in Gruppen mathematisch so verknüpft werden, daß für jede Gruppe ein repräsentierendes Kriterium entsteht, das statistisch von den anderen Gruppenrepräsentanten unabhängig ist (hierzu sei auf die in der o.g. Marktforschungsliteratur behandelte Faktorenanalyse hingewiesen).

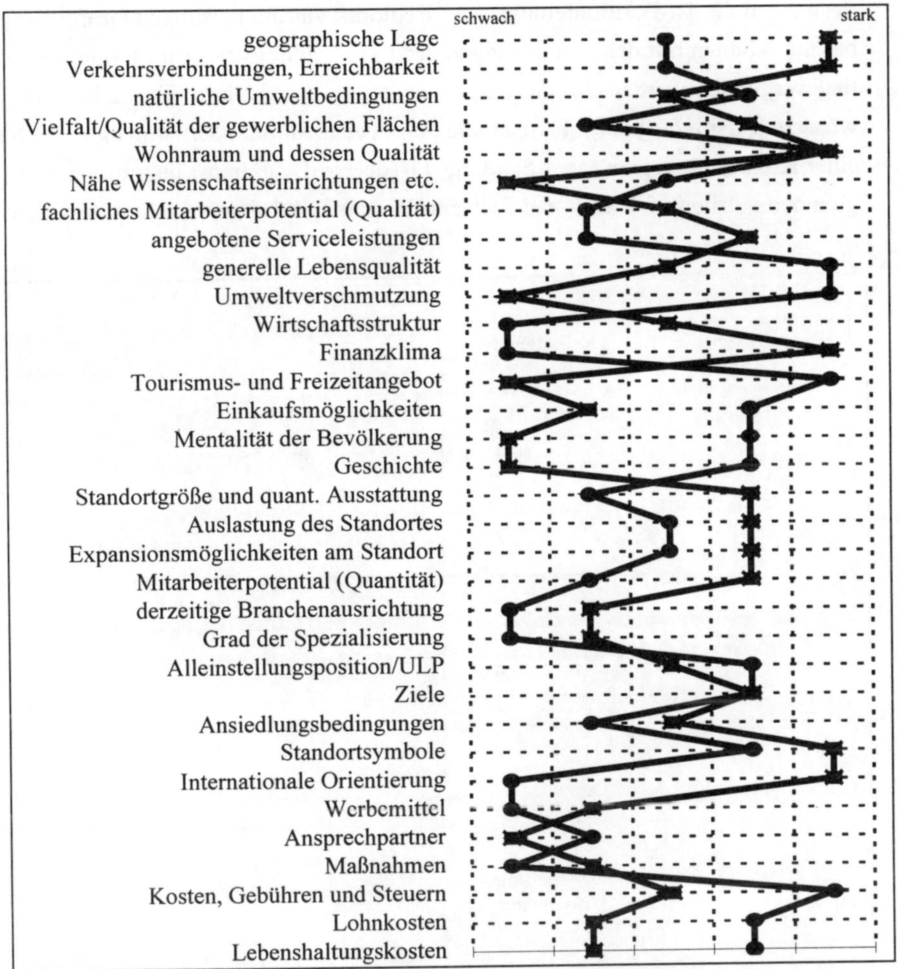

Abb. 10: Fiktives Beispiel für ein Profildiagramm zweier Regionen (Punkte: eigene Region, Kästen: Konkurrenzregion), Kriterien orientieren sich an denen in Tabelle 5

Die Kriterien müssen in ihrer Gesamtheit zentrale Eigenschaftsbündel der Regionen darstellen, anhand derer man die Regionen erkennen kann (z.B. Tourismusorientierung, Arbeiterorientierung, Wirtschafts- und Innovationsorientierung, Naturbezogenheit). Auch sind die Potentiale nach Manschwetus (s.o.) für als Kriterien geeignet. Dann können die Werte für je zwei oder Potentiale für alle Regionen im Vergleich in ein entsprechendes Diagramm übernommen werden. Abbildung 11 zeigt Positionierungsdiagramme mit zwei und mit drei Kriterien, jeweils für zwei Regionen im Vergleich.

So werden die Ist-Positionierungen der Regionen für die jeweiligen Gruppen sichtbar und können mit den Vorstellungen der Entscheidungsträger im Regionalmarketing verglichen werden: Ist die Region eindeutig positioniert? Ist die Position gewünscht (positiv/negativ)? Ist man alleine in der Position, oder ist man in der Nähe einer Konkurrenzregion? In Abbildung 11 (oberes Diagramm) liegt die eigene Region beim Kriterium Natur- und Freizeitorientierung sehr nahe am Konkurrenten.

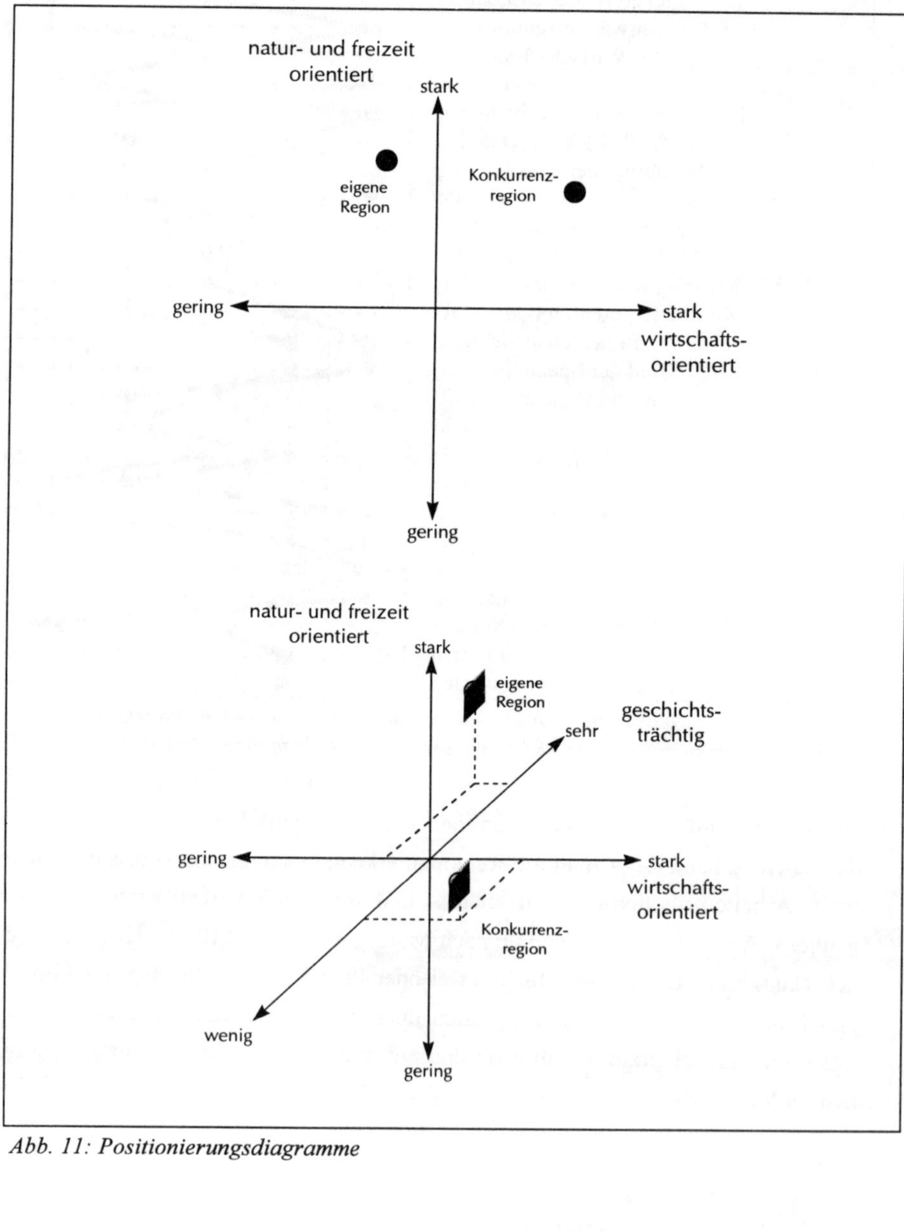

Abb. 11: Positionierungsdiagramme

Die Ist-Positionierung der Region wird im Laufe des weiteren Marketingprozesses einer Soll-Positionierung gegenübergestellt, und es werden Strategien abgeleitet: Welche Positionierung soll die Region erhalten? Soll man sich von den anderen Regionen entfernen (Alleinstellung) oder nahe an die Position einer anderen Region heran bewegen (z.B. zwecks Imagetransfers)? Diese Fragen werden im weiteren Verlauf des vorliegenden Buches besprochen.

Zusammenfassend werden in Abbildung 12 alle hier diskutierten Elemente der Stärken-Schwächen-Analyse dargestellt.

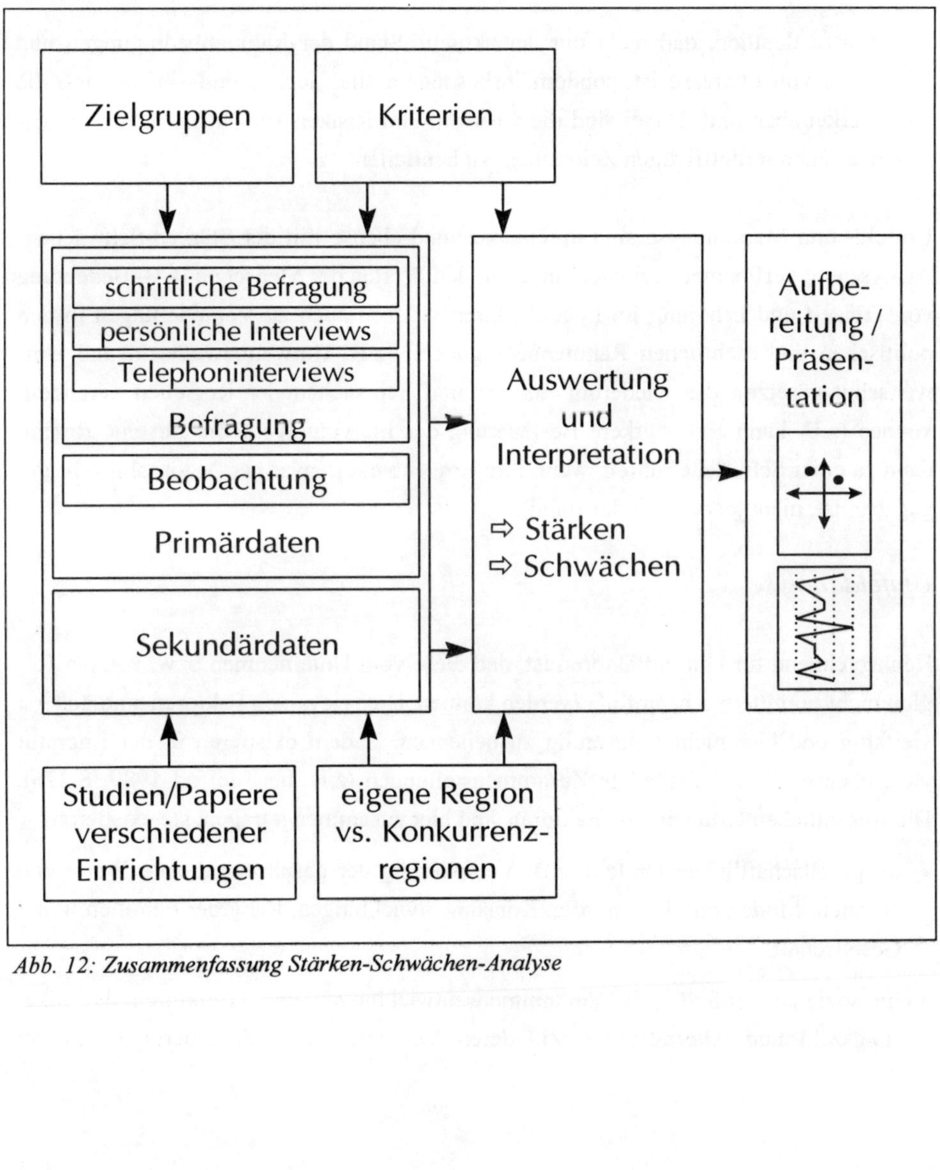

Abb. 12: Zusammenfassung Stärken-Schwächen-Analyse

4.2.2.3 Chancen-Risiken-Analyse

In diesem Schritt der Situationsanalyse werden Chancen und Risiken analysiert, die für das zukünftige Regionalmarketing bedeutend sind. Die Chancen und Risiken für eine Region ergeben sich

- aus Rahmenbedingungen im wirtschaftlichen, politischen und geographischen Umfeld (Umfeldfaktoren, Umfeldanalyse) und deren Veränderungen sowie
- aus Werten, Einstellungen, Wünschen etc. der relevanten Zielgruppen (s.o.), deren Mittler (Marktanalyse) und Veränderungen.

Damit wird deutlich, daß nicht nur der aktuelle Stand der Rahmenbedingungen und Werte etc. von Interesse ist, sondern insbesondere sind auch Trends interessant, die hierzu erkennbar sind. Dabei sind die Chancen und Risiken sowohl in einem kurzfristigen als auch mittelfristigen Zeitrahmen zu beurteilen.

Umfeld- und Marktanalyse sind miteinander und ebenso mit der Stärken-Schwächen-Analyse eng verflochten: Entwicklungen in den Werten der Menschen (z.B. Bedeutung von Freizeit und Erholung im Leben) führen vielfach auch zu Veränderungen in den politischen und rechtlichen Rahmenbedingungen (z.B. Umweltbewußtsein und Umweltschutzgesetze), die wiederum Stärken und Schwächen der Regionen verändern können (z.B. kann eine stärkere Besteuerung des Individualverkehrs für eine Region dann zu einer Schwäche führen, wenn ihre Erreichbarkeit zwar per Automobil sehr gut gegeben ist, nicht jedoch mit der Bahn).

Umfeldanalyse

Kennzeichnend für Umfeldfaktoren ist, daß diese vom Unternehmen bzw. von der Region nicht unmittelbar beeinflußt werden können. Die relevanten Faktoren sind äußerst vielfältig und hier nicht vollständig zu benennen. Zudem existieren in der Literatur viele ebenso nicht vollständige Zusammenstellungen (z.B. bei Meffert 1989, S.276). Die wesentlichen Gruppen von Faktoren sind hier zusammengetragen, sie existieren

- im gesellschaftlichen Umfeld, z.B. Veränderung der gesellschaftlichen Werte und Normen, Moden und Lebensstile, Konsumentwicklungen, Rang der Familien in der Gesellschaft,
- im sozialen Umfeld, z.B. Einkommensentwicklungen und -strukturen, Bevölkerungszahl und Altersstruktur und deren Veränderungen, Veränderungen in der

Struktur der Erwerbsformen, Kriminalität, medizinische Versorgung, Wohnungssituation,

- im technologischen Umfeld, z.B. neue Technologien im Verkehr,in der Kommunikation, in der Umwelttechnik, Rationalisierungstechnologien,
- im ökologischen Umfeld, z.B. Umweltdaten wie Luftverschmutzung, Waldsterben u.v.m.,
- im volkswirtschaftlichen Umfeld, z.B. konjunkturelle Lage, Investitionsklima, Gesamtfinanzlage, Arbeitsmarkt, branchenspezifische Faktoren (z.B. Bedeutung einzelner Branchen, Preiskampf in der Tourismusbranche), Internationalisierungsentwicklungen,
- im politisch-administrativen Umfeld, z.B. Planungen über Straßenbau (auch Wasserstraßen), Flughäfen oder Naturschutzgebiete,
- im politisch-wirtschaftlichen Umfeld, z.B. Förderrichtlinien, Subventionsrichtlinien, wirtschaftliche internationale Zusammenschlüsse (z.B. EU-Entwicklung, Freihandelszonen), Förderung einzelner Branchen,
- im politisch-rechtlichen Umfeld, z.B. bestehende und zu erwartende Gesetze und Bestimmungen/Verordnungen wie in den Bereichen Umwelt/Energie/Entsorgung, Wirtschaft und Wettbewerb, Arbeit, Tourismus, Verwaltung (z.B. Freiheiten der Gemeinden zum Verkauf von Grund und Boden) sowie speziell in Grenzregionen Bestimmungen zu Arbeitsmöglichkeiten für Arbeitnehmer aus dem Grenzland,
- im Umfeld der wesentlichen Institutionen und Unternehmen, so z.B. Planungen der Deutschen Bahn AG, Planungen zu Standorten von Ministerien, Verwaltungseinrichtungen und Kulturhäusern wie auch Planungen der in der Region anwesenden großen Unternehmen,
- weitere relevante Faktoren, wie z.B. Entwicklung des Kraftfahrzeugbestandes, der Nutzung der Bahn, des Flugzeugs oder PKW.

Die Kenntnis der aktuellen Bedingungen zu den Faktoren und der diesbezüglichen Trends reicht jedoch für die Analyse nicht aus. Vielmehr sind die Informationen zu interpretieren, ob sich hieraus Chancen oder Risiken ableiten lassen. Diese Interpretation kann aufgrund der Vielfalt der Informationstypen nur von fachlich versierten Personen vorgenommen werden, die die Relevanz der Trends und Rahmenbedingungen werten können. Da eine solche Interpretation nicht in ein festes Schema zu bringen ist, kann hier auch keine generelle Vorgehensweise vorgestellt werden. Das konkrete Vorgehen wird durch den individuellen Fall bestimmt.

Marktanalyse relevanter Zielgruppen

Die Marktanalyse beschäftigt sich mit den Zielgruppen des Regionalmarketing und deren Mittler. Letztere sind diejenigen Personen und Einrichtungen, über die die Zielgruppen in der Kommunikation und in der Kontrahierung erreicht werden. Dazu sollen hier auch Meinungsführer in den einzelnen Zielgruppen gehören.

Um die Analysen betreiben zu können, müssen die für das Regionalmarketing relevanten Zielgruppen bekannt sein. Dies ist jedoch im ersten Näherungsschritt recht leicht, da - im Gegensatz zu unternehmerischen Produkten - für alle Regionen zunächst die gleichen groben Zielgruppen in Frage kommen. Diese sind aus der Marktforschung anderer Regionen und aus der laufenden Praxis des Regionalmarketing her gut bekannt. Typische Zielgruppen des Regionalmarketing und das Interesse einer Region an diesen sind (eine über diese kurze Charakterisierung der Zielgruppen hinausgehende Beschreibung findet sich bei Kotler/Haider/Rein (1994)):

- Die Bevölkerung / Öffentlichkeit in der eigenen Region: Das Regionalmarketing muß sich der Unterstützung aus der Region sicher sein, eine starke Indentifikation der eigenen Bevölkerung mit ihrer Region ist deshalb zu wünschen. Informationen z.B. über die Kenntnisse der Bevölkerung über die eigene Region und deren Stärken und Aktivitäten sind ebenso wichtig zu kennen wie auch die Bedeutung des „Wir-Gedankes" bei den Menschen.
- Die gesamte Öffentlichkeit auch außerhalb der Region: Gerade um ein generelles Image einer Region zu prägen, ist die gesamte Öffentlichkeit im Sinne des Regionalmarketing zu beeinflussen und so ein grundlegendes positives Klima für die Region in allen Bereichen der Gesellschaft zu erzeugen. Sie schließt natürlich die zuvor genannte Gruppe ein. Es ist also z.B. wesentlich zu wissen, worauf die Öffentlichkeit anspricht, welches Image in den Köpfen der Menschen vorhanden ist und welche Informationen verhaften bleiben.
- Investoren - als wesentliche Gruppe des Zuflusses investiver Mittel, Kaufkraft, Steueraufkommen und Arbeitsplätze - umfassen fremde wie ortsansässige Unternehmen aus Industrie, Handel, Dienstleistung und Landwirtschaft, aber auch ausschließliche Kapitalgeber (als Privatpersonen, Stiftungen, Banken, Venture Capital Gesellschaften (VCG)). Sie sind zu Investitionen zu motivieren. Ihre Kentnisse über die Region, ihre Einschätzung zur wirtschaftlichen Attraktivität der Region und ihr Interesse an Investitionen generell wie auch speziell in der Region ist daher von besonderem Interesse. Darüber hinaus ist es wesentlich zu wissen, welche Entscheidungsprozesse in welcher Form und Zeit bei den Investoren ablaufen (z.B. ob früh-

zeitige Ansprache verhindern kann, daß Konkurrenzstandorte in die Entscheidungsfindung einbezogen werden).

- Touristen / Urlauber als weitere Gruppe des Zuflusses von konsumtiven Mitteln und temporärer Kaufkraft und damit Steueraufkommen und Arbeitsplätzen in der Region umfaßt sowohl Eintagesreisende, Wochenend- und Kurzurlauber als auch Langzeiturlauber und Kurgänger. Ihre Einstellung ggü. der Region, ihre Reiseneigungen und -planungen, Preisbereitschaft (Zahlungsfähigkeit und -willigkeit) wie auch Vergleiche zu anderen Urlaubszielen sind hier von zentralem Interesse.

- Kultur- und Freizeitinteressierte können sowohl in der eigenen Region, wie aber besonders außerhalb der Region entstammen. Sie übernehmen dann die Rolle einer besonderen Gruppe von Touristen und bringen entsprechenden Nutzen. Ebenso führt das Interesse zu einer weiteren Bekanntheit und einem besserem Image der Region im Umfeld der Interessierten. Die Kulturinteressierten umfassen z.B. Freunde klassischer Musik, Rock- und Popanhänger, Anhänger bestimmter Künstler und Kunststätten (z.B. „Pilger" zum Bauhaus in Dessau); Freizeitinteressierte können sich dem Sport widmen, wie Radfahrer, Wanderer, Surfer, Besucher von Sportveranstaltungen u.v.m. oder generellen Freizeitvergnügen, wie die Besucher von Freizeitparks, Stränden, Festen, Veranstaltungen, Freunden etc. Für sie gilt etwa das gleiche Informationsinteresse wie bei den Touristen.

- Arbeitskräfte sind durch das Regionalmarketing sowohl in der eigenen Region, aber insbesondere auch außerhalb der Region angesprochen. Das Angebot an qualifizierten Arbeitskräften stellt einen Wettbewerbsvorteil bei der Akquisition von Investoren dar und ist deshalb für die Region wesentlich. Dies gilt primär für Fach- und Führungskräfte. So ist es für ländliche Regionen wesentlich, wenn deren Abwanderung in Großstädte z.B. dadurch verhindert werden kann, daß die regionalen Reize und die Identifizierung mit der Region die Arbeitskraft eher Pendeln statt den Wohnort wechseln lassen. Ebenso ist es für eine Region positiv, wenn diese Arbeitskräfte ihre Bereitschaft zeigen, für ihre Arbeitsplätze in die Region zu ziehen und Kaufkraft mitbringen, ein Angebot an Investoren darstellen und eine Vorbildfunktion ausüben. Daher interessieren Verfügbarkeit, Lebens- und Familienverhältnisse, generelle Einstellung zur Region, Ausbildung und Arbeitssituation.

- Regionsfremde Familien sind für das Regionalmarketing dann interessant, wenn sie zur Ansiedlung in der Region gewonnen werden können, d.h. ihren Familienlebensmittelpunkt in die Region verlagern. Sie bringen insbesondere Kaufkraft und kulturelle Bereicherung in die Region. Dies gelingt primär Regionen im direkten Umfeld um große Städte („Speckgürtel"), wie die Beispiele Brandenburg (im Umfeld von Berlin) oder Niedersachsen (im Umfeld von Hamburg und Bremen) zeigen. An den Familien interessieren die Alters-, Arbeits-, Ausbildungstruktur, die Kaufkraft sowie die Entscheidungsprozesse in der Familie.

Die Mittler zu diesen Zielgruppen sind ebenso als Zielgruppe anzusehen. Sie sind im wesentlichen:

- Meinungsführer aus Kultur, Politik und Gesellschaft innerhalb und außerhalb der Region. Also z.B. Politiker, Journalisten und Fachexperten, wenn sie insbesondere öffentliches Interesse genießen, Entscheidungen außerhalb ihrer formalen Machtbereiches beeinflussen und so mit Ihrer Meinung als Multiplikatoren dienen können. Zur Gruppe gehören auch Verbandsfunktionäre und Vertreter aus der Wissenschaft, die im wirtschaftlichen und wissenschaftlichen Umfeld Gehör finden. Für das Regionalmarketing sind sie daher wesentlich und müssen individuell analysiert werden. Deren Kenntnisse und Einstellungen ggü. der Region wie auch die Kontakte und Wirkungen als Meinungsführer und denkbaren Wege, sie für die Region zu gewinnen, sind für das Regionalmarketing von besonderem Interesse. Der Nutzen einer marktforscherischen Untersuchung der Meinungsführer muß aber nicht nur in einem späteren Interesse für die Kommunikation oder Distribution liegen, sondern kann auch allein aus dem Grund, daß es sich um Experten handelt, die dem Regionalmarketing wichtige Hinweise geben können, getrieben sein.

- Vertreter aus Unternehmen, insbesondere investitionstätigen Unternehmen innerhalb und außerhalb der Region, sind ebenso als Meinungsführer anzusehen, da sie im Unternehmen die Rollen eines Fach- oder Machtpromotors (Witte 1972 und 1973) bei Investitionsentscheidungen einnehmen. Hier sind - über das oben gesagte und auch hier gegebene Interesse hinaus - für das Regionalmarketing besonders deren Entscheidungsprozesse in den Unternehmen interessant. Wenn auch moralisch sehr fragwürdig, so kann es auch im Interesse des Regionalmarketing liegen, positive Meinungsführung durch finanzielle Zuwendungen (im Volksmund Bestechung) zu erwirken und deshalb auch die entsprechende Bereitschaft der Meinungsführer zu untersuchen.

- Vertreter aus Tourismusunternehmen stellen nur eine Untergruppe der zuvor genannten dar, sollen aber hier hervorgehoben werden, weil sie direkt auf die Touristen und Urlauber durch ihre besonderen Angebote Einfluß nehmen können: Sowohl über ihre kommunikative Funktion als Urlaubsberater auch über ihre distribuierende Funktion als Anbieter von Reisen in die Regionen.

Hier ist also zwischen den Kommunikationsmittlern (insbesondere den Meinungsführern) und den „Mittlern" im Sinne der Distributoren zu unterscheiden. Kommunikationsmittler sind schnell umrissen und finden sich primär in Presse und TV, weniger in den Personen, die die Region bereits kennen, und in wie auch immer gearteten Meinungsführern z.B. in der Tourismusbranche oder in der Wirtschaft. Mittler als Distributoren sind - aufgrund der Zahl unterschiedlicher Zielgruppen - vielfältig. Es sind z.B. die Verkäufer in Reisebüros und Veranstalter, Kartenverkäufer für kulturelle Veranstaltungen der Region, Wirtschaftsförderer mit direktem Kontakt zu den Zielgruppen, Standortentscheider und deren Vorbereiter in Wirtschaftsunternehmen wie auch regioneninterne Mittler in den Verwaltungen, Wirtschaftsförderungen, Tourismuseinrichtungen und -vereinen, allgemeinen Vereinen etc. und in Einrichtungen von Kultur und Wissenschaft (z.B. Hochschule, die Kongresse austragen und so auch auf die Region aufmerksam machen).

Die Untersuchung dieser Zielgruppen wurde bereits in der Stärken-Schwächen-Analyse, als Untersuchungssubjekt der dort diskutierten Befragungsformen (schriftliche Fragebogenerhebung, persönliches und telephonisches Interview) angesprochen. Es wurde hervorgehoben, daß diese Gruppen nach ihrem Wissen und ihrer Einstellung ggü. der eigenen und den konkurrierenden Regionen untersucht wurden, um daraus Stärken und Schwächen abzuleiten. Für die Marktanalyse und die Ableitung von Chancen und Risiken sind andere Eigenschaften der Zielgruppen wesentlich, so z.B. deren spezifische Konsum- und generelle Verhaltensparameter und auch deren Veränderung (Trends). Einige besondere Eigenschaften wurden bereits oben bei der kurzen Vorstellung der Zielgruppen genannt. Darüber hinaus sind bei allen diesen Zielgruppen möglichst die folgenden Parameter zu erheben und auszuwerten:

- Umfang der Zielgruppe (z.B. Zahl der deutschsprachigen Zielpersonen) und dessen Entwicklung,
- typische demographische Daten (Durchschnitt und Streuung von Alter, Geschlecht, Familienstand),
- Bildung (z.B. Anteile von Akademikern, generelles Geschichtswissen),
- Kaufkraft (z.B. pro Person, pro Familie),
- Wohn- und Arbeitsbedingungen (Arbeitsplatz, Zahl der Haushaltsmiglieder, die arbeiten, die in der Ausbildung sind etc., Haushaltsgröße, Wohnform (Haus, Garten Wohnung, Eigentum vs. Miete etc.)),
- Haushaltsausstattung (Größe, PKW, Küchen- und Haushaltsgeräte, Inventar u.v.m.),

- spezifische Werte und Normen, Lebensstile in der Zielgruppe (z.B. Bedeutung des Einkommens, der gesunden Natur, der Familie, des Urlaubs, religionsbedingte Besonderheiten, Anteil von bestimmten Lebensstilen in der Zielgruppe),
- Lebensziele und Lebensplanung (basierend auf den o.g. Werten und Normen, Pläne für die Zukunft),
- Einstellungen zu politischen, technischen und gesellschaftlichen Fragen,
- Mobilität (generelle Breitschaft zum Bewegen, zum Fahren, zum Pendeln, zu Arbeitsplatz- und Ortswechsel, Kraftfahrzeugbestand und anderer Bewegungsmittel, Haushaltsgeld für Bewegung),
- Konsum- und Reiseverhalten, Konsum- und Reisewünsche, hierfür verfügbare Mittel und Zeit,
- Informationskonsum (TV, Radio, Presse etc.),
- Wege, wie man die Zielgruppe kommunikativ und kontrahierend erreicht.

Damit werden die obigen Informationen aus der Umfeldanalyse auf die Zielgruppen hin ergänzt und spezifiziert. Darüber hinaus sind die Mittler der Zielgruppen zu identifizieren (für manche Zielgruppen können diese auch ad persona benannt werden, so z.B. Meinungsführer in der Tourismusbranche) und deren besonderen Eigenschaften zu ermitteln. Diese Eigenschaften sind insbesondere die Wege, wie man sie erreicht und wie sie ihrer Mittlerfunktion nachkommen (z.B. beratend, anweisend, lediglich meinungsführend akzeptiert, meinungsführend über Presse, TV etc.).

In Tabelle 9 sind die Zielgruppen und deren primäre Untersuchungsgegenstände noch einmal zusammengefaßt.

Zunächst reicht diese grobe Einteilung der Zielgruppen für die Marktanalyse aus. Erst später und aufgrund der Ergebnisse der Analyse dieser Zielgruppen ist im Regionalmarketing zu entscheiden, welche Zielgruppen bzw. welche Untergruppen dieser für die Region besonders interessant sind, so daß sie bearbeitet werden sollen. Dann ist weiter zu entscheiden, ob spezielle Segmente aus den Zielgruppen ausgebildet werden sollen, für die jeweils ein Marketingkonzept entwickelt wird (Marktsegmentierung und differenziertes Marketing). Dieser Schritt wird erst im Kapitel 4.2.3.3 genauer beschrieben, da er nicht zur Marktanalyse, sondern zur Marketingkonzepterstellung gehört.

Gruppe	primäre Mittler	Informationen für Stärken/ Schwächen-Analyse	generelle Informationen für Chancen/Risiken-Analyse	Besonderes Interesse für Chancen/ Risiken
Öffentlichkeit in der Region (intern)	Meinungsführer in Presse und Politik	Bekanntheit, Einzeleinstellungen zur Region, Image der Region	Größe/Entwicklung der Zielgruppe, demographische Daten, Bildung, Kaufkraft, Wohn- und Arbeitsbedingungen, Haushaltsausstattung, Werte und Normen, Lebensstile Lebensziele und Lebensplanung, Einstellungen zu politischen, technischen und gesellschaftlichen Fragen, Mobilität, Konsum- und Reiseverhalten, Informationskonsum, kommunikativer und kontrahierender Zugang.	Wir-Gedanke, Kenntnisse über die eigene Region
Öffentlichkeit generell (extern)				Kenntnisse zu Eigenschaften der Region
Investoren (in/ex)	Meinungsführer in Verbänden, Macht- und Fachpromotoren			Kenntnisse zur Region (Wirtschaft), Investitionsinteresse generell / im speziellen, Konkurrenzkenntnisse, Entscheidungsprozesse
Touristen/ Urlauber (ex)	Meinungsführer in Presse, Tourismusvertreter			Preisbereitschaft, Reiseneigung, Reisemittel, Vergleiche mit anderen Reisezielen
Kultur- und Freizeitinteressierte (ex/in)				
Arbeitskräfte (in/ex)	Meinungsführer der Presse, Experten in Verbänden, Macht- / Fachpromotoren			Familienverhältnisse, Neigung zum Pendeln, Einstellung zur Arbeit in der Region
regionsfremde Familien (ex)	Meinungsführer in der Presse und Politik, Experten			Einkommen, Entscheidungsprozesse, Altersstruktur, Bildung/Arbeit
Meinungsführer (in/ex)	-		Funktion und Rolle, Expertise, Wirkung im Umfeld, Kontakte, Zugang, Bestechlichkeit	Umfang des öffentlichen Interesses
Unternehmensvertreter (in/ex)	-			Entscheidungseinfluß, Pläne
Tourismusvertreter (in/ex)	-			

Tab. 9: Zielgruppen (Abkürzungen zum Regionalbezug ex = extern, in = intern)

Erhebung und Auswertung der Chancen und Risiken

Auch hier soll auf die Beschaffung der Informationen in der Chancen-Risiken-Analyse eingegangen werden. In gleicher Weise wie bei der Stärken-Schwächen-Analyse sind Sekundärquellen und Expertenbefragungen für die Umfeldfaktoren und für die Informationen zu den Zielgruppen zu nutzen.

Da die benötigten Informationen auch für andere Regionen wie auch für vielfältige andere Zwecke genutzt werden, ist die Wahrscheinlichkeit groß, bereits umfangreiche Sekundärdaten aus Studien, TV-, Radio- sowie Zeitungs- und Zeitschriftenberichten und insbesondere Media-Katalogen zu erhalten. Auch zu den Trends dürfte die Suche nach Sekundärdaten erfolgversprechend sein, andernfalls sind hierfür die bereits oben genannten Experten zu befragen. Bereits bei der Stärken-Schwächen-Analyse wurde auf die Probleme der Primärdatenerhebung bei den Zielgruppen hingewiesen. Diese ist schon deshalb besonders aufwendig, weil sehr unterschiedliche Gruppen auch in ihrer regionalen Verteilung (Stadtbevölkerung, Landbevölkerung, nahe bei, entfernt etc.) zu befragen sind. Für eine Primärdatenerhebung spricht zwar, daß im Rahmen der Stärken-Schwächen-Analyse ggf. eine Befragung bereits vorgesehen ist und so die Befragung nur um weitere Sachverhalte ergänzt werden muß, dagegen spricht jedoch, daß die hier benötigten Informationen einfacher und ggf. auch zuverlässiger (da größere Sample, also eine größere Zahl von Befragten (Fälle)) aus anderen Studien zu beschaffen sind.

Die Ergebnisse sind wiederum zu interpretieren und in Chancen und Risiken zu überführen. Auch dies ist ein Prozeß, der viel Fachkompetenz verlang. Denn hier kommt ggü. der Umfeldanalyse eine weitere Aufgabe hinzu, die Auswahl der für das eigene Regionalmarketing relevanten Zielgruppen vorzubereiten: Diejenigen Zielgruppen sind hervorzuheben, in denen sich für das Regionalmarketing die besten Chancen für eine erfolgreiche Akquisition erkennen lassen. Dies kann qualitativ durch die subjektive Bewertung des Bearbeiters geschehen, der diejenigen Zielgruppen hervorhebt, für die die Region die größten Stärken und die größten Chancen zeigt.

Ein derartiges Vorgehen kann durch statistische Verfahren unterstützt werden, so z.B. durch eine Clusterbildung. Unter Clusteranalyse wird ein Verfahren verstanden, das die einzelnen Befragten (jeder Fall) einer Zielgruppe zu möglichst homogenen Gruppen - hier unterhalb der Größe einer Zielgruppe - zusammenfaßt. Kriterium für die Gruppenzugehörigkeit eines Falls ist eine möglichst geringe Heterogonität zu den anderen Gruppenmitgliedern, einer möglichst geringen „Distanz". Als Maßstab für die

Distanzen können die Differenzen zwischen mehreren der o.g. Eigenschaftskriterien herangezogen werden. Ist die berechnete Distanz gering, so rechtfertigt dies die Zuordnung eines Falls zum Cluster, da die Mitglieder eines Clusters einander möglichst ähnlich sein sollen. So werden mittels der vorhandenen Distanzen die Fälle schrittweise zu Clustern zusammengefaßt (agglomeriert). Mit jedem Fall, der einem Cluster zugeordnet wird, wächst die Clustergröße (Anzahl der Mitglieder), aber die Homogenität des Clusters nimmt ab. Daher muß der Bearbeiter abwägen, wie viele Cluster er mit welcher Heterogenität zuletzt behalten möchte (für weitergehende Ausführungen sei u.a. auf Backhaus/Erichson/Plinke/Weiber 1996 verwiesen).

Die Darstellung der Ergebnisse, d.h. der Chancen und Risiken, wird aufgrund des qualitativen Charakters in textlicher oder tabellarischer Form (Tabelle kreuzt Chancen / Risiken mit den Zielgruppen) sinnvoll sein. Dies kann jedoch durch visualisiertes Zahlenmaterial zu den Zielgruppen illustriert werden, wo für das gesamte Spektrum der Darstellungsformen herangezogen werden kann (dazu Meyer 1998). Für die oben besprochene Clusteranalyse bietet sich in diesem Zusammenhang das Dendogramm an, das die Zusammenfügung der Fälle (der Befragten) zu Unterzielgruppen als Baumdiagramm darstellt. Derartige Diagramme werden von den gängigen Computerprogrammen für Statistik mit der Methode zusammen angeboten (Meyer 1996).

4.2.2.4 Situationsanalyse - Zusammenfassung

Die Analyse der Stärken und Schwächen bzw. Chancen und Risiken, dargestellt in den vorhergehenden Abschnitten, war notwendig, um eben diese aufzudecken und um im späteren Regionalmarketingkonzept Chancen zu nutzen und Risiken zu vermeiden bzw. bestehende Stärken auszunutzen und Schwächen ggf. auszugleichen. Am Ende der Situationsanalyse steht daher die Zusammenstellung aller wesentlichen Stärken und Schwächen sowie Chancen und Risiken und deren Bewertung (= SWOT = Strength-Weakness-Opportunities-Threads).

Es wurde dabei deutlich, daß die einzelnen Schritte weder für sich isoliert noch nacheinander bearbeitet werden können. Zum einen würden andernfalls Synergien bei der Erhebung (Sekundärdatenbeschaffung und Experteninterviews) der benötigten Daten verloren gehen, zum anderen weil für die Analysen Zielgruppen und konkurrierende Regionen - zumindest vorläufig - bekannt sein müssen. Während dies für die relevanten Zielgruppen in erster Näherung einfach ist, da sie für alle Regionen prinzipiell gleich sind und somit vorab bekannt, ist dies für die Wahl der konkurrierenden Regionen schwer, da sich diese mitunter erst dann herausstellen, wenn die Zielgruppen und ggf. externe, neutrale Experten gefragt werden. Die folgende Abbildung zeigt, welche Schritte der Situationsanalyse zeitlich abgestimmt werden können (Abbildung 13).

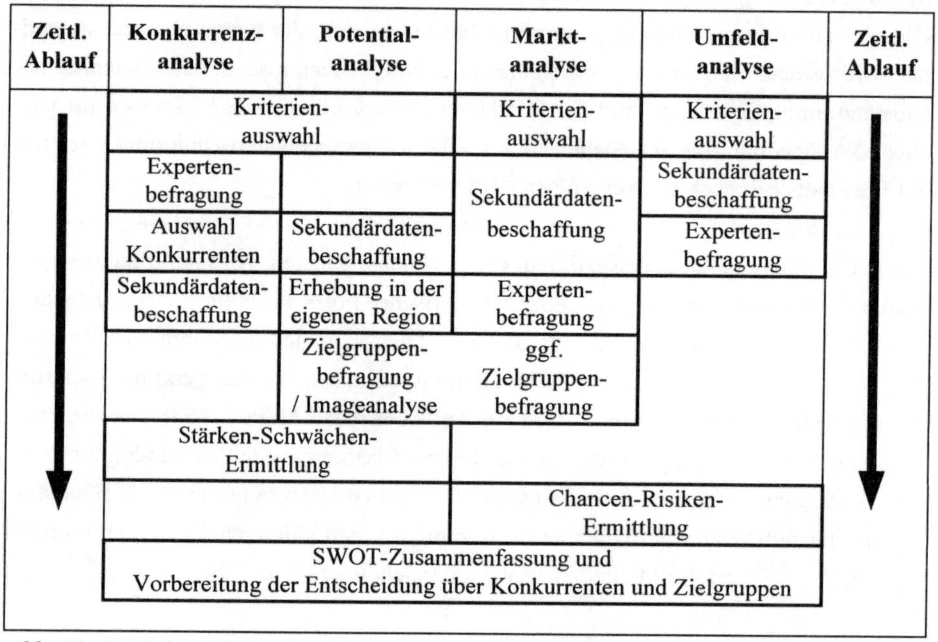

Abb. 13: Zeitliche Abfolge der Erhebungs- und Analyseschritte in der Situationsanalyse für Regionen

Für beide Gruppen, Zielgruppen wie auch Konkurrenten gilt aber auch, daß die Auswahl während der Situationsanalyse nur vorläufig erfolgen kann, während erst mit der Erstellung des Regionalmarketingkonzeptes die endgültige Entscheidung gefällt wird, mit welchen Regionen man konkurrieren und welche Zielgruppen man gezielt bearbeiten möchte bzw. muß. Dazu sind diejenigen Zielgruppen hervorzuheben, in denen sich für das Regionalmarketing die besten Chancen für eine erfolgreiche Akquisition erkennen lassen. Dieser Schritt ist aber nur in Kenntnis der besonderen Stärken der Region weiterzuführen.

Abschließend stellt sich die Frage, wer die Untersuchungen durchführen sollte. So dürfte offensichtlich sein, daß diejenigen, die in der Praxis ein Regionalmarketing initiieren und es ggf. auch ausführen, nicht immer ausreichende Kompetenz zu einer professionellen Marktforschung besitzen (z.B. Politiker). Dies ist insbesondere für die Primärdatenerhebungen (persönliche Experteninterviews, Telephonbefragungen, schriftliche Fragebogenuntersuchungen) der Fall. Zum Teil setzen die Erhebungen auch eine aufwendige Infrastruktur und personale Ausstattung voraus (Computer für Internetzugang und Statistik, Telephonplätze für Befragungen und entsprechend qualifizierte Interviewer). Zudem ist es für die Untersuchungen i.d.R. vorteilhaft, wenn sie von einer neutralen Stelle - am besten sogar nicht aus der Region - durchgeführt werden, um Konflikte und regionalpolitisch bedingte Falschaussagen, Einflußnahme oder Ablehnung zu vermeiden. Für die Untersuchungen erscheint daher die Unterstützung durch entsprechend ausgerüstete Beratungs- oder Marktforschungsunternehmen wie auch Hochschul- oder andere wissenschaftliche Einrichtungen notwendig und sinnvoll.

4.2.2.5 Ergänzung: Die Analyse des Images von Regionen

Nachdem nun mit der Situationsanalyse der grundlegende Aufbau der marktforscherischen Aktivitäten für eine Region dargelegt wurde, soll nun eine Untersuchung herausgestellt werden, die der Analyse des Image einer Region. Bereits oben wurde der Charakter der Region als Objekt der Marktforschung mehr dem einem Unternehmen denn einem einzelnen Produkt zugeordnet. Auf dieser Aggregationsebene kommt dem Image eine besondere Bedeutung zu. Dies kann auch in der Regionalmarketingpraxis wiedererkannt werden, da hierzu in den vergangenen Jahren ein erheblich gestiegenes Interesse zu verzeichnen ist (Maier/ Wimmer 1992, S.22, Riebel 1994, S.147ff.).

Die theoretische Erschließung des verhaltenswissenschaftlichen Konstruktes „Image" ist weit fortgeschritten. Seit den grundlegenden Abhandlungen aus den 70er Jahren (siehe dazu den Überblicksbeitrag von Lilli 1983) ist Image ein zentrales Thema in den Grundlagenschriften zum Konsumentenverhalten (u.a. Trommsdorff 1998, S.1151ff., Kroeber-Riel/Weinberg 1997, S. 196ff.). Und auch in der unternehmerischen Praxis finden sich aufwendige Analysen (z.B. die Wettbewerbs-Image-Strukturanalyse (WI-SA), vgl. u.a. Trommsdorff 1992a und 1992b, Weber 1996). Leider wird die Analyse des Image einer Region in praxi wenig professionell und systematisch verfolgt. Daher soll hier besonders auf die Imageanalyse eingegangen werden.

Was ist ein Image?

Was ist ein Image? Ein Image ist das gesamtheitliche „Bild", das eine Person von einem Objekt oder einer Institution - hier also der Region - besitzt. Der Begriff geht auf das lateinische Wort imago (Bildnis, Vorstellung) zurück, der, heute als „Image" aus der angloamerikanischen Sozialforschung stammend, v.a. in den Bereichen Wertepsychologie, Motiv- u. Marktforschung verwendet wird. Er bezeichnet ein gefühlsbetontes, über den Bereich des Visuellen hinausgehendes Vorstellungsbild, das die Gesamtheit an Vorstellungen, Erwartungen und Anmutungserlebnissen umfaßt, die subjektiv mit einem Meinungsgegenstand verbunden sind (Trommsdorff 1998, S.151, Kroeber-Riel/Weinberg 1997, S.196). Kotler et.al. übertragen diese Definition direkt auf Standort und damit auf Regionen (Kotler/Haider/Rein 1994, S.179).

Imagebildung ist ein soziokulturell bestimmter Wahrnehmungs- und Verarbeitungsprozeß im Menschen. Ein Image entsteht durch die Aufnahme von Informationen und Reizen, die selektiert aufgenommen werden. Die Bildung hängt vom Informationsstand, von persönlichen Anschauungen und Erfahrungen, räumlicher Distanz zur Region und psychischer Bindung/Identifikation der Person ab (Maier/Wimmer 1992, S.21f.). Ist ein Image erst einmal gebildet, so besitzt es für die Person eine orientierungs- und verhaltenssteuernde Funktion und engt den Wahrnehmungshorizont sowie das Verhalten der Person ggü. der Region ein. Es kann also selbstverstärkend wirken wie auch durch Prägung von außen das Verhalten der Person beeinflussen. Daher kommt dem Image - nicht nur - im Regionalmarketing ein zentrale Bedeutung zu.

Das Image einer Region stellt eine facettenreiche, zunächst noch unbewertete Größe dar, die bei jeder Person sehr unterschiedliche Komponenten besitzt bzw. diese mit sehr unterschiedlicher Gewichtung berücksichtigt. Das Image baut also als mehrdimensionale Größe auf mehreren Komponenten auf, die hier als Imagekomponenten bezeichnet werden sollen: Eine Imagekomponente ist eine - z.T. sehr plakative - Eigenschaft oder deren Vermutung durch die Person, die zusammen mit anderen Komponenten das Gesamtimage eines Objektes, hier einer Region, bestimmt.

Die einzelnen Komponenten und deren Gewichtung sind bei den Personen primär emotional bestimmt, sind mehr oder weniger bewußt, sind zunächst unbewertet und erhalten (erst) in einem weiteren Schritt eine positive, neutrale oder eine negative Bewertung. D.h. es besteht jeweils eine Einstellung zu einer Komponente. Dabei können manche Komponenten a priori negativ oder positiv belegt sein (z.B. verfallende Region, Arbeitslosigkeit, Kriminalität, Naturverbundenheit, aufstrebende Region) oder erst durch die zusätzliche Interpretation positive oder negative Bewertung erfahren (z.B. schöne vs. häßliche Landschaft).

Das Image unterscheidet sich daher von einer „Einstellung gegenüber einem Objekt oder Subjekt“, hier der Region. Kotler et.al. zeigen dies an einem gut verständlichen Beispiel (Kotler/Haider/Rein 1994, S.179): Wenn eine Person in ihrem Image von Sizilien die Eigenschaft „heißes Land“ erkennt, so heißt dies nicht, daß die Person ein negative oder positive Einstellung dazu besitzt. Liebt die Person heiße Regionen, so wird das Image in diesem Teil positiv von ihr empfunden, ist sie ein Freund geringer Temperaturen, dürfte es umgekehrt sein. Zudem wird hier deutlich, daß auch andere Assoziationen zu Sizilien Einfluß auf die Einstellung der Person ggü. der Region haben (z.B. Wissen um die Mafia vor Ort).

Ein Image ist also nicht einfach insgesamt gut oder schlecht, sondern findet seine Bewertung in den vielfältigen Einstellungen zu den einzelnen Komponenten. Wiederum sind die Bewertungen, die das Image erfährt, nicht einfach von den Komponenten zu trennen, insbesondere wenn diese direkt negativ bzw. positiv belegt sind (s.o.). Daher vertreten Kroeber-Riel/Weinberg auch die Ansicht, daß Image und Einstellung derart nahe beieinander liegen, daß in Zukunft der Image- durch den Einstellungsbegriff ersetzt wird. Dies zeigt sich auch bei der Messung des Image, die von der Einstellungsmessung nicht zu trennen ist. Die Einstellung zu den einzelnen Imagekomponenten ist daher auch notwendiger Bestandteil der Imageanalyse auch im Regionalmarketing.

Und dies ist recht schwer, denn die Imagekomponenten sind mitunter nur unscharf wahrgenommene Eigenschaften, die nicht zwangsläufig auf tatsächlichen Eigenschaften der Region beruhen müssen (z.B. wenn eine Person fälschliche Informationen über einer Region erhält, die die Person aber nicht überprüfen kann und ihnen deshalb Glauben schenkt). Dennoch können diese sehr differenten und unscharfen Komponenten das Gesamtimage bei den Menschen wesentlich bestimmen.

Denn nicht nur die Bestandteile des Image (Imagekomponenten), sondern auch der Einfluß jeder Komponente auf das Gesamtimage ist von Bedeutung. Ebenso ist die Herkunft einer das Image bildenden Information und die damit verbundene Bedeutung, die dieser Information zugemessen wird, für das Gesamtimage prägend. Eine einzelne - u.U. sogar nur zufällig aufgenommene - Information kann dabei so großen Einfluß besitzen, daß sie das Gesamtimage dominiert (z.B. Krawalle durch Rechtsradikale). Je geringer also der Kenntnisstand einer Person über die betreffende Region ist, desto größer wird die Gefahr, daß Einzelinformationen das (individuelle) Image dominieren. Je mehr Informationen vorliegen, desto differenzierter und stabiler fällt das Urteil aus.

Bekanntheit als Grundlage eines Image

Deshalb kommt mit Blick auf abzuleitende Maßnahmen zur Imageveränderung nicht nur dem Image und seine Komponenten selbst eine große Bedeutung zu, sondern auch der Menge der Informationen über die Region, die die Person besitzt und auf denen das

Image beruht, also der Bekanntheit der Region bei den Zielgruppen. Denn ein Image kann sich nur dann sinnvoll festigen, wenn es auf ausreichend Wissen und nicht auf vereinzeltes Zufallswissen beruht (Maier/Wimmer 1992, S.22). Die Bekanntheit der Region ist daher auch im Rahmen der Imageanalyse zu messen (Kotler/Haider/Rein 1994, S. 185).

Imagekomponenten

Spontane Assoziationen zur Region	**positive/negative Bewertung der Region**	**Begriffspaare für ein Assoziationsrating**
Lebens- und Wohnqualität	Lebens- und Wohnqualität	hoher vs. geringer Freizeitwert
schöne Landschaft / Natur	Landschaft/Natur/Umwelt	landschaftlich attraktiv vs. landschaftlich unattraktiv
		intakte vs. belastete Umwelt
ländlicher Charakter		landwirtschaftlich vs. industriell
Provinzialität	Provinzialität	städtisch vs. ländlich
		Bodenständigkeit
Mentalität negativ	Mentalität positiv	
kulturelle Veranstaltungen	kulturelles Angebot	
Randlage/Abgeschiedenheit	Lagequalität	
	Grenzlandprobleme	
	Verkehrsanbindung	
	Verkehrsbelastung	
Strukturschwäche	Strukturschwäche	fortschrittlich vs. rückständig
	Wirtschaftsstruktur	
	Arbeitswilligkeit	
	Fachkräftemangel	
	Arbeitskräftepotential	
	Ausbildung	
	Arbeitskosten	
		billige vs. teure Wohnungen
einzelne Städte		
Sehenswürdigkeiten		
Spezialitäten der Region		
Tourismus		
Persönlichkeiten/Unternehmen		
		gutes vs. schlechtes Image

Tab. 10: Katalog einiger Imagekomponenten nach Maier/Wimmer (1992) (Auszug)

Welches sind nun typische Imagekomponenten für eine Region. In der Literatur sind hierzu einige Kataloge zu finden. So geben z.B. Maier und Wimmer (1992) die folgende Aufstellung, die auch für andere Regionen herangezogen werden kann (Tabelle 10).

Gezeigt wird in Tabelle 10 ein Auszug aus den Ergebnissen einer empirischen Untersuchung zur Region Oberfranken bei verschiedenen Gruppen (Hochschulabsolventen, Repräsentanten und Unternehmen in der Region und außerhalb der Region). In dieser Befragung wurden den Befragten - neben spezifischen Fragen zum Marketing für die Region - spontane Assoziationen, positive bzw. negative Bewertungen sowie Ratings zu gegenteiligen Begriffspaaren zur Region abverlangt. Die Items (hier die abgefragten Begriffe) wurden in der Tabelle 10 nach ihrer inhaltlichen Nähe geordnet.

In einer Studie des Autors des vorliegenden Buches zur Region Frankfurt (Oder) aus dem Jahre 1995 wurden zwanzig zentrale Kriterien aufgestellt, die insbesondere für Regionen in den neuen Bundesländern adäquat erscheinen (Tabelle 11a / b). Dabei sind die Komponenten bereits so gewählt, daß auch - über das eigentliche deskriptive Image hinaus - eine Bewertung mit den Komponenten abgefragt wird. So kann sofort ermittelt werden, welche Komponenten im Image zu positiven wie negativen Einstellungen ggü. der Region führen können.

- "Nähe zu Berlin": Die Lage zu Berlin als Haupt- und Kulturstadt kann hier positiv wie auch negativ („im Schatten der Hauptstadt stehen“) bewertet werden.
- "Nähe zu Polen": Diese Komponente besitzt sowohl eine positive Qualitätsrichtung (z.B. Austausch mit der polnischen Bevölkerung, Völkerverständigung) sowie eine negative Bewertungsrichtung (z.B. Konflikte, Menschenmassen an den Grenzen etc.).
- "Guter oder eher schlechter Straßenzustand": Der Zustand der Straßen wird hier gut (positiv) oder schlecht (negativ) (z.B. Baustellen, Schlaglöcher) als Imagekomponente registriert.
- "Randlage oder eher Drehscheibe": Diese Komponente besitzt sowohl eine positive Qualitätsrichtung in der Drehscheibenfunktion ("Tor zum Osten") als auch eine negative Bewertungsrichtung aus einer ggf. wahrgenommenen Randlage ("Am Ende der Republik“).
- "Angenehme oder eher unangenehme Bevölkerung": Diese Imagekomponente besitzt "angenehm" als Endpunkt der positiven Qualitätsrichtung (z.B. freundlich, aufgeschlossen, gutes Benehmen, durch als positiv angesehene Leitfiguren wie Henry Maske hervorgerufen) und "unangenehm" als Endpunkt der negativen Qualitätsrichtung (z.B. Assoziationen von Proletenverhalten, Geiz, Borniertheit, Aggressivität oder Unehrlichkeit, die z.B. durch Berichte über Rechtsradikale oder frühere Staatsicherheits-Offiziere hervorgerufen werden).
- "Hohe oder eher geringe Arbeitslosigkeit": Die Bewertungsrichtungen sind hier mit "gering" (positiv) bis "hoch" (negativ) vertreten.
- "Gute oder eher schlechte Ausbildungsmöglichkeiten": Unter dieser Imagekomponente soll als positiv ein quantitativ und qualitativ gutes wahrgenommenes Bildungsangebot verstanden werden (negative Richtung entsprechend umgekehrt), die z.B. durch Berichte über die Universität oder Schulneubauten entsteht.
- "Hübsche oder eher häßliche Stadt": Diese Imagekomponente zielt lediglich auf das Aussehen der Stadt ab, so daß zwischen "hübsch" (positiv) und "häßlich" (negativ) operationalisiert wird.
- "Gute oder eher schlechte öffentliche Sicherheit": Mit dieser Komponente sollen Einschätzungen der Sicherheit (positiv, hervorgerufen z.B. durch Berichte über geringe Einbruchszahlen etc.) oder Unsicherheit (negativ, hervorgerufen z.B. durch Berichte über Laden- oder Autodiebstähle) berücksichtigt werden.
- "Gute oder eher schlechte Freizeitgestaltungsmöglichkeiten": Diese Imagekomponente beschreibt qualitativ sowie quantitativ das Angebot an Freizeiteinrichtungen in der Region, so z.B. Sportanlagen, Vereine und Stadtfeste sowie Restaurants, Kneipen und Bars. Überschneidungen mit den Komponenten "Erholungsmöglichkeiten" und "Kulturelle Ausstattung" sind gegeben, wenn sich auch der Schwerpunkt deutlich abhebt. Bewertungsrichtungen "gut" (positiv) bzw. "schlecht" (negativ).
- "Aufstrebende oder eher verfallende Region": Die Region kann - als weitere sehr breit angelegte Imagekomponente - entweder als aufstrebend (positiv) oder stagnierend bzw. sogar als verfallend (negativ) wahrgenommen werden.

Tab. 11a: Imagekomponenten aus einer Analyse des Image der Region Frankfurt (Oder) aus dem Jahre 1995 (Teil 1)

- "Gute oder eher geringe Förderung": Hier sollen sich Einschätzungen über die Quantität und Qualität der Wirtschafts- und Ansiedlungsförderung durch öffentliche Einrichtungen widerspiegeln. Bewertungsrichtungen: Geringe oder schlechte Unterstützung durch Förderung (negativ) gegenüber einer guten, umfangreichen und flexiblen Förderung (positiv).
- „Gute oder eher schlechte Verkehrssituation": Die Verkehrsverhältnisse auf den Straßen werden hier positiv (z.B. freie Autobahn, keine Geschwindigkeitsbeschränkungen) oder negativ (z.B. Staus) registriert.
- "Hohe oder eher geringe gewerbliche Standortkosten": Standortkosten umfassen hier Größen wie z.B. Grundstücks- und Baupreise, steuerliche und kommunale Belastungen, lange Anfahrtswege oder Energie- und Sicherungskosten. Bewertungsrichtungen: Wahrgenommene überdurchschnittlich hohen Standortkosten (negativ) werden wahrgenommenen unterdurchschnittlichen Standortkosten gegenübergestellt (positiv).
- "Hohe oder eher geringe Lebenshaltungskosten": Diese Kosten umfassen Größen wie z.B. Wohnkosten, private steuerliche und kommunale Belastungen, lange Anfahrtswege, private Energie- und Sicherungskosten, Kosten der Versorgung mit Gegenständen des täglichen Bedarfs. Bewertungsrichtungen: Wahrgenommene überdurchschnittlich hohe Kosten (negativ) werden wahrgenommenen unterdurchschnittlichen Kosten gegenübergestellt (positiv).
- "Gute oder eher schlechte Erholungsmöglichkeiten": Diese Imagekomponente beschreibt qualitativ sowie quantitativ das Angebot an - insbesondere natürlichen - Erholungseinrichtungen in der Region, so z.B. Wälder, Seen, Berge, Hotels, aber auch Kureinrichtungen. Überschneidungen mit den Komponenten "Freizeitmöglichkeiten" und "kulturelle Ausstattung" sind gegeben, auch wenn sich der Schwerpunkt deutlich abhebt. Bewertungsrichtungen "gut" (positiv) bzw. "schlecht" (negativ).
- "Gute oder eher schlechte kulturelle Ausstattung": Diese Imagekomponente beschreibt qualitativ sowie quantitativ das Angebot an kulturellen Einrichtungen in der Region, so z.B. Museen, Konzerthallen und Orchester sowie Clubs. Bewertungsrichtungen "gut" (positiv) bzw. "schlecht" (negativ).
- "Guter oder eher schlechter Bildungsstand": Mit dieser Komponente sollen Einschätzungen zum Ausbildungsstand der ansässigen Arbeitskräfte (positiv bzw. negativ, hervorgerufen z.B. durch Berichte über Schulen, Universitäten oder Arbeitskräfteangebot) erfaßt werden.
- "Starre oder eher flexible Verwaltung": In dieser Imagekomponente sollen alle Einschätzungen subsumiert werden, die den aktuellen Zustand der - insbesondere öffentlichen - Verwaltung beschreiben. Positiv zu bewerten ist danach eine wahrgenommene flexible und unbürokratische Verwaltung, negativ die Wahrnehmung, daß die Verwaltungen bürokratisch, starr oder langsam sind.
- "Alte oder eher veränderte Strukturen": In dieser Imagekomponente sollen alle Einschätzungen subsumiert werden, die die aktuelle Verfassung der Politik beschreiben und dies besonders im Hinblick auf die Bedeutung, die die früheren politischen Verhältnisse noch in der heutigen Politik und Verwaltung besitzen. Positiv zu bewerten ist danach eine wahrgenommene sich verändernde Struktur in der Politik, negativ die Wahrnehmung, daß noch alte Strukturen die Politik und Verwaltung bestimmen.

Tab. 11b: Imagekomponenten aus einer Analyse des Image der Region Frankfurt (Oder) aus dem Jahre 1995 (Teil 2)

Diese beiden Beispiel allein zeigen schon, welche Vielfalt durch die Imagekomponenten in einer Imageanalyse berücksichtigt werden kann und ggf. muß. Dabei wird auch deutlich, welche Komponenten sinnvollerweise immer bei der Analyse eines Regionenimage beachtet werden sollten. Diese zeigt die Tabelle 12. Dem Leser steht es natürlich frei, für seinen individuellen Fall weitere Komponenten des Image einer Region zu beachten und den Katalog je nach befragter Zielgruppe zu kürzen oder zu erweitern.

- Lebens- und Wohnqualität
- Landschaft / Natur
- intakte vs. belastete Umwelt
- ländlicher / industrieller Charakter
- Provinzialität
- Bodenständigkeit
- Mentalität
- kulturelles Angebot
- Randlage / Abgeschiedenheit vs. Drehscheibe
- Nähe zu andern Standorten
- Verkehrsanbindung
- Verkehrsbelastung
- Wirtschaftsstruktur
- fortschrittlich vs. rückständig
- wirtschaftsfreundlich vs. wirtschaftsfeindlich
- Lohnkosten
- Arbeitskräfte- / Fachkräftepotential / Bildungsstand
- Arbeitslosigkeit
- Lebenshaltungskosten
- Ausbildungsmöglichkeiten
- Freizeitangebot
- Erholungsangebot
- Sehenswürdigkeiten / Spezialitäten der Region
- Erholung / Tourismus
- einzelne Städte / Persönlichkeiten / Unternehmen
- öffentliche Sicherheit

Tab. 12: Katalog typischer Imagekomponenten

Fremd- und Eigenimage

Jenseits dieser auch für das unternehmerische Marketing gültigen Ausführungen zum Image wird gerade bei der Untersuchung von Regionen eine Unterscheidung von Fremd- und Eigenimage vorgenommen (vgl. dazu u.a. Riebel 1994, S.148, Maier/ Wimmer 1992, S.23). Dabei handelt es sich um den einfachen Sachverhalt, daß sich das Eigenimage auf die Bevölkerung bzw. Teilzielgruppen in der Region und sich das Fremdimage auf die Zielgruppen (s.o.) außerhalb der Region beziehen.

Das Eigenimage ist ein Indikator für das Identitäts- und Identifikationsgefühl der Menschen in der Region. Diese werden durch die Bevölkerung der Region auch außerhalb der Region verbreitet und beeinflussen so das Fremdimage. Daher ist deren Messung für das Regionalmarketing ebenso von Bedeutung wie die Analyse des Fremdimage.

Messung von Image und Bekanntheit

Die Untersuchung des Image sollte mittels Befragung (i.d.R. Interviews) und auf der Ebene ganzer Zielgruppen erfolgen (Trommsdorff 1998, S.152 und S.167). Denn auch im Regionalmarketing können sich zwischen den Zielgruppen für das Regionalmarketing wesentliche Differenzen ergeben (sowohl was die Wahl der abzufragenden Imagekomponenten betrifft, wie auch deren Ausprägung bzw. Bewertung). Ggf. sind die im folgenden beschriebenen Untersuchungen auch für konkurrierende Regionen durchzuführen, um so vergleichen zu können.

Es wurde bereits oben ausgeführt, daß das Image bei jedem Individuum insbesondere auch von der vorhandenen Menge an Informationen über die Region bestimmt ist (Schweiger 1985, S.248ff.). Erst wenn die Bekanntheit einer Region bei einer Person gemessen wurde, kann beurteilt werden, wie fundiert das gemessene Image der Region bei der Person ist. Daher muß neben den Imagekomponenten selbst auch die Bekanntheit einer Region als bestimmende Größe für das Image betrachtet werden. Kotler et.al. schlagen daher zwei Schritte vor (Kotler/Haider/ Rein 1994, S.185ff.):

1. Messung des Bekanntheitsgrades der Region mittels Rating-Befragung.
2. Messung des Images über ein semantisches Differential.

- Bekanntheitsmessung: Als Indikator für die dem Image zugrundeliegende Informationsmenge bei den Befragten wird die Bekanntheit der Region bei diesen herangezogen. Dazu kann entweder
  - die Messung der Bekanntheit über die Zahl der Fakten zur Region erfolgen, die die befragte Person kennt (Abfrage vorgegebener Fakten („Recognition-Verfahren") oder freie Abfrage von Fakten, die dem Befragten einfallen („Recall-Verfahren"), oder
  - der Befragte gibt an, in welchem Umfang er die Region kennengelernt hat (Abbildung 14), oder

- ich habe keinen Kontakt zu der und keine Informationen über die Region ❑
- ich habe nur Informationen von Dritten und kenne sie nicht persönlich ❑
- ich habe die Region einmal besucht. ❑
- ich kenne sie aus häufigen Besuchen. ❑
- ich habe dort gelebt. ❑
- ich lebte dort ständig. ❑

Abb. 14: Selbsteinschätzung, in welchem Umfang der Befragte die Region kennengelernt hat

- der Befragte gibt in Form eines Ratings an, in welchem Umfang er die Region kennt (Abbildung 15).

noch nie gehört	schon davon gehört	geringe Kenntnis	ganz gute Kenntnis ✓	sehr gute Kenntnis

Abb. 15: Rating für Selbsteinschätzung, in welchem Umfang der Befragte die Region kennt (i.A.a. Kotler/Haider/Rein 1994, S.185)

- Imagemessung: Aufgrund der inhaltlichen Nähe der Konstrukte Image und Einstellung wird deren Messung mit denselben Verfahren durchgeführt. Die Imagemessung kann ebenso wie die Bekanntheitmessung durch Aufforderung zur spontanen Assoziation zur Region erfolgen wie auch durch Vorgabe von Imagekomponenten oder als Semantisches Differential:
- Im ersten Fall werden die Befragten nach den Elementen des Image von der Region gefragt, die der befragten Person spontan einfallen. Dabei kann auch zugleich der Wissenstand der Person, also die Bekanntheit der Region, ermittelt werden (über die Zahl und Inhalte der Begriffe, die genannt werden).
- Im zweiten Fall, der hier vorgeschlagen werden soll, wird die Befragung entlang der oben gezeigten Imagekomponenten durchgeführt. Dabei kann über ein Rating die positive oder negative Einschätzung zu den einzelnen Komponenten für die jeweilige Region erfragt werden wie auch der Wissensstand / die Bekanntheit und die Bedeutung, die die Personen den Komponenten zumessen. Die Komponenten müssen dazu eindeutige Aussagen beinhalten. Das Ergebnis läßt sich - sowohl für eine befragte Person als auch für mehrere Personen - in einem Profildiagramm (s.o.) dar-

stellen, in dem zu den Imagekomponenten der jeweilige positive oder negative Mittelwert gezeigt wird. Abbildung 16 zeigt ein fiktives Beispiel.

Fragen zu den vorgegebenen Imagekomponenten:

- Frage: Assoziieren sie diese Eigenschaft mit der Region?
  Antwortmöglichkeit: ja (=1) / nein (=0)
- Frage: Wie wichtig ist Ihnen diese Eigenschaft?
  Antwort auf einem Rating von 1 (unwichtig) bis 7 (sehr wichtig)
- Frage: Sehen sie diese Eigenschaft eher positiv oder eher negativ?
  Antwort auf einem Rating von -3 (sehr negativ) bis +3 (sehr positiv), 0 = neutral

Profil der Mittelwerte:

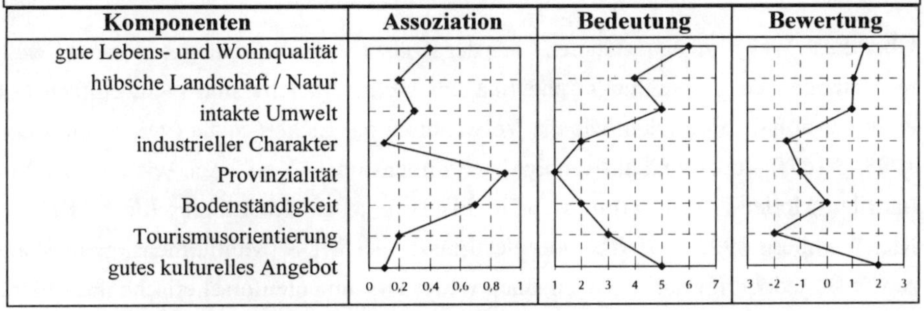

Abb. 16: Beispiel für Analyseprofile eines Image

In diesem Beispiel wird die Region als provinziell und bodenständig aber wenig industriell wie auch wenig naturbezogen und als kulturell rückständig eingeschätzt. Dies ist um so problematischer, da gerade die Komponenten, die wenig mit der Region verbunden werden, bei den Befragten wichtig sind und als positiv angesehen werden, während die dominierenden Imagekomponenten, Provinzialität und Bodenständigkeit, eher negative Eigenschaften sind. Glücklicherweise sind sie den Befragten nicht sehr wichtig.

- Der dritte Weg, das semantische Differential, ist eine Weiterführung des zweiten Weges und wird von Kotler/Haider/Rein (1994, S.185ff.) vorgeschlagen. Dabei werden zunächst diejenigen Imagekomponenten gewählt, für die zwei extreme Ausprägungen gefunden werden können. Der Befragte gibt dann auf einem Rating an, welchem Extrem sein Image von der Region nahekommt. Die Mittelwerte werden dann wiederum in ein Profildiagramm eingebracht. Abbildung 17 zeigt wiederum ein fiktives Beispiel.

Extrem	Profil	Extrem
Region hübsch	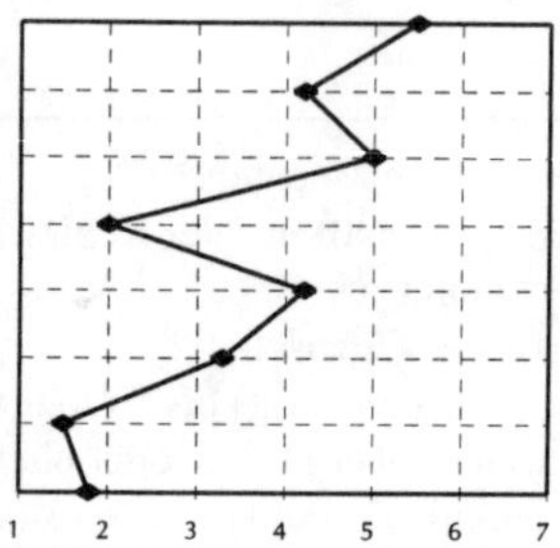	Region häßlich
industriell		ländlich
überlaufen		einsam
fortschrittlich		rückständig
reich		arm
wirtschaftsfreundlich		wirtschaftsfeindlich
besitzt Tradition		traditionslos

Abb. 17: Beispiel für ein sematisches Imagedifferential

Über diese Wege hinaus existieren - aus der Konsumentenforschung kommend - weitere Methoden der Einstellungs- und Imagemessung. Manche sind recht einfach (z.B. eindimensionale Methoden, wie die Verwendung der Lickert-Skala (vgl. Trommsdorff 1998, S.167ff.) oder sind aufwendige mehrdimensionale Verfahren, wie z.B. die Multiattribut-Modelle von Trommsdorff, Fishbein oder Rosenberg (dazu Kroeber-Riel/Weinberg 1997, S.199ff.) oder der Einsatz der MDS (Multidimensionale Skalierung). Da jedoch im vorliegenden Buch weder konsumentenforscherische noch marktforscherisch-methodische Fragen im Mittelpunkt stehen, sondern vielmehr in der Regionalmarketingpraxis einfach anwendbare Hilfen vorgestellt werden sollen, wollen wir uns hier auf die oben beschrieben Verfahren beschränken.

Es soll hier statt dessen grundsätzliche Kritik genannt sein, die selbst den o.g. einfachen Imagemessungen entgegengebracht werden muß:

- In einer Imageanalyse müssen auch unscharfe und z.T. schwer zu erfassende Sachverhalte in den Köpfen der befragten Personen untersucht werden. Es ist schwer, jenseits von Ratingwerten positive oder negative Bewertungen im Image zu quantifizieren und ebenso den Bekanntheitsgrad auf eine zwischen den Zielpersonen vergleichbare quantitative Basis zu stellen.
- Die Befragung läßt es nicht immer zu, Wissen und Bewertung durch die befragte Person zu trennen.
- Das Image entsteht durch vielfältige Informationsprozesse bei der Person. Einige kennen die Region aus eigener, ggf. sogar häufiger Erfahrung (z.B. die Person besucht die Region regelmäßig oder hat schon einmal dort gelebt), andere besitzen nur kurze Informationen durch Presse, TV oder Bekannte, die vielfältig verzerrt sein können. Alles dies muß jedoch bekannt sein, um das gemessene Image der Person einordnen zu können.

- Möchte man nicht nur eine einzelne Person untersuchen, deren Image offensichtlich nicht für eine größere Zielgruppe (s.o.) oder sogar die gesamte Öffentlichkeit repräsentativ sein muß, so ist zwangsläufig ein gemitteltes Image über eine große Zahl von befragten Personen zu bestimmen. Doch in Anbetracht der sehr unterschiedlichen Kenntnisstände der befragten Personen und sehr unterschiedlichen Imagestrukturen werden doch recht heterogene Images zusammengefügt. Dies bedeutet, daß nur die Aussagen zum Image valide sind, die eine besondere Stärke, Eindeutigkeit und somit geringe Streuung in der Gesamtheit der befragten Personen aufweisen. Und dies sind u.U. nur wenige zentrale Imagekomponenten, ein differenziertes Bild ist so kaum zu erstellen.
- Zudem sind zu solchen Untersuchungen erhebliche Samplegrößen (mehrere hundert Befragte) notwendig, die - insbesondere wenn sie per Interview befragt werden sollen - zu erheblichen Kosten führen. Es ist zu bezweifeln, daß viele Regionen derartige Untersuchungen durchführen können.

Ein alternatives Meßverfahren

Ein alternatives Verfahren ist dagegen mit weniger Aufwand verbunden. Dem Verfahren, das bei der hier schon mehrfach zitierten Studie für die Region Frankfurt (Oder) aus dem Jahre 1995 angewendet wurde, liegt die Hypothese zugrunde, daß ein gemeinsames Image „in den Köpfen der Zielgruppen" durch die Berichterstattung in den Medien Presse, TV und Rundfunk bestimmt wird. Würde man also ein in der Gesamtheit dieser Medien „vermitteltes" Image bestimmen, so erhält man auch das Image in den Zielgruppen, wenn man voraussetzt, daß die Zielgruppen bekannte Medienkonsumgewohnheiten besitzen. Dazu müßten alle Berichte aus einem längeren Zeitraum (mehrere Jahre) inhaltsanalytisch und entlang an den o.g. positiven wie negativen Informationen über die Region untersucht werden. Diese Informationen sind dann den o.g. Imagekomponenten zuzuordnen und - gewichtet nach den zielgruppenspezifischen Medienkonsumdaten (Kontaktzahlen), die leicht zu beschaffen sind - zu Mittelwerten zusammenzufassen. Grundlage dieser Analyse können die wesentlichen Medien sein, die einen hohen Anteil an der Informationsbasis der Zielgruppe darstellen, so z.B. die zwanzig wichtigsten Tageszeitungen und Magazine, die drei wesentlichen Fernsehsender und zwei bis drei Radiosender. Es ergeben sich für jede Imagekomponente:

- eine Bewertung als Mittelwert der aufgrund ihrer Reichweite (Summe Kontakte) gewichteten und als positiv oder negativ bewerteten Summe der Informationen,
- die Gesamtreichweite der Informationen zu einer Imagekomponente als Maßstab für die o.g. Bekanntheit.

Das Ergebnis in Form eines Profildiagramms zeigt die Abbildung 18 als Beispiel:

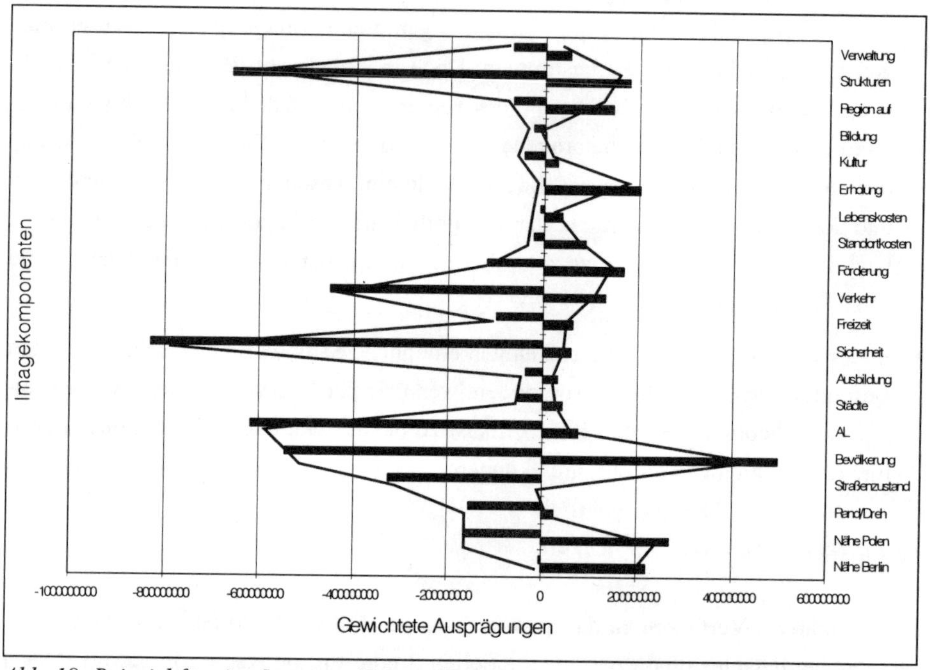

Abb. 18: Beispiel für eine Imageprofildarstellung nach vereinfachter Methode aus der Imagestudie zur Region Frankfurt (Oder) aus dem Jahre 1995 (es werden gewichtete Reichweiten positiver (links) und negativer (rechts) Presseaussagen zu einigen Imagekomponenten für einen Standort (Balken) sowie als Mittelwerte für die ganze Region(Kurve) gezeigt).

Auch einer solchen Analyse stehen einige methodische Probleme entgegen:

- Die Hypothese, daß das Image in den Köpfen der Zielgruppen durch das in den verschiedenen Medien vermittelten Image bestimmt wird, vernachlässigt, daß die Informationen durch Dritte (z.B. Bekannte der befragten Personen, die die Region aus eigener Erfahrung kennen) und durch die persönliche Erfahrung mit der Region (z.B. aus Besuchen) angereichert werden können sowie daß den von den Medien vermittelten Informationen ggf. nicht geglaubt wird. Es ist daher sinnvoll, zumindest mit einem kleinen Sample eine Untersuchung direkt bei der Zielgruppe vorzunehmen und die Ergebnisse mit dem „vermittelten" Image zu vergleichen.
- Die Ermittlung der Daten für Fernseh- und Radiosendungen ist sehr aufwendig, da auch je Sendung die Einschaltquoten zu bestimmten sind. Wenn jedoch dieser Teil der Medien ausgelassen wird, ist die Gefahr geringer Validität noch größer.
- Die inhaltsanalytische Bewertung, ob und in welchem Maße z.B. ein Pressebericht eine positive oder negative Information über die Region an die Zielgruppe vermit-

telt, obliegt den Analysten, die zu einer anderen Bewertung kommen können als die Personen in der Zielgruppe.

- Zudem ist es problematisch, nur die Kontaktzahlen der in den Medien präsentierten Informationen heranzuziehen und die Kontaktqualität außer Acht zu lassen. Letztere zu beachten, würde jedoch einen erheblich erhöhten Analyseaufwand nach sich ziehen.

Trotz dieser Vorbehalte kann eine Analyse des in den wesentlichen Medien „vermittelten“ Image einen zumindest grobern Eindruck von beachtenswerten Teilen im Image der einzelnen Zielgruppen auf recht einfache und daher kostengünstige Weise vermitteln. Insofern ist es eine zwar wenig wissenschaftliche, aber recht pragmatische Lösung, zumal auch für die obigen, aufwendigen Verfahren erhebliche Bedenken angebracht wurden. Dennoch lassen es alle diese Probleme ratsam erscheinen, eine Imageanalyse - unabhängig von ihrer Ausgestaltung - nur ausgewiesenen Fachleuten zu überlassen. Leider geschieht dies in praxi vielfach nicht, so daß nur sehr unzureichende Analysen des Image einer Region zur zweifelhaften Grundlage der weiteren Planung des Regionalmarketing werden.

Zusammenfassung

Die Abbildung 19 faßt die Komponenten der Imageanalyse zusammen.

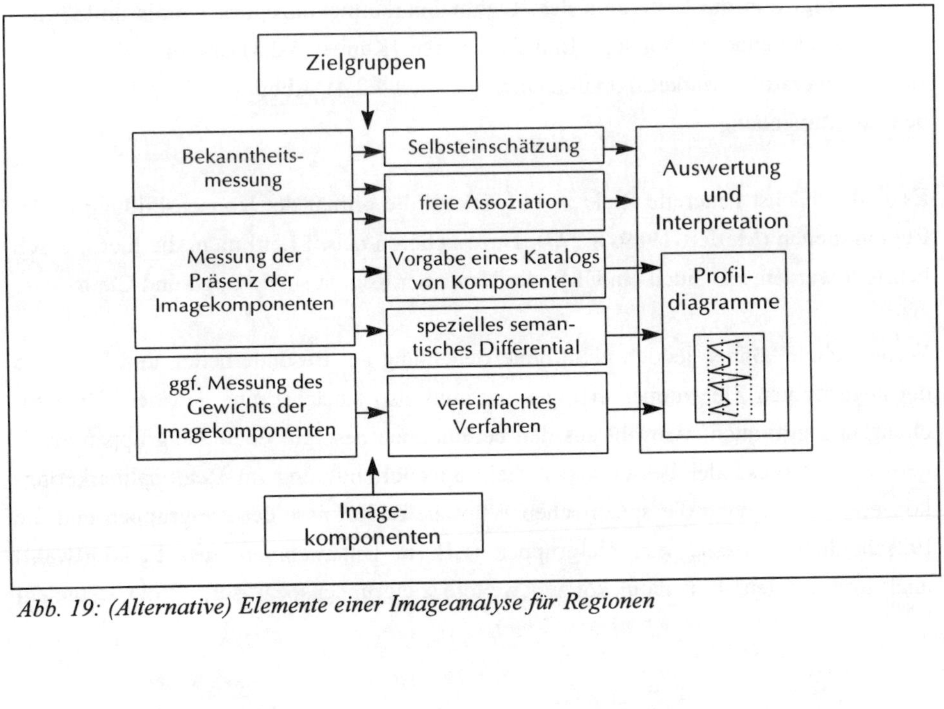

Abb. 19: (Alternative) Elemente einer Imageanalyse für Regionen

4.2.3 Ziele, Zielgruppen und Strategien

4.2.3.1 Überblick

Nach der marktforscherischen Analyse der Situation und insbesondere des Image einer Region folgt nun die Erstellung des Regionalmarketingkonzeptes. Dieses umfaßt sowohl grundlegende strategische Entscheidungen (Kapitel 4.2.3) als auch die Ausgestaltung operativer Marketingmaßnahmen (Kapitel 4.2.4). Abbildung 20 zeigt den groben Zusammenhang.

Es sind zunächst generelle Ziele zu entwickelt, die primär der Konsensbildung in der Region dienen (Meffert 1989, S.277). Dazu gehören neben Leitlinien, die hier kritisch beurteilt werden, z.B. auch ein ULP, der Name der Region sowie Logo und Claim.

Weitere Ziele können jedoch nicht ohne Beachtung der Besonderheiten und Wünsche der angestrebten Zielgruppen erfolgen, es muß also zunächst eine genauere Untersuchung und ggf. auch Auswahl aus den bereits oben beschriebenen Zielgruppen erfolgen. Zum Zwecke der besseren der Zielgruppenorientierung im Regionalmarketingkonzept müssen dann die spezifischen Wünsche/Bedürfnisse der Zielgruppen und die Entscheidungsprozesse von Zielgruppen (z.B. in Unternehmen über Standortwahl) analysiert werden. Erst dann können weitere zielgruppenspezifische Ziele festgelegt werden, die z.T. neu, z.T. Spezifizierungen der generellen Ziele sind (z.B. Positionierungsziel)).

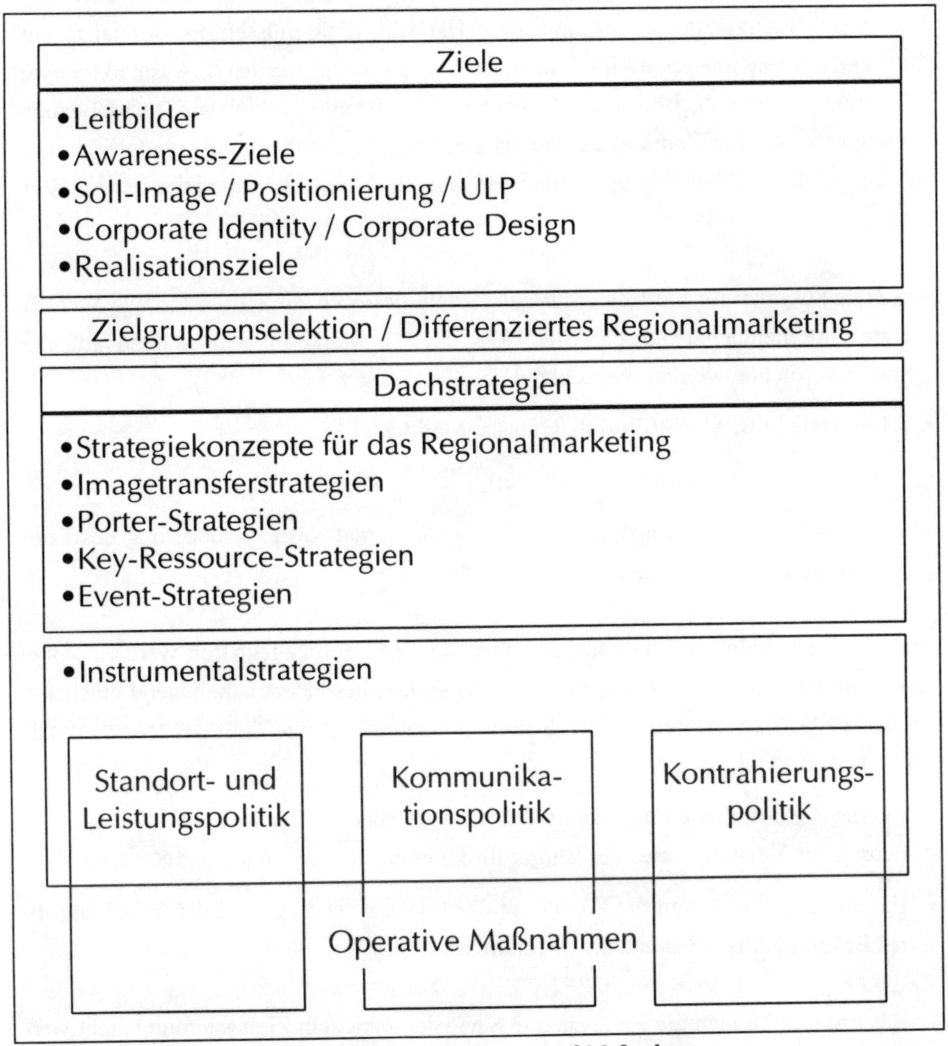

Abb. 20: Zusammenhang zwischen Zielen, Strategien und Maßnahmen

Daran schließt sich die Ausgestaltung der Strategien an, in deren inhaltlichem Korridor die operativen Maßnahmen des Regionalmarketingmix ausgestaltet werden sollen. Dies sind im wesentlichen Positionierungsstrategien, CI-Strategien und Instrumentalstrategien.

4.2.3.2 Ziele des Regionalmarketing

Ziele sind anzustrebende zukünftige Zustände der Realität (Heinen 1982, S.618ff.). Sie sind Entscheidungskriterien für das eigene Handeln. Ziele müssen operational formuliert sein, d.h., sie müssen in ihrem Inhalt (was soll erreicht werden?), Ausmaß (wieviel soll erreicht werden?), Bezugsobjekt (wer soll bei wem/was erreichen?) und Bezugszeitraum (in welcher Zeit soll es erreicht werden?) bestimmt sein. Sie müssen in diesem Sinne also meßbar sein und verlangen daher nach einer operationalisierbaren Zielgröße.

Als Ziele kommen für die Region grundsätzlich dieselben Ziele in Frage wie auch für private Unternehmen (Manschwetus 1995, S.223). Marketingziele können auf drei Gruppen verdichtet werden (Nieschlag/Dichtl/Hörschgen 1997, S.882):

- Marktziele (z.B. Macht/Einfluß, Umsatz, Marktanteil),
- Ertragsziele (z.B. Gewinn, Rentabilität),
- Leistungsziele (z.B. Angebotsqualität, soziale Verantwortung, Sicherung des Fortbestandes des Unternehmens).

Auch im Regionalmarketing kann auf diese Gruppen zurückgegriffen werden, wobei eine Trennung von internen und externen Zielen hier besonders naheliegend erscheint. Zentes (1996, S.203) unterscheidet dazu in interne und externe Ziele des Regionalmarketing (s.o. Kapitel 2):

- Interne Ziele umfassen die Identifikation der Bürger mit der Region sowie die Förderung des Verständnisses der Bürger für kommunale Leistungen und Kosten.
- Externe Ziele umfassen die Förderung des Image einer Region durch Erhöhung ihres Bekanntheitsgrades und ihrer Attraktivität.

Darüber hinaus können die Ziele auch in eine Hierarchie, ein Zielsystem gebracht werden. Ein einfaches Beispiel aus der Stadt Bergisch-Gladbach, in der Ober- und Unterziele (für die hier jedoch nicht die obigen strengen Maßstäbe der Zielbildung herangezogen werden können) definiert wurden zeigt die folgende Tabelle.

Ein wesentlicher Unterschied zwischen dem Zielsystem eines Unternehmens und dem einer Region besteht in der unterschiedlichen Priorisierung dieser Ziele. So müssen die von Manschwetus als marketingextern bezeichneten Ziele - beispielsweise den Anforderungen von Gewerkschaften und Umweltschutzverbänden gerecht zu werden - im

Vergleich zum unternehmerischen Kontext bei der Region verstärkt beachtet werden (Manschwetus 1995, S.223 u. S.232ff.). Eine Berücksichtigung derartiger langfristiger und nicht-ökonomischer Ziele ist insbesondere erforderlich, um die geforderte Vertretung der gesamten lokalen Bevölkerung anstreben zu können.

Oberziele

- Erhaltung bzw. Stärkung der Wirtschaftskraft in Bergisch-Gladbach unter Berücksichtigung von Ökologie und Ökonomie zur langfristigen Sicherung von Arbeitsplätzen.
- Stärkung der Kaufkraft in Bergisch-Gladbach.
- Verbesserung der Identifikation der Bürgerinnen und Bürger mit der Gesamtstadt.
- Bedingungen für die Mobilität der Bürgerinnen und Bürger sowie der Wirtschaft verbessern unter Berücksichtigung von Ökologie und Ökonomie bei gleichzeitiger Reduzierung der negativen Auswirkungen des Verkehrs.

Unterziele

- Pflege und Betreuung des Gewerbestandes mit dem Ziel einer Erhaltung bzw. Erweiterung des Bestandes.
- Verbesserung der Wirtschaftsstruktur durch Akquisition von neuen Betrieben aus Wachstumsbranchen (z.B. Dienstleister, High-Tech-Betriebe).
- Belebung der Innenstadtbereiche auch nach Geschäftsschluß.
- Attraktive Gestaltung der Innenstadtbereiche.
- Sicherstellung der Nahbereiche in den Wohnbereichen.

Tab. 13: Ober- und Unterziele, Beispiel Bergisch-Gladbach (Westermann 1995, S.45)

Diese Langfristigkeit findet sich in den folgenden grundlegenden Zielgrößen wieder (Die einzelnen Zielgrößen werden im folgenden erläutert):

- Leitbild (Ziel eines Idealbildes für die Region),
- Awareness (Ziele der Steigerung der Bekanntheit der Region),
- Soll-Image (als Zielkonglomerat zu allen Imagekomponenten),
- Positionierung als Ziel (Abgrenzung ggü. anderen Regionen) und ULP (Unique Local Proposition, einzigartiges (zentrales) Argument für die Region),
- Corporate Identity (CI, gelebtes und nach außen getragenes Selbstverständnis),
- Ziele der Realisation (hier: Institutionalisierung der Marketingmaßnahmen).

Das Leitbild

Ziele einer Region sind aufgrund des vielfältigen Einflusses und des Zwangs zur Integration vielfältiger Interessen aus der Region anfangs weniger konkret und quantifizierbar als im Unternehmensmarketing. Dies führt dazu, daß Leitbildern im regionalen Kontext eine besondere Bedeutung zugesprochen wird, da mit Leitbildern grundsätzliche und allgemeingültige Vorstellungen über die Entwicklung einer Region artikuliert werden (Balderjahn 1995, S.29). Sie haben die Funktion einer formellen (da öffentlich in der Region propagiert) und informellen (als Spiegelbild des Selbstverständnisses der Region) Orientierung (Spieß 1998, S.80).

Einige Autoren kritisieren den Einsatz von Leitbildern und generellen Zielen als Planungsgrundlage. Sie seien zu vage formuliert, um sinnvoll Einfluß auf den Planungsprozeß nehmen zu können (z.B. Schwartz 1982, S.283), wie z.B. „wir sind naturverbunden". Andererseits weist Manschwetus auch darauf hin, daß es Situationen gibt, in denen vage Ziele angebracht erscheinen (Manschwetus 1995, S. 219). Er orientiert sich dabei an der Argumentation von Staehle, der die Entwicklung eines Marketingzielsystems als Prozeß versteht, wobei generelle Zielsysteme in komplexen Entscheidungssituationen und in frühen Phasen des Entscheidungsprozesses Mittel der Ordnung und Steuerung des Entscheidungsentwicklungsprozesses sind (Staehle 1991, S.410). Diese Phase der Zielbildung stellt für die Regionalmarketingakteure ohne Zweifel eine komplexe Entscheidungssituation dar. Die Ziele der vielfältigen Akteure des Regionalmarketing erfordern einen im Vergleich zum unternehmerischen Marketing besonders aufwendigen Verdichtungsprozeß.

Ziel dieses Verdichtungsprozesses ist es, Grundsatzentscheidungen zu treffen, welche Entwicklungen von der Region erwünscht sind und welche nicht. Vage Ziele können demnach nur am Anfang eines solchen Prozesses stehen, als ein Weg zur Ausarbeitung eines konsensfähigen regionalen Spezifikums. Dieser Weg verkörpert für das Regionalmarketing einen Fallstrick (Meffert 1989, S.279). Der Anspruch, Regionalmarketing müsse trotz der dabei auftretenden erheblichen Probleme dennoch all diese vielfältigen Ziele integrieren, führt dazu, Regionalmarketing als Politikansatz zu verstehen (z.B. Manschwetus 1995, S.227).

Die Kritik an den Leitlinien bleibt jedoch bestehen: Aufgrund der erheblichen Integrationsspanne und der politischen Abstimmung werden Leitlinien nicht selten zu Platitüden, die sich unter den Regionen nicht mehr unterscheiden. So fallen in den Leitlinien von vielen Regionen immer wieder die gleichen Begriffe wie etwa weltoffene und freundliche Bevölkerung, Natur- und Umweltverbundenheit oder Zukunftsorientierung und moderne, aufstrebende Wirtschaft auf. Zweifelhafte Regionalmarketingberater tun das ihre, diese Kritik zu stützten, in dem sie jeder Region und jeder Stadt mehr oder weniger gleiche Leitlinien vermitteln.

Hinzu kommt die Gefahr, daß in Praxis aus den vagen und damit auch unverbindlichen Leitlinien keine konkreten Marketingmaßnahmen abgeleitet werden (können). Es erscheint in Anbetracht dieser Gefahr in der Praxis, daß die Ziele des Regionalmarketing auf der Ebene derartiger, unverbindlicher Leitlinien stehen bleiben, die Leitlinien durch bekannte und operationalierbare Ziele zu Marketingkonstrukten zu ersetzen, wie z.B. das Soll-Image, ein ULP, Positionierungsziele und Festlegungen zu Corporate Identity und Corporate Design. Die Ziele zu diesen Größen sind nicht nur konkreter ausformulierbar, sondern die Maßnahmen hierzu auch individueller gestaltbar.

Leitbild	Magdeburg, unsere grüne Landeshauptstadt im Herzen Sachsen-Anhalts, schlägt als lebenswerter Wohnort und aufstrebendes Wirtschaftszentrum Brücken zwischen Nachbarschaft und Großstadterlebnis, Natur und Naturwissenschaft traditioneller Technik und Zukunftstechnologie.
Teilziele	
Wirtschaft/Arbeitsmarkt/ Umwelt	Beschäftigung sichern durch aktive, an den Standortqualitäten ausgerichtete Bestandspflege, zukunftsorientierte Ansiedlungspolitik und verbesserter Austausch zwischen Hochschule und Wirtschaft.
Einzelhandel/Dienstleistung	Ausbau des Oberzentrums durch Entwicklung des innerstädtischen Einkaufserlebnisses sowie der Versorgungsfunktion der Stadtteilzentren und Nahverkehrsbereiche.
Stadtentwicklung/Städtebau/Verkehr	Behutsame Stadtentwicklung, bei der Innenentwicklung vor Außenentwicklung rangiert, Verbesserung der technischen Infrastruktur und Wiedereinbeziehung der Elbe und des Hafens in das Stadtgefüge.
Kultur/Bildung/Freizeit/Tourismus	Entwicklung einer lebendigen und identitätsstiftenden Stadtkultur, die Magdeburger wie Umlandbewohner verbindet und begeistert sowie Magdeburg als Touristen- und Tagungsziel attraktiver macht.
Wohnen/Soziales	Verbesserung der Wohnsituation durch Pflege historisch wertvoller Baussubstanz, Sanierung bestehender Wohnungen oder durch umgebungsangepaßte Neubauten sowie Schaffung eines attraktiven Wohnumfeldes mit Freizeit- und Versorgungsangeboten und guter ÖPNV-Anbindung.

Tab. 14: Vom Leitbild zu Teilzielen (Mangels 1995, S.75)

Die nebenstehende Tabelle zeigt, wie Leitlinien - für die Stadt Magdeburg - auch zu Teilzielen (für die hier jedoch nicht die obigen strengen Maßstäbe der Zielbildung herangezogen werden können) ausgeführt werden können:

Entwicklung eines Soll-Image

Dem Soll-Image kommt unter den obigen Zielgrößen eine besondere Bedeutung zu, denn ein zentrales Ziel des Regionalmarketing ist eine positive Verankerung der Region im Bewußtsein der Zielgruppen. Deshalb sind mittels weniger geeigneter Komponenten des Soll-Image die Besonderheiten der Region gegenüber anderen Regionen zu betonen, um sie den Zielgruppen als einzigartig und unverwechselbar zu präsentieren (Positionierung). Weiteres Ziel ist die Umsetzung des Soll-Image in einer ganzheitlichen Selbstdarstellung der Region nach innen und außen (Corporate Identity). Zudem wird eine Institutionalisierung der Marketingaktivitäten vorgeschlagen. Nach dieser Zielbestimmung können die grundlegenden Strategien festgelegt werden, die den Weg zum Soll-Image beschreiben. Die im folgenden abgeleiteten Ziele und Strategien bilden die Grundlage für Vorschläge zu operativen Maßnahmen im Marketingkonzept.

Der Begriff Image und die Messung des Ist-Image wurden bereits in Kapitel 4.2.2.5 erläutert. Die Grundlage zur Entwicklung eines Soll-Image bildet die Ist-Image-Analyse, bei der die Bedeutung sowie die Einschätzung der wesentlichen Imagekomponenten durch die Zielgruppen und auch die Differenzen je nach Zielgruppe erhoben wurden.

Hier ist nun das Soll-Image für die Region festzulegen, also ein als Zielgröße der Marketingkonzeption angestrebtes Image der Region. Nur ein von sämtlichen Interessengruppen gemeinsam getragenes Soll-Image ermöglicht die Vernetzung der unterschiedlichen Interessen in der Region und kann bei den Beteiligten neues Engagement bewirken. Für jede Image-Komponente ist nun zu diskutieren, wie sich der betreffende Teil des Soll-Images vom Ist-Image unterscheiden soll bzw. welche Sollvorgaben realisierbar erscheinen. So wird gewährleistet, daß das Leistungspotential der Region bei der Zielbildung berücksichtigt wird. Dabei kann das Soll-Image auch leichte Differenzen je nach Zielgruppe aufweisen, die sich aber wegen des Zwangs zur Konsistenz eines Image und der Überschneidungen zwischen den Zielgruppen nur z.B. auf Betonungen beschränken müssen, nicht jedoch grundsätzliche Differenzen aufweisen dürfen. Anderenfalls würde das vermittelte Soll-Image nicht glaubhaft, da sich die Zielgruppen nicht exakt ansprechen lassen und es zu einem Austausch zwischen diesen kommt.

Abbildung 21 zeigt ein sehr vereinfachtes fiktives Beispiel, bei dem die Komponenten im Ist- und Soll-Image für eine Zielgruppe aufgetragen sind. Die Ziele zum Soll-Image umfassen zum einen Veränderungen bei der Bedeutung der Komponenten im Image der Zielgruppe, zum anderen anzustrebende Veränderungen in den Gewichtungen (Zahl der Kreuze bzw. Minuszeichen) und Bewertung (Einstellung, +/-) im Image, die die Zielgruppe den jeweiligen Komponenten zumißt.

Komponenten	**Ist-Image**	**Ist-Gewicht**	**Soll-Image**	**Soll-Gewicht**
Lebens- und Wohnqualität	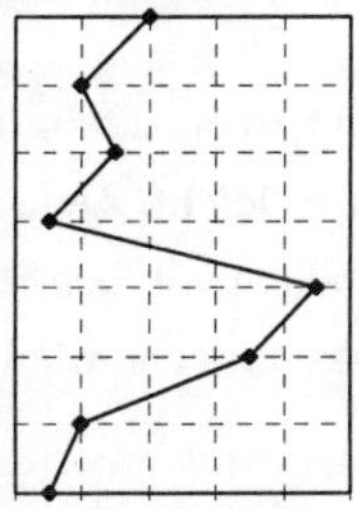	+	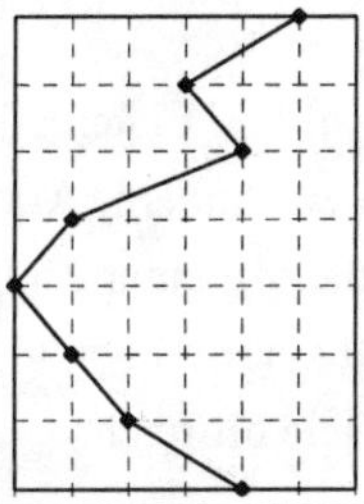	+++
Landschaft / Natur		+		+++
Umwelt		+		+++
industrieller Charakter		--		+
Provinzialität		--		o
Bodenständigkeit		-		+
Tourismusorientierung		--		++
kulturelles Angebot		--		+

Abb. 21: Veränderungsziele zum Soll-Image bei den Zielgruppen

Ein Soll-Image sinnvoll aufzustellen, setzt voraus, daß der Entscheidungsprozeß, z.B. über eine Gruppendiskussion unter den Entscheidungsträgern einer Region, sachlich und - was in der Praxis vielfach nicht der Fall ist - unter der Vorbedingung „Akzeptanz der Realitäten" aus der Ist-Image-Analyse erfolgt. Denn es besteht die Gefahr, daß von verschiedenen Interessengruppen die ggf. schlechten Einschätzungen zum Ist-Image durch die befragten Zielgruppen nicht akzeptiert werden und somit Notwendigkeiten und Bescheidenheit bei der Wahl der Ziele für das Soll-Image nicht erkannt werden. Es ist daher auch von Bedeutung, daß die Untersuchung des Ist-Images von einer allseits anerkannten Stelle vorgenommen wird.

Mit diesen Imagezielen sind Ziele zur Bekanntheit und zur Positionierung eng verbunden. Sie sollen im folgenden betrachtet werden.

Awareness-(Bekanntheits)-Ziele

Aus der Konsumentenforschung ist bekannt, daß Einstellung positiv mit der Bekanntheit korreliert (Trommsdorff 1998). In diesem Sinne ist es für das Regionalmarketing sinnvoll, einen hohen Bekanntheitsgrad für die Region zu erreichen. Aber auch zur Ausbildung eines eigenständigen und bei der Zielgruppe auch dauerhaften Imageprofils ist eine ausreichende Bekanntheit der Region notwendig, wie auch eine hohe Bekanntheit dazu beiträgt, daß die Region bei den Zielgruppen als Alternative in Entscheidungen einbezogen wird (z.B. bei Standortentscheidungen). Die Bekanntheit - vielfach auch als Awareness bezeichnet - kann (vgl. Kapitel 4.2.2.5) ...

- zum einen als „einfacher" Bekanntheitsgrad (z.B. des Namen) der Region in der Gesamtheit der Zielgruppe verstanden werden (z.B. bei 30% der Bevölkerung in den USA ist der Name einer deutschen Region bekannt) oder
- zum anderen als Umfang der bekannten Informationen über die Region bei jeder einzelnen Zielperson.

verstanden werden. Ersteres Maß ist leicht zu ermitteln und ggf. durch kommunikative Maßnahmen zu steigern. Auch erscheint es leicht, Ziele hierzu festzusetzen (z.B. gleiche Bekanntheit in einer Zielgruppe erreichen wie der Standort Berlin). Obwohl es als einfacher Indikator dienen kann, ist dieses einfache Maß doch nur wenig für die nachgelagerten Ziele hilfreich.

Letzteres ist dagegen nur sehr schwer zu messen, da jegliche Informationen, die sich bei der Zielgruppe finden lassen, in ein vergleichbares System von relevanten Informationen überführt und hierfür einzeln die Bekanntheitsgrade ermittelt werden müssen. Daher sind hier auch Ziele nur schwer zu bestimmen. Wiederum besitzt dieses Maß große Bedeutung für das Regionalmarketing, denn je höher diese Form der Bekanntheit bei einem gegebenen Ist-Image ist, also je mehr Wissen schon bei den Zielpersonen vorhanden ist, die das Image bestimmen, desto schwieriger und aufwendiger wird es sein, dieses bestehende Image bei den Zielgruppen zum Soll-Image hin zu verändern.

Daher ist es für eine pragmatische Umsetzung sinnvoll, einen Weg der Zielsetzung zu wählen, der zwischen den beiden Extrema liegt. Er umfaßt drei Schritte:

- Zunächst sind einige wenige Informationen und Eigenschaften der Region zu definieren, die allein aus deren Kenntnis bei der Zielgruppe dort das Image in der gewollten Weise verändern.
- Für diese Informationen und Eigenschaften sind dann Bekanntheitsziele einzeln zu definieren.
- Der Bekanntheitsgrad ist später zur Erfolgskontrolle je Information und Eigenschaft zu messen und mit dem jeweiligen Wert vor der Regionalmarketingmaßnahme zu vergleichen.

Positionierung und Unique Local Proposition (ULP)

Ein weiteres Ziel der Marketingkonzeption ist die (positive) Verankerung der Region im Bewußtsein der Zielgruppen auch durch die Abgrenzung gegenüber anderen Regionen. Unter Positionierung wird die gezielte Abgrenzung eines Produktes ggü. anderen Produkten verstanden, d.h., es muß das Soll-Image, zumindest in einer Komponente oder wenige Komponenten, eine deutliche Abgrenzung ggü. anderen Regionen aufweisen. Diese Abgrenzung kann für alle Image-Komponenten angestrebt werden (sogn. Soll-Positionierung). In diesem Sinne sind Positionierungsziele also auf einzelne Image-Koponenten konkretisierte Imageziele. Kotler/Haider/Rein (1994, S. 193) geben dazu einige Beispiele:

- Spanien ⇨ der aufgehende Stern der Europäischen Union
- Denver ⇨ Transport- und Finanzzentrum der Rockies
- Miami ⇨ die Finanzhauptstadt Südamerikas
- Berlin ⇨ Hauptstadt des neuen Europas
- Costa Rica ⇨ Lateinamerikas stabilste Demokratie

Dabei finden sich die Anhaltspunkte für die Ziele, d.h. die Soll-Positionen, bei den Positionen der Konkurrenten (möglichst nahe heran oder möglichst weit weg davon) oder bei einem von der Zielgruppe empfundenen Ideal (möglichst nahe).

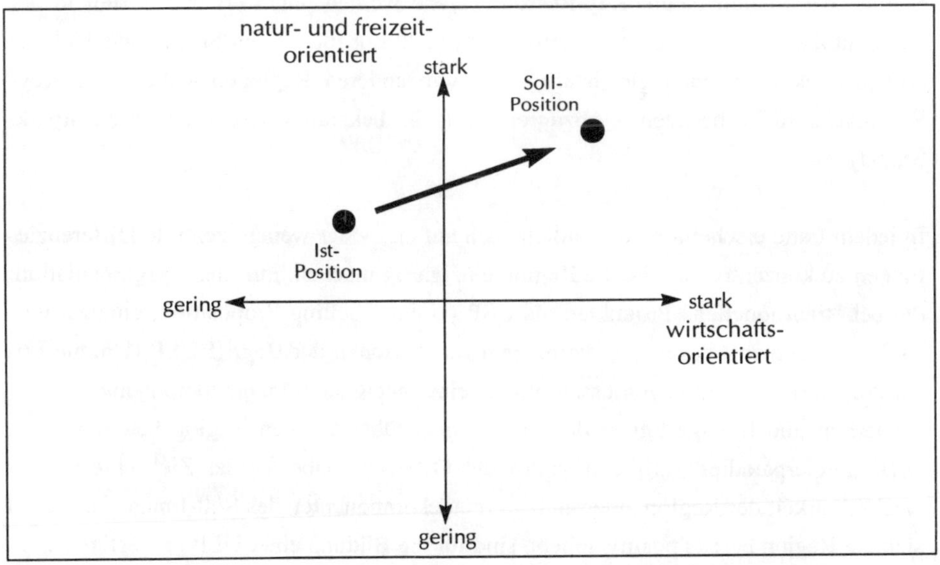

Abb. 22: Ist- und Soll-Positionierung

Die strategischen Vorgaben, die zu diesen Zielpositionen führen, werden als Positionierungsstrategien bezeichnet. Grundsätzlich ist dies aber in vielen Fällen nur schwer möglich, da sich Regionen in vielen Eigenschaften tatsächlich und „in den Köpfen der Zielgruppe" nur wenig unterscheiden. Ein Beispiel für ein Positionierungsdiagramm mit Ist- und Sollpositionierung zeigt die obige Abbildung.

Hier soll in den Kriterien Natur- und Freizeitorientierung und Wirtschaftsorientierung in den Köpfen der Bevölkerung eine Veränderung von der Ist-Vorstellung zur Soll-Vorstellung erreicht werden.

Die Positionierung kann durch physische Differenzierung am „Produkt" (1) (z.B. massiver Ausbau des Kulturangebots) oder durch psychologische Differenzierung mittels Kommunikation (z.B. Hervorheben angeblicher Eigenschaften in der Werbung) erreicht werden (2) (Trommsdorff 1998, S.155, Kroeber-Riel/Weinberg 1997, S.218ff.).

Im Fall (1) sind Prioritäten bei der Gestaltung des tatsächlichen "Produktes Region" (hier kommt der Region eher der Produktcharakter zu) derart zu setzen, daß besondere Stärken genutzt und gefördert werden, die andere Regionen erst gar nicht realisieren (z.B. Ausbau eines Segelhafens).

Fall (2) ist im Positionierungswettbewerb der Regionen einfacher realisierbar und daher wichtiger. Ein Positionierungsziel kann dadurch erreicht werden, daß besondere Stärken der Region (sogn. Key-Ressources, sie werden unten erklärt) gezielt in der Kommunikation hervorgehoben werden, um nicht nur die obigen Soll-Image-Ziele zu erreichen, sondern auch gleichzeitig sich von anderen Regionen - die diese Key-Ressources nicht besitzen - abzugrenzen (z.B. bekanntes Orchester, Freizeitpark, Strand).

In jedem Falle erscheint es wesentlich, sich auf eine oder wenige zentrale Differenzierungen zu konzentrieren, die die Region einzigartig machen. Für diese Argumentation, die bei "traditionellen" Produkten als USP (Unique Selling Proposition, einzigartiges Verkaufsargument) bezeichnet wird, steht für Regionen der Begriff ULP (Unique Local Proposition). Demnach müssen mittels einer geeigneten Imagekomponente die Besonderheit und Einzigartigkeit der Region gegenüber anderen Region betont werden (z.B. „Seglerparadies", „Silicon Valley des Ostens"). Dabei ist das Ziel, eine Unverwechselbarkeit der Region zu erreichen. Imagekomponenten des Soll-Images, in denen sich die Region bereits positiv abhebt, sind für die Bildung einer ULP prädestiniert.

Als Verfeinerung dieser Zielsetzung kann - im Sinne der amerikanischen „Positioning"-Auffassung - auch eine bislang im Wettbewerb noch nicht genannte, einfach verständliche Eigenschaftsdimension/Imagekomponente propagiert werden, die die konkurrierenden Regionen nicht in ihrem Marketing benennen (Trommsdorff 1998, S.156). Eine solche Dimension könnte z.B. „Politiknähe" sein, die als Argument einer Hauptstadt ggü. Investoren genannt werden kann. Über diesen Weg positioniert sich die Region in einer Weise, die von den anderen Regionen nicht erkannt wird, und erhält somit eine ULP.

Corporate Identity (CI) und Corporate Design (CD)

Zum gewollten Image gehört auch das ganzheitliche Selbstverständnis der Region, so wie es im Leitbild beschrieben ist. Dieses Selbstverständnis, die Corporate Identity (CI), ist nicht nur im Leitbild niederzuschreiben, sondern auch nach außen wie nach innen zu kommunizieren. Dazu müssen sich zunächst sämtliche wesentlichen Ansprechpartner (z.B. Bürgermeister, IHK, Unternehmer, Dezernenten oder Wirtschaftsförderer), die als Multiplikatoren nach außen (ggü. den Zielgruppen) und nach innen fungieren (ggü. der eigenen Wohnbevölkerung), mit dem Leitbild, dem Soll-Image und der Positionierung identifizieren und diese „leben" (Töpfer 1994, S.265ff.). Zur Verwirklichung dieser CI-Ziele ist daher eine Koordination der verschiedenen Interessengruppen in der Region erforderlich. Das Selbstverständnis der Bevölkerung von Ihrer Region ist somit ebenso zu erheben (vgl. Imageanalyse, Eigenimage). So nennt D`hein (1993, S.281f.) als Ergebnis einer Selbstverständnisbefragung der Stadt bzw. der Region Bonn, daß die Bürger ihre Stadt liebenswürdig, gemütlich und ruhig, aber auch als überfüllt, teuer, fortschrittlich, international und traditionsverbunden einschätzen.

Horn (1993, S.267ff.) stellt 10 Regeln auf, die bei der Erstellung eines CI beachtet werden sollen. Die Regeln beziehen sich zwar auf ein Stadtmarketing, können hier aber ohne große Veränderung auf Regionen übertragen werden. Lediglich auf die 10. Regel, die sich auf das Verhältnis von Stadt-CI zu Regionen-CI bezieht, kann hier verzichtet werden. Es bleiben also 9 Regeln:

1. Ein CI-Konzept sollte unter einem möglichst markanten und unverwechselbaren Leitbild bzw. Slogan stehen (siehe dazu unten „Claim").
2. Ein gutes CI-Konzept sollte durchdacht, schlüssig, klar formuliert und empirisch gestützt (siehe dazu unten Tests zu Name, Logo und Claim)sein.

3. Das Konzept muß nachweislich bestehende, besondere Stärken nennen und nicht Wunschdenken vermitteln.
4. Das Konzept muß optimal auf die Zielgruppen abgestellt sein.
5. Ein CI-Konzept sollte so beschaffen sein, daß es von möglichst vielen akzeptiert und getragen wird.
6. Ein CI-Konzept muß gegenwartsnah und zukunftsorientiert sein und auf der Stärken-Schwächen-Analyse aufbauen.
7. Ein gutes CI-Konzept muß ein breites Anwendungsspektrum ermöglichen.
8. Das CI-Konzept muß die Komplexität des Gebildes Region (im Originaltext „Stadt") und die Vernetzung der Handlungsfelder berückischtigen.
9. Das CI-Konzept muß nach innen wie außen glaubwürdig gemacht werden und an konkreten Maßnahmen erkennbar sein.

Das CI muß sich in sprachlichen und visuellen Darstellungen der Region zeigen, dem Corporate Design (CD). Mindestvorgaben sind dabei der Name, das Logo und ein Claim, wünschenswert sind weiter Vorgaben zur Schrift und sogar zum Korrespondenzstil (z.B. verbindlich, locker, freundlich). Dieses Corporate Design sollte neben den Darstellungen aller öffentlichen und öffentlichkeitsnahen Einrichtung auch - zumindest in Teilen - bei den Unternehmen in der Region wiederzufinden sein.

Die Aktion Münsterland e.V. geht über die Definition von Corporate Identity und Corporate Design noch hinaus, in dem sie auch eine Corporate Culture und sogar eine Corporate Communication definiert (Schmitz 1999, S.148ff.). Dabei werden beide Begriffe analog zum unternehmerischen Marketing als Unternehmenskultur und Unternehmenssprache verstanden. Mit ersterem wird im Aktion Münsterland e.V. die kooperative Zusammenarbeit und jederzeitige Abstimmung der Förderinstitutionen des Regionalmarketing, mit letzteren Vorgaben für Tonalität und Sprache im Regionalmarketing verbunden. „Die Sprache, ob gedruckt oder gesprochen, ist stets geprägt von Optimismus, Mut, Zuversicht, Entschlossenheit, Seriösität, Ehrlichkeit, Selbstbewußtsein, Stolz, Klarheit, Wahrheit, Verantwortung, Zukunftsorientierung, Geschichts- und Traditionsbewußtsein und Humor." (Schmitz 1999, S.154).

Name, Logo und Claim

Mit dem Bekanntheitsziel ist die Forderung nach einem gemeinsamen Namen für die Region, auf den sich die gesamte Bekanntheit richten muß, verbunden. Dies kann mit der Bildung von Dachmarken im Konsumgütersektor verglichen werden, bei der ein Dachimage für zahlreiche verschiedene Produkte aufgebaut wird.

Abb. 23: Beispiele für Logos von Regionen / Städten (aus den jeweiligen Homepages der Regionen/ Städte aus dem Internet)

Daher sollte sich eine Region für ihr Marketing einen einprägsamen Namen bilden, sofern nicht bereits ein solcher Name durch die Historie unveränderbar gegeben ist. Diesen zu finden, ist - im Gegensatz zum Stadtmarketing - nicht einfach, wie das später noch öfter aufgegriffene Beispiel der Namensgebung für die Region östlich von Berlin, die die Landkreise Märkisch Oderland, Oder-Spree, Barnim, Uckermark und die Stadt Frankfurt (Oder) zusammenführen muß. In einer Studie des Verfassers aus dem Jahre 1997 wurden mit verschiedenen Kreativitätsverfahren als beste Alternativen die Namen Oderland, Ucker-Spree-Region und Ostbrandenburg gefunden (und getestet, siehe im späteren verlauf des Textes).

Darüber hinaus ist es sinnvoll, ein visuelles Pendant - ein Logo - zu entwerfen. Dieses kann historische Wappen oder Sigel beinhalten oder auch völlig frei von diesen sein, wie die nebenstehenden Beispiele zeigen (obige Abbildung 23):

Weiter ist aus dem unternehmerischen Marketing ein Claim für eine Region zu übernehmen: eine kurze, einprägsame Aussage, die dauerhaft in der Kommunikation genannt wird. Der Claim sollte dabei möglichst auf das ULP der Region hinweisen. Kotler/Haider/Rein (1994, S. 191) geben für den Claim einige internationale Beispiele:

- Spanien ⇨ „Alles unter der Sonne"
- Pennsylvania ⇨ „Hier beginnt Amerika"
- Herschley/ Pennsylvania ⇨ „Der süßeste Ort der Welt"
- Detroit/Michigan ⇨ „Die Renaissancestadt"
- Boston/Massachussetts ⇨ „Die Zweijahrhundert-Jahres-Stadt"
- Quebec ⇨ „Das andere Gefühl"
- Aruba ⇨ „Unser einziges Geschäft sind Sie"

Diesen drei Elementen der Kommunikation im Regionalmarketing kommt große Bedeutung zu, da sie dauerhaft verwendet und nicht verändert werden sollen. Sie besitzen somit auch strategischen Charakter. Denn vergleicht man diese mit von denselben Autoren genannten Positionierungszielen (s.o.), so wird es schwer, verbalisiertes Positionierungsziel und Claim zu unterscheiden, und dies ist ja nur folgerichtig. Die drei Elemente müssen also so gewählt werden, daß ihre Wirkung bei den Zielgruppen die Ziele des Regionalmarketing unterstützen.

Name, Logo und Claim einer Region rufen bei jeder Person spontane Assoziationen hervor. Assoziationen sind Verbindungen zu Begriffen und Bildern im Gedächtnis. Mit diesen sind i.d.R. Einstellungen verbunden. Durch das Hervorrufen von Assoziationen können die Einstellungen gegenüber der Region geprägt, und so kann das Image der Region in den Köpfen der Menschen beeinflußt werden. Assoziationen zu Name, Logo und Claim einer Region können über zwei Wege entstehen:

(1) Mit ihnen wird eine bereits mehr oder weniger bekannte Region verbunden, und es werden auch konkrete Erfahrungen oder Kenntnisse der Personen mit der Region assoziiert.

(2) Name und Claim führen nicht direkt zu einer dem Menschen bekannten Region, sondern stehen zunächst für sich allein. Es kommt zu Assoziationen ausschließlich

zu den Begriffen für Name, Claim und Logo und zu den hiermit im Gedächtnis verbundenen Einstellungen.

- Fall (2) tritt in seiner reinen Form auf, wenn die betreffende Person als Rezipient von Name, Logo und Claim keine Vorstellung von der Region hat. Name und Claim prägen in diesem Falle das erste Image von der Region. Die Bedeutung einer Wahl adäquater Begriffe für Name und Claim für das Regionalmarketing wird hier besonders deutlich.

- Im Fall (1) dagegen werden - in seiner reinen Form - Name, Logo und Claim nicht mehr in ihrem begrifflichen Inhalt gesehen, sondern es wird die mehr oder weniger bekannte Region gesehen (also auch assoziiert). Daher werden in diesem Fall bestehende Kenntnisse und Einstellungen zur Region assoziiert. Den Begriffen selbst verbleibt die Rolle eines Statthalters, ihre Wirkung nimmt ab. Wird also die bezeichnete Region in Name und Claim erkannt, so kommen zu den Assoziationen zu den Begriffen auch die Assoziationen zu Kenntnissen über die Region hinzu. Die beiden obigen Fälle dürften daher in ihrer reinen Form nur selten vorkommen. Sie zeigen jedoch die beiden Extrempunkte eines "Prozesses des Kennenlernens" der Region: Beim ersten Kontakt und bei völliger Unkenntnis der Region sollen Name und Claim imageprägend sein. Bei zunehmender Kenntnis der Region ändert sich die Wirkung der Begriffe von Name und Claim von einer prägenden zu einer assoziationserzeugenden und es wird nur eine direkte Anmutung (Assoziation zur Region) erzeugt.

Ziel des Marketing ist es daher, bei den Personen, die eher zum Fall (2) tendieren, über Name, Logo und Claim nicht nur Bekanntheit zu erzeugen, sondern die Region sogleich mit positiven Assoziationen zu verbinden. Ziel des Marketing im weiteren Verlauf der Bekanntheitsförderung ist es, mit den Begriffen eine unverwechselbare und sofort wiedererkennbare Bezeichnung zu erzeugen, die nicht nur sofort die Assoziation zur Region erzeugt, sondern zudem die positiven Assoziationen auch neben anderen, ggf. negativen Assoziationen aus Kenntnissen über die Region stellt oder sie sogar dominiert. Daraus wird deutlich, welche große Bedeutung die Assoziationen zu Name und Claim für das Regionalmarketing - unabhängig vom individuellen Kenntnisstand - besitzen. Zudem kann eine Region - wie auch ein Unternehmen - nur einen Namen und nur einen Claim einsetzen. Dies steigert erheblich die Bedeutung einer adäquaten Wahl von Name und Claim. Daher ist es wichtig zu wissen, welche Verhaltenswirkungen diese drei Elemente auf die Zielgruppen besitzen, um zu vermeiden, daß erst nach Gebrauch deutlich wird, daß z.B. der Name ungewollte Assoziationen hervorruft.

Trotz ihrer großen Bedeutung erfolgt die Auswahl von Name und Claim in vielen Regionen ohne eine professionelle, verhaltenswissenschaftlich basierte Analyse der Assoziationen der Begriffe. So existieren zwar professionelle Marketingkonzepte, diese greifen jedoch auf gefühlsmäßige und aus der politischen Diskussion stammende Begriffe und Slogans zurück. Welche Wirkung diese in der Bevölkerung besitzen, ist daher i.d.R. nicht bekannt. So kann die Wahl eines Namens oder Slogans, der nicht die gewollten Assoziationen in der Bevölkerung erzeugt, den Erfolg der Regionalmarketingaktivitäten erheblich beeinträchtigen. Das bereits erwähnte Beispiel aus der Studie des Verfassers im Jahre 1997 zur Region um Frankfurt (Oder) zeigt dies deutlich: Dort wurde ein möglicher Name für die Region - „Ostbrandenburg" - durchweg schlechter beurteilt als die beiden anderen Alternativen (s.o.). Erst in der empirischen Studie wurde deutlich, daß im wesentlichen der Wortteil „Ost" hier diese schlechtere Bewertung hervorgerufen hatte.

Unabhängig davon, ob Name, Logo oder Claim vorhanden sind, allein vorgeschlagen oder mit mehreren Alternativen zusammen vorgeschlagen werden, die Vorgehensweise der empirischen Untersuchung der Elemente ist identisch und umfaßt vier Schritte:

- Zunächst ist zu prüfen, ob die betreffenden Namen, Claims oder Logos nicht in irgendeiner Weise bereits anderweitig verwendet werden oder sogar gesichert sind. Dabei ist insbesondere auch auf die internationale Präsenz eines Regionalmarketing zu achten. Für derartige Untersuchungen können entsprechende Agenturen beauftragt werden, oder man wendet sich an die Patentämter.
- Es ist - bei internationalen Regionalmarketingaktivitäten - weiter zu prüfen, welche Bedeutung Name, Logo und Claim in verschiedenen Sprachen und Kulturen besitzen. So kann vermieden werden, daß in einigen Ländern peinliche Inhalte mit einem Namen verbunden werden.
- Letztlich sind insbesondere Verständnis und Assoziationen zu den drei Elementen bei den Zielgruppen zu erfragen. Die Assoziationen können mittels offener Fragen erhoben werden, d.h., sie kommen originär von den Befragten, oder es können auch Begriffspaare vorgegeben werden, zu denen die Befragten mittels Rating ihre Assoziationsnähe angeben (z.B. Rating zwischen eher grün, eher grau, hell und dunkel). Bei der Untersuchung des Logos sind natürlich statt der verbalen Darstellungen von Name oder Claim bildliche Darstellungen vorzulegen.
- Im letzten Schritt werden die Ratings in Profildiagramme übertragen und mit den Zielen für das Image der Region verglichen. Es sind der Name, das Logo und der Claim zu wählen, die durch Assoziationen am besten die Image-Ziele unterstützen.

Abbildung 24 zeigt ein Beispiel für ein Profildiagramm mit Assoziationen zu Begriffspaaren für drei Namen der Region Frankfurt (Oder) aus dem Jahre 1997.

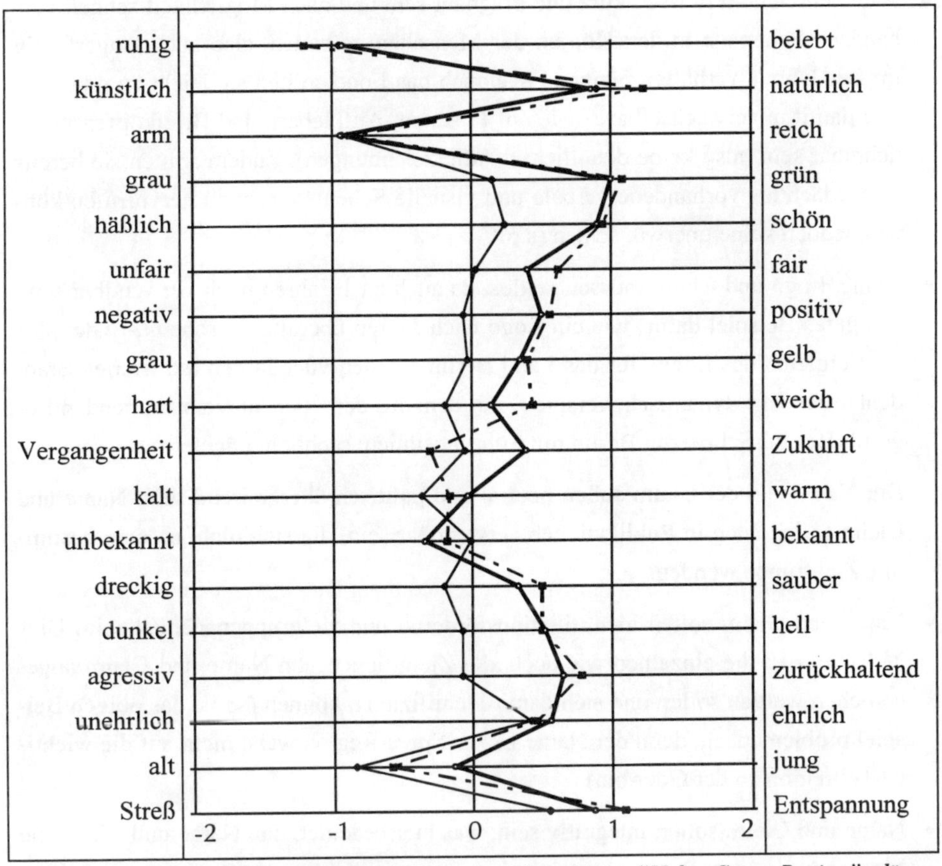

Abb. 24: Ratingprofile zu den Namen, Legende: Fette Linie: "Ucker-Spree-Region", dünne Linie: "Ostbrandenburg", gestrichelte Linie: "Oderland"

Es sind deutliche Unterschiede in den Profilen sichtbar. Der Name „Ucker-Spree-Region" und „Oderland" zeigen insgesamt positivere Assoziationen als der Name „Ostbrandenburg". Soll das Image mehr in Richtung Naturbezug betont werden, so eignet sich nach den Profilen der Begriff „Oderland", und soll eher die wirtschaftliche Kraft und die Zukunft der Region ins Image getragen werden, so ist der Name „Ucker-Spree-Region" angebracht.

Mittels derartiger Untersuchungen wird also deutlich, welche Assoziationen Name, Logo und Claim hervorrufen und welche Image-Ziele damit erreicht werden können. Jenseits dieser spezifischen Bestimmung von Name, Logo und Claim sollen hier auch noch einige grundsätzliche Anforderungen genannt werden (zu Regeln der visuellen Gestaltung u.a. Meyer 1999):

- Name und Claim müssen kurz und prägnant sein und nach Möglichkeit schnell vorhandene Schemata in den Köpfen der Menschen aufbauen, also auch längerfristig im Gedächtnis verhaften bleiben. Wie auch das Logo sollten sie leicht zu erkennen und damit unverwechselbar sowie auf Plakaten, Aufklebern und Briefköpfen wahrnehmbar sein (also keine detaillierten Adlerzeichnungen). Zudem sollten sie bereits im Gedächtnis vorhandene verbale und visuelle Schemata schnell hervorrufen können, jedoch keine unerwünschten (s.o.).
- Name, Logo und Claim müssen zeitlos, da auch nach Jahren noch verwendbar sein. Ein gutes Beispiel dafür, wie ein Logo nach Jahren überaltert erscheint, findet sich im Vergleich des Logos für das Land Berlin aus den 90er Jahren (stilisiertes Brandenburger Tor: dynamisch, verspielt) mit dem aus den 70er Jahren stammenden Logo für Berlin (Schriftzug Berlin mit Führungslinien: sachlich, nüchtern).
- Der Name und der Claim sollen neutral und politisch übergreifend sein: Name und Claim sollen auch in Publikationen verwendbar sein, die sich nicht an eine bestimmte Zielgruppe wenden.
- Name und Claim sollen identifikationsfördernd und zielgruppenadäquat sein: Dies bedeutet, daß die einzelnen wie auch alle Zielgruppen von Name und Claim angesprochen werden sollen und sich damit identifizieren können (so ist das obigen Beispiel problematisch, denn der Name Ucker-Spree-Region weist nicht auf die wichtige Teilregion an der Oder hin).
- Name und Claim sollen integrativ sein, was hier bedeutet, daß Name und Claim die Menschen in der Region miteinander verbinden sollen, aber genauso Außenstehende anspricht.
- Aus der allgemeinen Definition des Image-Begriffs (siehe Kapitel 4.2.2.5) als Zielgröße von Name und Claim konnten weitere Anforderungen abgeleitet werden: Name und Claim sollen gefühlsbetont, über das Visuelle hinausgehend, die Gesamtheit von Einstellungen, Erwartungen und Anmutungen widerspiegeln.

Zusammenfassung

Die Abbildung 25 faßt die wesentlichen Zielgrößen im Regionalmarketing noch einmal zusammen:

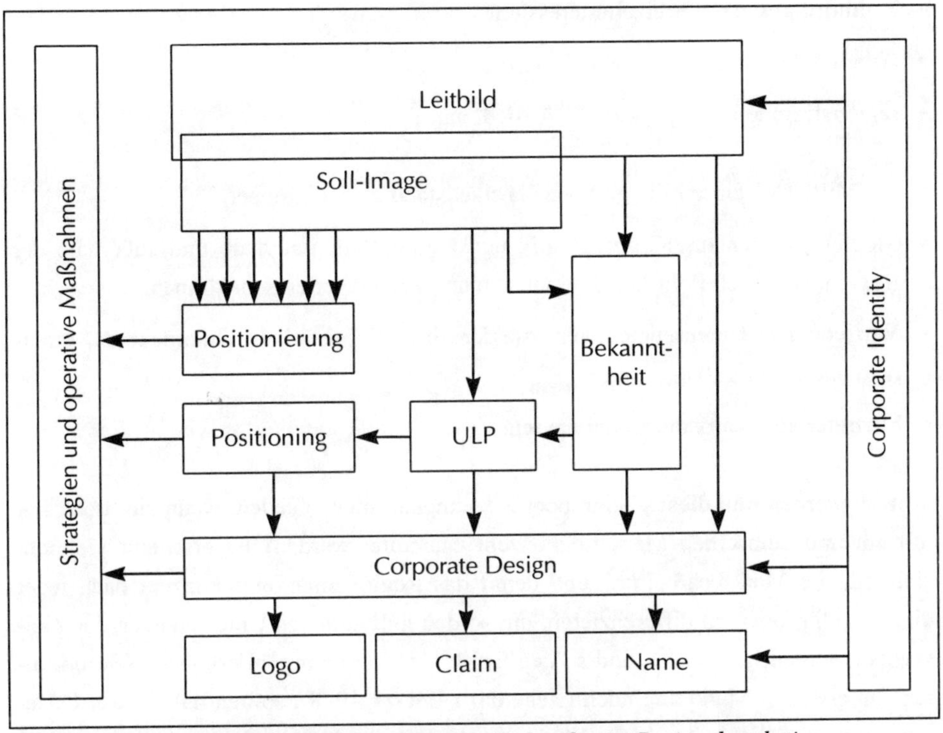

Abb. 25: Abhängigkeiten zwischen den zentralen Zielgrößen im Regionalmarketing

4.2.3.3 Auswahl der Zielgruppen

Von den Zielgruppen zu einem differenzierten Marketing

Wurde zuvor von einem Regionalmarketingkonzept gesprochen, so wurde damit implizit gesagt, daß es sich nur um ein Konzept handelt, mit dem alle Zielgruppen des Marketing einer Region als der gesamte „Markt“ bearbeitet werden sollen. In diesen Falle wird von einem undifferenzierten Marketing gesprochen.

Wiederum wurde bereits oben ausgeführt, daß sich für das Marketing von Regionen einige grobe Zielgruppen identifizieren lassen, die für jede Region gelten. Diese Zielgruppen, die auch als Segmente des Gesamtmarktes aufgefaßt werden können, sind

- die Bevölkerung / Öffentlichkeit in der eigenen Region,
- die allgemeine Öffentlichkeit,
- Investoren (fremde wie ortsansässige),
- Touristen / Urlauber,

- Kulturinteressierte, Freizeitinteressierte,
- Arbeitskräfte,
- regionsfremde Familien zwecks Ansiedlung.

Sowie Mittler zu diesen Zielgruppen als eigenständige Zielgruppen

- Meinungsführer aus Kultur, Politik und Gesellschaft innerhalb und außerhalb der Region, was auch Politiker, Journalisten und Fachexperten sein können,
- Vertreter aus Unternehmen, insbesondere investitionstätigen Unternehmen, innerhalb und außerhalb der Region,
- Vertreter aus Tourismusunternehmen.

Warum werden nun diese Zielgruppen / Segmente unterschieden, wenn sie doch nur mit ein und demselben Marketingkonzept bearbeitet werden? Es erscheint vielmehr sinnvoll, die Marktbearbeitung und damit das Regionalmarketingkonzept nach jeder dieser Zielgruppen zu differenzieren, um so den individuellen Unterschieden der Zielgruppen gerecht zu werden und so den Erfolg des Marketing zu erhöhen. Wie im unternehmerischen Marketing auch (siehe dazu Becker 1998), sollten daher zwei Differenzierungsmöglichkeiten in der Marketingplanung beachtet werden:

- Die Zielgruppen / Segmente weisen natürlich Unterschiede in ihren Bedürfnissen und Interessen, ihrem Verhalten und den Wegen ihrer Erreichbarkeit auf. Ein undifferenziertes Regionalmarketing, also ein Marketingkonzept, das für alle Zielgruppen gemeinsam erstellt wird und nicht auf die Unterschiede dieser eingeht, würde keine individuelle Ansprache der Zielgruppen zulassen und so in Anbetracht der großen Differenzen zu erheblichen Streuverlusten. Daher erscheint es vielfach sinnvoll, das Regionalmarketing nach den Zielgruppen spezifisch zu differenzieren („differenziertes Marketing"), also mehrere Konzepte nebeneinander zu stellen (z.B. ein Konzept mit Betonung der wirtschaftlichen Stärken der Region für die Zielgruppe der Investoren, ein Konzept mit der Betonung der landschaftlichen Reize für die Zielgruppe der Touristen.
- Die zweite Differenzierung folgt aus der Überlegung, daß das gesamte Regionalmarketing sehr aufwendig wird, wenn für jede Zielgruppe / jedes Segment ein differenziertes Marketingkonzept erstellt und realisiert wird. Zudem dürfte bereits in der Situationsanalyse deutlich werden, daß die obigen Zielgruppen für eine Region unterschiedlich interessant sind. So erscheint es sinnvoll oder sogar notwendig, sich ggf. auf einige Zielgruppen oder nur Teile der obigen Zielgruppen zu beschränken.

Damit kommt es zum selektierten, bzw. wenn nur eine Teilzielgruppe mit einem Marketingkonzept angesprochen wird, zum konzentrierten Marketing (z.B. die ausschließliche Ansprache von Investoren aus der nächsten Großstadt).

Die folgende Abbildung 26 stellt diese Differenzierung zusammenfassend dar, wobei die Marktbearbeitung die Wahl der Regionalmarketingkonzepte darstellt und sich die Marktabdeckung in der Wahl der Zielgruppen zeigt.

In den Fällen, in denen nicht alle Zielgruppen (der gesamte Markt) undifferenziert bearbeitet werden sollen, ist eine Unterteilung des Gesamtmarktes in Zielgruppen / Segmente notwendig: die Marktsegmentierung (Becker 1998, S.237ff.). Ziel der Marktsegmentierung ist es, Segmente zu bilden, deren Zielpersonen ein möglichst homogenes, also gleichartiges Verhalten zeigen und damit mit einem bestimmten Marketingkonzept ohne große Streuverluste bearbeitet werden können. Die Segmente sollten sich aber untereinander im Verhalten der Zielpersonen deutlich unterscheiden, so daß eine differenzierte Marktbearbeitung auch sinnvoll ist.

	totale Marktabdeckung (alle Zielgruppen)	**partielle Marktabdeckung** (Teile der Zielgruppen)
undifferenzierte Markbearbeitung	**Massenmarktmarketing**	**konzentriertes Marketing**
differenzierte Markbearbeitung	**differenziertes Marketing**	**selektiertes Marketing**

= Marktsegmentierung notwendig

Abb. 26: Formen der Marktbearbeitung (i.A.a. Becker 1998, S.237)

Die oben benannten Zielgruppen sind ein Vorschlag zur Segmentierung des Marktes. Der Katalog stammt aus der Erfahrung der Regionalmarketingpraxis (s.o. Kapitel 2). Liegen solche Erfahrungen nicht vor, so ist der Gesamtmarkt entlang von geeigneten Kriterien zu segmentieren, quasi „auf dem Reisbrett“. Die Segmentierung erfolgt dann anhand von theoretisch begründeten Kriterien, die auch zu anderen Zielgruppenstrukturen führen können als z.B. die oben genannten. Da obige Zielgruppen der Regionalmarketingpraxis und nicht der Anwendung von Segmentierungskriterien entstammen, sollen hier die Alternativen aus der bisherigen Theorie genauer betrachtet werden, um auch zu zeigen, welche Segmentierungskriterien im Regionalmarketing sinnvoll sind.

Marktsegmentierung im Regionalmarketing

Eine differenzierte Zielgruppenorientierung war bislang kaum Gegenstand der Regionalmarketingliteratur. So gibt es zur Segmentierung der Zielgruppen von Regionen derzeit kaum Literatur. Manschwetus weist ausdrücklich darauf hin, daß hier noch Forschungsbedarf besteht (Manschwetus 1995, S.235). Wie aus diesem Abschnitt hervorgehen wird, gibt es zwar schon Beiträge zu Teilbereichen bzw. einzelnen Zielgruppen des Regionalmarketing, sie beschäftigen sich jedoch nicht übergreifend mit der Segmentierung der Zielgruppen des Regionalmarketing.

Eine grobe Unterteilung der Zielgruppen des Regionalmarketing wird von Schneider vorgeschlagen (Schneider 1992, S.70ff.). Einteilungskriterium ist für sie die Art des Interesses an der Region. Dieses kann investiv oder konsumtiv sein (siehe Tabelle 15). Kritisiert wird an diesem Ansatz jedoch, daß bei einer Person bzw. Entscheidungseinheit meist mehrere Anspruchsprofile gleichzeitig auftreten. So müssen beispielsweise Entscheidungseinheiten, die in der Stadt/ Region ein Unternehmen gründen und wohnen wollen, Wirtschafts- und Wohnqualitäten gegeneinander abwägen. Eine tiefgehende Systematik der Zielgruppen ist also angeraten.

Bindung an die Stadt / Bedarfskategorie	**Residenten (Bürger, Unternehmen)**	**Pendler**	**Touristen**
konsumtiv	konsumtive Wohnbürger	Einkaufspendler	Freizeittouristen
investiv	Unternehmen/ Arbeitnehmer	Berufspendler	Geschäftstouristen

Tab. 15: Beispiel für eine Segmentierung im Regionalmarketing (Schneider 1992, S.71)

Hierzu können die Vorschläge von Manschwetus genannt werden: Er trennt Unternehmen in Investoren, bereits ansässige Betriebe und Existenzgründer. Als weiteres Abgrenzungskriterium schlägt er die Betriebsgröße vor (Manschwetus 1995, S.233f.).

Für Zielgruppen in Verwaltungen, insbesondere potentielle Geber von Fördermitteln, gibt es ebenfalls schon weitergehende Segmentierungsansätze (Schneider 1992, S.68ff.). So werden öffentliche Donatoren in der Finanzausgleichssystematik nach Interaktionsanlaß und den jeweils involvierten Typen von Verhandlungspartnern klassifiziert. Es werden dabei die „verwaltungsorientierten Bürokraten“, die „karriereorientierten Bürokraten“ und die „politisch-administrativen Entscheidungseliten“ unterschieden. Dieser verhaltensorientierte Weg zur Segmentierung von Zielgruppen führt schon zu einer teilweisen Berücksichtigung der Entscheidungsprozesse der Zielgruppen. Im Vergleich zu dem eher intuitiven Ansatz von Schneider gibt es in der Forschung jedoch schon erste systematische Verfahren zur Charakterisierung der Entscheidungsprozesse für Standortwahlentscheidungen, so z.B. von Kotler/Haider/Rein (1994).

Diese Autoren untersuchten in einem Beitrag zum Standortmarketing verschiedene Verhaltenstypen in einem mehrstufigen Entscheidungsprozeß (Kotler/Haider/Rein 1994, S.69ff.). Natürlich beschäftigt sich Standortmarketing nur mit einem Teil der Zielgruppen des Regionalmarketing, den Investoren. Dieser stellt jedoch eine große und heterogene Gruppe dar. Sein Beitrag gibt damit wertvolle Anhaltspunkte für eine übergreifende Betrachtung der Problematik. Kotler gliedert den Entscheidungsprozeß in die Phasen Problemerkennung, Informationsbeschaffung, Bewertung alternativer Standorte, Kaufentscheidung und Verhalten nach dem Kauf.

Für die "Kaufentscheidung" eines Standortes einer Organisation spielen beispielsweise unterschiedliche Kauftypen eine Rolle (Kotler/Haider/Rein 1994, S.81f.). Sie sind zum Teil in unterschiedlichen Phasen des organisationalen Entscheidungsprozesses zu berücksichtigen und sollten möglichst getrennt angesprochen werden. So spielen am Anfang des Entscheidungsprozesses eher leicht beeinflußbare "Kaufinteressierte" eine Rolle. Sie stellen in der Regel nur allgemeine Fragen, um Optionen einzugrenzen. "Pedanten" verlangen hingegen nach spezifischen Daten. Dieser Kauftyp tritt in der Regel erst dann auf, wenn Vorentscheidungen schon gefällt sind. "Schleifer" haben ein sehr hohes Anspruchsniveau und sind dadurch zu überzeugen, daß sich die Region klar von Wettbewerbern abgrenzt. Auch dieser Kauftyp tritt eher in späteren Phasen auf. "Kauflustige" sind weniger an Verhandlungen als an der eigentlichen Entscheidung interessiert. Des weiteren gibt es in Organisationen meist "Schachfiguren", die letztlich entscheiden oder Entscheidungen im Unternehmen in besonderem Maße beeinflussen. Diese Personen sind meist nicht die unmittelbaren Kontaktpersonen. Es gilt also herauszufinden, wer sie sind, um sie dann gezielt anzusprechen.

Derartige theoretische Überlegungen können also nur zu Differenzierungen in Teilbereichen der Zielgruppen geben (oben z.B. nur für die Investoren). Eine vollständigere als die obige Aufteilung der Zielgruppen kann die Theorie also bislang nicht liefern. Sie sollte daher für die Marktsegmentierung herangezogen werden.

Auswahl der Zielgruppen und zielgruppenspezifische Ziele

Es ist nun den Entscheidern einer Region überlassen, auf der Basis der Marktforschung diejenigen Zielgruppen / Segmente bzw. Teile der Zielgruppen auszuwählen, die für das Regionalmarketing zu priorisieren sind. Denn i.d.R. dürften nicht alle Zielgruppen zumindest in gleicher Intensität angegangen werden. Derartige Entscheidungen erfolgen natürlich unter einem erheblichen politischen Einfluß und der z.T. konkurrierenden Ziele der relevanten Gruppen in einer Region. Ungeachtet dieser in praxi wohl bestimmenden Entscheidungsparameter können formale Kriterien bei der Auswahl der Zielgruppen herangezogen werden. Werden zunächst die obigen groben Zielgruppen ausgewählt, so ist ein zweistufiges Vorgehen sinnvoll:

1. Aufstellung einer Prioritätenlisten zwischen den groben Zielgruppen / Segmenten.
2. Bildung von Teilzielgruppen innerhalb der priorisierten Zielgruppen / Segmente.

- Zu 1: Die Wahl der groben Zielgruppen / Segmente (s.o.) sollte insbesondere den obigen Zielen zum Image, zum ULP und damit zur grundsätzlichen Ausrichtung bzw. der Positionierung der Region folgen. Denn diejenigen Zielgruppen sind zuerst anzusprechen, deren Wünsche mit dem gewünschten Profil der Region korrespondieren. So wird eine auf Natur und Tourismus ausrichtete Region sich wohl kaum zuerst an internationale Industrieinvestoren wenden, sondern Touristen und Touristikunternehmen ansprechen. Hohe Priorität sollten auch diejenigen Zielgruppen erhalten, die durch die Region bislang erreicht wurden. Denn zu den bestehenden Zielgruppen existieren Bindungen, Kenntnisse und Erfahrungen. Dies mag zunächst wenig vorwärts gewandt erscheinen, jedoch kann auch ein völlig neues Regionalmarketing nicht sofort bestehende Strukturen ignorieren und so bisherige Zielgruppen - und damit „Kunden" - einer Region außer Acht lassen und ggf. verärgern. Zudem ist es für jede Region, wie für ein Unternehmen auch, recht gefährlich, bestehende „Kunden" durch eine radikale Umkehr zu verlieren, solange nicht neue Zielgruppen erfolgreich erschlossen wurden. Weiter sind für die Wahl nicht nur Parameter auf der Angebotsseite (Soll-Image, Soll-Positionierung, ULP, Ist-Zustand) heranzuziehen, sondern auch Parameter der Nachfrage, d.h., es ist die Attraktivität der Region der Zielgruppen als Auswahlkriterium heranzuziehen. Diese Attraktivität kann für eine Region u.a. nach folgenden Kriterien bemessen werden:

- Volumen der Zielgruppe / des Segmentes (Zahl der potentiellen „Kunden"),
- Kaufkraft der Zielgruppe (z.B. Mehrtagesurlauber statt Pfadfinderausflügler),
- meinungsführende Wirkung der Zielgruppe für andere Zielgruppen (z.B. wenn man prominente Touristen für die Region gewinnt),
- monetäre Wirkungen und Image-Wirkungen für die Region, wenn sich die Zielgruppe erfolgreich akquirieren läßt (z.B. renommierte Unternehmen als Investoren, Prominente),
- Nachfrage-Angebotssituation, Konkurrenzsituation und damit Erfolgswahrscheinlichkeit der Bearbeitung (z.B. sind Zielgruppen, um die sich alle Regionen bemühen, weniger attraktiv als vergleichbare Gruppen, die bisher noch von den Konkurrenten vernachlässigt wurden),
- Erreichbarkeit der Zielgruppe durch das Marketing der Region (z.B. dürfte es leichter sein, Unternehmen aus der naheliegenden Großstadt in den Speckgürtel zu ziehen als internationale Investoren),
- Eigenschaften der Zielgruppen, die den Zielen des Regionalmarketing besonders zuträglich sind (z.B. besondere Imageträger).

Sind entsprechende Zielgruppen priorisiert worden, so ist es selbstverständlich, daß auch die entsprechenden Mittler zu den Zielgruppen hohe Priorität erhalten müssen.

- Zu 2: Dieser Schritt verläuft im Prinzip in gleicher Weise wie Schritt 1, jedoch werden aus den groben Zielgruppen / Segmenten nun Teilzielgruppen / Untersegmente gebildet und ausgewählt. Die folgende Tabelle 16 stellt weitere Kriterien zusammen.

grobe Zielgruppe	Auswahlkriterien für Untersegmente in den groben Zielgruppen: gemeinsame Auswahlkriterien	Auswahlkriterien für Untersegmente in den groben Zielgruppen: spezielle Auswahlkriterien
die Bevölkerung / Öffentlichkeit in der eigenen Region	Rolle als Meinungsführer Erreichbarkeit durch das Regionalmarketing, Kosten, vorhandene Marketinginstrumente besondere Eigenschaften und Image der Teilzielgruppe in der Gesellschaft und deren Bedeutung für das Soll-Image der Region	keine Differenzierung zu empfehlen, da anderenfalls Unruhe und Diskussionen entstehen könnten
die allgemeine Öffentlichkeit		-
Investoren (fremde wie ortsansässige)		gemäß bestehender / geplanter Wirtschaftsstruktur, Wachstumspotential
Touristen / Urlauber		gemäß bestehendem / geplantem Tourismus- und Freizeitangebot
Kulturinteressierte, Freizeitinteressierte		nach Kontakten, gem. spezifischem Angebot an Kultur und Freizeit
Arbeitskräfte		gemäß bestehender / geplanter Wirtschaftsstruktur
regionsfremde Familien zwecks Ansiedlung		korrespondierend mit Arbeitsplatzangebot in der Region oder einer nahen Großstadt, nach Freizeitinteressen
Meinungsführer aus Kultur, Politik und Gesellschaft		gemäß bestehenden Kontakten
Vertreter aus Unternehmen		gemäß bestehender / geplanter Wirtschaftsstruktur, gemäß bestehenden Kontakten, Wachstumspotential, Investitionsneigung der Unternehmen
Vertreter aus Tourismusunternehmen		gemäß bestehenden Kontakten

Tab. 16: Kriterien zur Auswahl von Teilzielgruppen

In der Folge eines solchen Vorgehens entsteht mitunter ein gestreutes Feld von (Nischen-)Segmenten aus den Zielgruppen. Ein Beispiel zeigt die bereits mehrfach zitierte Studie aus dem Jahre 1995, in der folgende Zielgruppen gewählt wurden (obige Tabelle). Die Teilzielgruppen / Untersegmente orientieren sich dabei an den Zielgruppen, die im Mediadaten-Bericht AWA (Allensbach Werbeanalyse 1995) benannt sind:

- Gruppe 1: Allgemeine Meinungsführer, die sich selbst als solche ausweisen ("Meinungsführer").
- Gruppe 2: Allgemeine Meinungsführer, die aufgrund ihrer Persönlichkeit auf ihre Umwelt starken Einfluß ausüben ("Persönlichkeitsstarke").
- Gruppe 3: Allgemeine Meinungsführer, die nach ihrem gesellschaftlichen und wirtschaftlichen Status zu den oberen 20% Deutschlands gehören ("Top-20").
- Gruppe 4: Meinungsführer in Wirtschaftsfragen, die besonders an Wirtschaftsinformationen interessiert sind ("Wirtschaftsinformationsinteressierte").
- Gruppe 5: Meinungsführer im Kulturbereich, die regelmäßig in die Oper, ins Theater oder ins Schauspielhaus gehen ("Kulturinteressierte").
- Gruppe 6: Meinungsführer in Politikfragen, die sich besonders für Politik interessieren ("Politikinteressierte").
- Gruppe 7: Meinungsführer für Freizeit und Erholung, die sich besonders für Freizeit- und Erholungsmöglichkeiten in der Natur interessieren ("Freizeitsportler").
- Gruppe 8: Meinungsführer für Urlaubsziele, da es Personen sind, die als Urlaubsentscheiderexperten gelten ("Urlaubsentscheiderexperten").
- Gruppe 9: Allgemeine Innovatoren, die aufgrund dieser Funktion auch meinungsführende Wirkung besitzen können ("Innovatoren").
- Gruppe 10: Allgemeine zukunftsorientierte Personen, die aufgrund dieses Interesses auch meinungsführende Wirkung besitzen können ("Zukunftsorientierte").
- Gruppe 11: Studenten als potentielle Bewohner der Region (z.B. für Universität) und auch als Meinungsführer im Hochschulbereich ("Studenten").
- Gruppe 12: Personen, die ggü. Werbung aufgeschlossen und daher für eine Imagekampagne als Zielgruppe interessant sind (werbungsgeleitete Meinungsführer) ("Aufgeschlossene").
- Gruppe 13: Personen, die gerne Kurzurlaube und insbesondere Städtereisen machen, als interessante potentielle Tourismuszielgruppe ("Kurzurlauber").
- Gruppe 14: Personen, die in den letzten 12 Monaten Urlaub im Inland machten, als interessante potentielle Tourismuszielgruppe ("Inlandsurlauber").
- Gruppe 15: Personen, die in den letzten 12 Monaten Urlaub in den alten Bundesländern machten, als interessante Meinungsbildungsgruppe ("Urlauber alte Bundesländer").
- Gruppe 16: Personen, die in den letzten 12 Monaten Urlaub in den neuen Bundesländern machten, als interessante Meinungsbildungsgruppe zum Vergleich zu Gruppe 15 ("Urlauber neue Bundesländer").
- Gruppe 17: Ledige, Verwitwete oder Geschiedene unter 40 Jahren ohne Partner, als interessante potentielle Wohnbevölkerung ("Junge Unverheiratete").
- Gruppe 18: Verheiratete oder unverheiratete Paare unter 40 Jahren ohne Kinder, als interessante potentielle Wohnbevölkerung ("Junge Paare ohne Kinder").
- Gruppe 19: Verheiratete oder unverheiratete Paare unter 40 Jahren mit kleinen Kindern, als interessante potentielle Wohnbevölkerung ("Junge Familien").

Tab. 17: Ausgewählte Zielgruppen für die Region Frankfurt (Oder)

Ein solch breit gestreutes Spektrum von Zielgruppen / Segmenten ist aber im Interesse eines möglichst homogenen, geschlossenen Marketing einer Region nicht zu wünschen. Daher ist zu prüfen, inwieweit sich die verschiedenen Teilzielgruppen / Untersegmente wieder zu größeren Segmenten zusammenfassen lassen. Eine Zusammenfassung bedeutet aber ein Anwachsen der Heterogenität innerhalb der neu entstandenen Segmente. Es ist den Betreibern des Regionalmarketing überlassen, einen sinnvollen und pragmatischen Mittelweg bei der Zusammenfassung zu wählen. So wurden in der bereits benannten Studie von 1995 die vielen Einzelsegemente nach ähnlichen Ist-Image-Profilen zusammengefaßt. Diese Cluster, also zusammengefaßte Segmente, erhielten einen aussagekräftigen Namen (Tabelle 18):

- "Die Erfolgreichen": Sie rekrutieren sich aus der (Allensbach-)Gruppe "Persönlichkeitsstarke" und "Top 20".
- "Die fachspezischen Meinungsführer": Sie bestehen aus den Gruppen Politik-, Zukunfts- sowie Wirtschaftsinteressierte, Innovatoren und allgemeine Meinungsführer.
- "Die Urlauber": Sie bestehen aus den Gruppen Freizeitsportler, Kurzurlauber, Inlandsurlauber, Urlauber in den alten sowie neuen Bundesländern und Urlaubsentscheiderexperten.
- "Die jungen Privatleute": Sie bestehen aus den Gruppen Studenten, unverheiratete Paare, Paare ohne Kinder, junge Familien und gegenüber Werbung aufgeschlossene Personen.
- "Die Kulturinteressierten": Sie sind mit der obigen Gruppe aus der AWA identisch.

Tab. 18: Zusammengefaßte Marktsegmente in einer Regionalmarketingstudie des Autors aus dem Jahre 1995 für die Region Frankfurt (Oder)

Entsprechend dieser Auswahl sind je Zielgruppe ggf. geringere oder größere Bestrebungen zur Erreichung des Soll-Images, eines gefestigten CIs und einer Positionierung im Konkurrenzverhältnis zu anderen Regionen festzulegen. Denn der Ist-Wert für eine Imagekomponente kann je nach Zielgruppe differieren, was auch den Abstand zum Soll-Wert unterschiedlich groß werden läßt und damit auch unterschiedliche Anstrengungen verlangen mag. Gleiches gilt für Bekanntheit oder Positionierung.

Daher kann es auch sinnvoll sein, je Zielgruppe die Positionierungsziele, das ULP oder auch das Soll-Image zu differenzieren bzw. unterschiedlich zu gewichten. Dies darf jedoch nicht zu weit gehen, da andernfalls das gesamte Regionalmarketing unglaubwürdig wirken könnte, denn aufgrund immer vorhandener Überschneidungen zwischen den Zielgruppen kann es dazu kommen, daß derselben Zielperson unterschiedliche Vorstellungen von der Region vermittelt werden.

Die größten Differenzen zwischen den Zielgruppen / Segmenten ergeben sich jedoch in den zu wählenden und zu gestaltenden Strategien und in den Maßnahmen im Marketing-Mix. Die möglichen Optionen für das Regionalmarketing werden in den folgenden Kapiteln weiter erläutert.

Zusammenfassung

Die folgende Abbildung 27 stellt noch einmal die wesentlichen Elemente und Schritte der Marktsegmentierung und -auswahl dar:

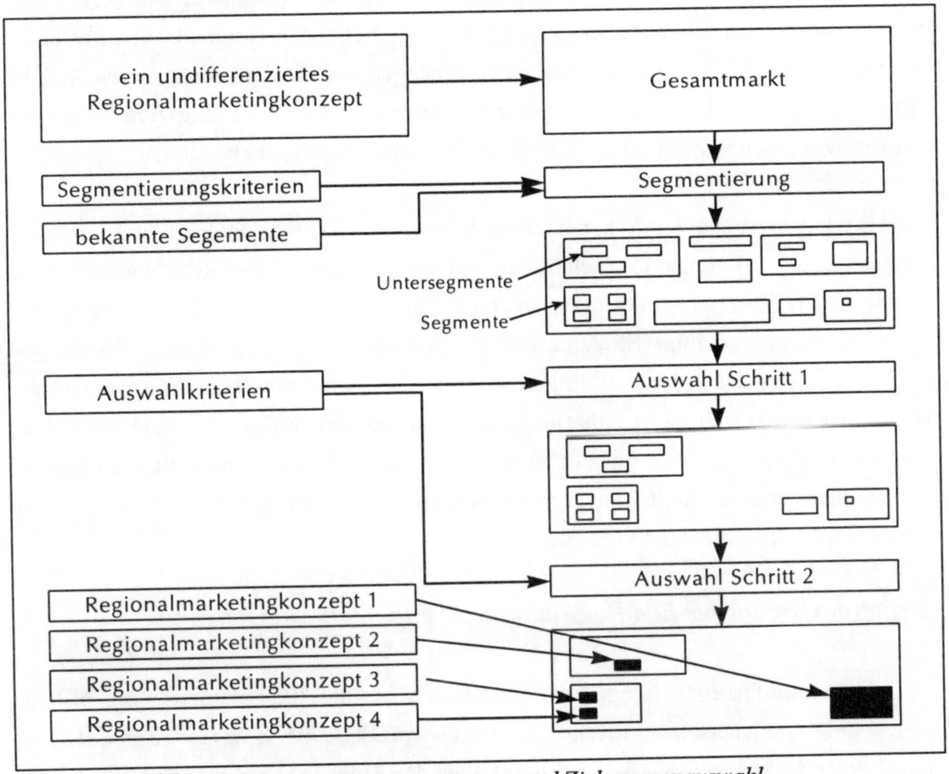

Abb. 27: Elemente und Schritte der Segmentierung und Zielgruppenauswahl

4.2.3.4 Strategien des Regionalmarketing

Aus den oben beschriebenen Zielen können nun die strategischen Stoßrichtungen (Strategien) abgeleitet werden. Strategien sind langfristig angelegte Handlungspläne, sie geben den Handlungskorridor für taktische bzw. operative Maßnahmen vor (Becker 1998, S.140ff.). Mit den Strategien werden weitergehende Entscheidungen zur

Marktwahl und -abdeckung (s.o.), zum Verhalten gegenüber Marktteilnehmern und zu den Schwerpunkten im Einsatz der Marketinginstrumente getroffen (Meffert 1994, S.109). Damit müssen auch alle Faktoren beachtet werden, die die Handlungsmöglichkeiten des Regionalmarketing langfristig einschränken können (Balderjahn 1995, S.29). Das betrifft z.B. Fragen der Organisation, der Finanzierung und der Personalkapazität.

Zur Systematisierung von Strategien haben sich im unternehmerischen Marketing viele Kataloge und Modelle entwickelt (siehe dazu u.a. Becker 1998). Man kann zunächst zwischen Partialansätzen und integrativen Ansätzen unterscheiden (Meffert 1994, S.109). Partialansätze behandeln lediglich einen Ausschnitt des strategischen Entscheidungsproblems. Integrative Ansätze sollen hingegen eine Gedankenstütze zur Abdekkung des gesamten Entscheidungsspektrums bieten. In der Forschung zum Regionalmarketing werden sowohl integrative als auch partiale Ansätze behandelt.

Eine Strategiengruppe wurde bereits oben erläutert, als das Regionalmarketing in Massenmarketing, differenziertes, selektives und konzentriertes Marketing unterschieden wurde (sogn. Marktparzellierungsstrategien). Darüber hinaus können aus dem klassischen Marketing weitere Strategiekonzepte auf das Regionalmarketing übertragen werden. Es wäre hier jedoch müßig, diese große Zahl vollständig enumerativ aufzuführen. Daher sollen sich die Ausführungen hier auf die wesentlichen konzentrieren. Um einen Überblick über das Entscheidungsspektrum im Regionalmarketing zu geben, werden hier zunächst die integrativen Ansätze analysiert. Einige weitere wichtige Strategien werden anschließend vorgestellt.

Strategiekonzept für das Regionalmarketing nach Manschwetus

Der einzige umfassende integrative Ansatz, den es zum Regionalmarketing bislang gibt, wurde von Manschwetus erarbeitet (Manschwetus 1995, S.237ff.). Zur Entwicklung der strategischen Grundkonzeption schlägt der Autor vor, mehrere Entscheidungsebenen zu berücksichtigen. Die Gesamtstrategie ergibt sich dann nach der im unternehmerischen Marketing entwickelten Methode des morphologischen Kastens (Zwicky 1966) aus dem Zusammenspiel der einzelnen Strategieelemente. Die von Manschwetus vorgeschlagenen Entscheidungsebenen des Regionalmarketing und der daraus entstehende morphologische Kasten zeigt die Tabelle 19.

Entscheidungsebenen	Ausprägungen				Beispiel
Leistungskern	a1	b1	c1	... n1	nachwachsende Rohstoffe
Segmentierung	a2	b2	c2	... n2	Mittelstand
Stimulierung	a3	b3	c3	... n3	Qualifikation / Bildung
Areal	a4	b4	c4	... n4	ländlicher Raum
Kooperation	a5	b5	c5	... n5	angrenzende Landkreise

Tab. 19: Entscheidungsebenen des Regionalmarketing (morphologischer Kasten) (in Anlehnung an Manschwetus 1995, S.257)

Die von Manschwetus vorgeschlagenen Strategieebenen spiegeln fast (bis auf die Arealstrategien) vollständig die in der Standardliteratur zum Marketing vorgeschlagenen Strategiedimensionen wider. Beispiele für konkrete Ausprägungen in den Entscheidungsebenen können der Tabelle 19 entnommen werden. Auf den dort dargestellten Ebenen werden folgende Strategieentscheidungen getroffen (Manschwetus 1995, S.238f.):

- Leistungskernstrategien: Bestimmung der Wirtschaftsbereiche (Branchen, Branchencluster), die als Leistungskerne Träger der regionalen Entwicklung sein sollen.
- Segmentierungsstrategien: Identifizierung und Auswahl der relevanten Zielgruppen, wie es oben bereits diskutiert wurde.
- Stimulierungsstrategien: Festlegung der Vorgehensweise zur Marktbeeinflussung, das „wie" der Marktbearbeitung (z.B. sich als kostengünstiger oder als teurer, aber mit reichhaltigem Angebot ausgestatteten Standort darzustellen).
- Arealstrategien: Fixierung räumlicher Schwerpunkte in der Region (z.B. Marketing für die ländlichen Teile einer Region). Hier weicht Manschwetus von der Auffassung über Arealstrategien im unternehmerischen Marketing ab, die eine Arealaufteilung an der geographischen Verteilung der Zielgruppen festmacht (local, regional, national, international und global Marketing). Eine derartige Übertragung findet sich z.B. bei Spieß (1998, S.107f.).
- Kooperationsstrategien: Suche nach geeigneten Kooperationspartnern, d.h. mit wem in- und außerhalb der Region das Marketing betrieben wird.

Strategiekonzept für das Regionalmarketing nach Schneider

Als eine Partialstrategie, die für das Regionalmarketing eine sinnvolle methodische Hilfe bei der Entwicklung von Strategien bilden kann, wird im folgenden die Ansoff-

Matrix vorgestellt. Sie eignet sich als Instrument, konsequent auf eine regionale Identität hinzuarbeiten und den tatsächlichen Versuch zu unternehmen, die vielfältigen Ziele und Interessen in einer Region zu integrieren. Zu jeder Zielgruppe/Angebot-Kombination muß bestimmt werden, ob eine Entwicklung, eine Erhaltung oder ein Rückzug angestrebt werden soll. So zwingt die Ansoff-Matrix, Entscheidungen zu sämtlichen Märkten der Region zu treffen. Gerade an dieser Systematik mangelt es in der Praxis. Die Ansoff-Matrix wurde von Schneider aus dem unternehmerischen auf den regionalen Kontext übertragen (Schneider 1992, S.76ff.). Im unternehmerischen Marketing beinhaltet die Ansoff-Matrix die vier Strategientypen Marktdurchdringung, Martentwicklung, Produktentwicklung und Diversifikation (Meffert 1994, S.110). Im folgenden wird die Ansoff-Matrix für die Region dargestellt.

Städtisches Angebot / Zielgruppen	**erhalten**	**einschränken**	**entwickeln**
erhalten	Konsolidierung	Reduktion (I)	Revitalisierung
einschränken	Reduktion (II)	Kontraktion	Restrukturierung (I)
entwickeln	Akquisition Konversion Synchronisation	Restrukturierung (II)	Entwicklung

Tab. 20: Ansoff-Matrix für die Region (Schneider 1992, S.77)

Der Ansatz von Schneider geht dabei über den Ansatz aus dem unternehmerischen Marketing hinaus, da das Portfolio um Konsolidierungs- und Kontrahierungsstrategien erweitert wurde. Im regionalen Kontext sind die einzelnen Strategien wie folgt zu beschreiben:

Im Rahmen der *Konsolidierungsstrategie* werden die bisherigen Aktivitäten möglichst effizient fortgeführt und das Umfeld der Stadt hinsichtlich stabilitätsgefährdender Entwicklungen überwacht. Voraussetzung ist, daß der städtische Wohn-, Erwerbs-, Produktions- und Freizeitbedarf durch vorhandene Kapazitäten gedeckt werden kann. Diese Strategie ist dann angebracht, wenn eine Ausweitung der Kapazitäten zu hohen Folgekosten oder die Ansprache neuer Zielgruppen nur zu Lasten der Stammkunden möglich wäre.

Die Strategie *Reduktion I* sieht vor, das Angebotsspektrum einzuschränken, wobei die Stammkunden weiterhin erhalten werden sollen. Diese Strategie eignet sich für die Fälle, in denen ein Wachstum mit progressiv steigenden Kosten und degressiv steigendem Nutzen verbunden ist. Eine solche Situation liegt beispielsweise dann vor, wenn ein Technologiepark überdimensioniert errichtet wurde oder wenn in der Region vor allem Branchen ohne Zukunftsperspektive tätig sind. Auch bei der Möglichkeit, bestimmte Leistungen im Angebotsverbund mit anderen Regionen zu erstellen, bietet diese Strategie eine sinnvolle Alternative. Diese Strategie sollte jedoch nicht dauerhaft verfolgt werden, da sie dann die Bindung der Stammkunden an die Stadt gefährden könnte.

Mit einer *Revitalisierungsstrategie* wird das städtische Angebot verbessert bzw. erweitert, um den Ansprüchen der Stammkunden besser begegnen zu können. Eine solche Strategie wird dann erforderlich sein, wenn die Ansprüche der bestehenden Zielgruppen gestiegen sind. Dies kann beispielsweise eine Folge optimierter Angebote von Konkurrenzregionen sein. Dem kann begegnet werden, indem die subjektive Standortqualität erhöht wird, d.h. der Bekanntheitsgrad erhöht oder das Image verbessert wird. Weiter ist davon auszugehen, daß wenn in der Vergangenheit wenige oder keine konsolidierenden Maßnahmen getroffen wurden, ein sogenannter "schleichender Verfall" auftritt. Dies macht wiederum eine Verbesserung der objektiven Standortqualität erforderlich, beispielsweise durch Sanierungsmaßnahmen oder Reparatur von Straßen.

Unter *Reduktion II* werden Strategien verstanden, die unter Beibehaltung der Standortqualität zu einer Ausdünnung der Bedarfsträger führt. Hiermit kann das Leistungsprogramm so umstrukturiert werden, daß primär Schlüsselkunden berücksichtigt werden. Auch diese Strategie ist natürlich nur in einer Übergangsperiode denkbar.

Unter *Akquisition* wird ein selektives Marketing für neue Zielgruppen verstanden. Mittels einer *Synchronisationsstrategie* sollen Angebot und Nachfrage aufeinander abgestimmt werden. Sie ist dann notwendig, wenn die Nachfrage saisonal oder außerperiodisch schwankt oder wenn falsch geplant wurde. Beispiele für saisonale Bedarfsschwankungen sind die Energie- und die Wasserversorgung und die gesamte Infrastruktur einer Stadt. Mittels der *Konversionsstrategie* sollen gezielt diejenigen potentiellen Kunden einer Stadt, die dieser ablehnend gegenüberstehen, angesprochen werden.

Diese Strategie spielt insbesondere für die neuen Bundesländer eine Rolle, die teilweise Mangel an qualifizierten Arbeitnehmern haben und sich erheblich bemühen müssen, qualifizierte Arbeitnehmer aus den alten Bundesländern anzuwerben.

Kontraktion bedeutet einen gleichzeitigen Abbau von Leistungs- und Bedarfssegmenten. Ein Beispiel hierfür ist der Abbau wettbewerbsschwacher Altindustrien.

Im Rahmen der *Restrukturierung* werden Marketingbemühungen auf eine geringe Anzahl von Zielgruppen verengt und die dadurch frei werdenden Ressourcen in die Entwicklung des Leistungsangebots umgelenkt.

Die *Expansionsstrategie* kann drei unterschiedliche Formen annehmen: Umfassend angelegte Expansion in allen Leistungsbereichen der Region, selektive Expansion oder Bestandspflege, um durch eine bessere Ausschöpfung endogener Potentiale die Nutzung des bestehenden Angebots zu intensivieren.

Weitere Strategien für das Regionalmarketing

Neben diesen, speziell für das Regionalmarketing entwickelten Strategiekonzepten lassen sich auch eine Vielzahl weiterer, im klassischen Marketing bekannten Strategien übertragen. Es soll jedoch - wie oben erläutert - darauf verzichtet werden, diese große Zahl aufzuführen. Vielmehr sollen hier zwei Strategien aus der klassischen Marketingtheorie aufgegriffen werden, die eine sinnvolle Übertragung auf das Regionalmarketing zulassen, d.h.

- die Anwendung der Imagetransferstrategien für eine Region und
- die Übertragung der Porterschen Wettbewerbsstrategien auf Regionen.

Darüber hinaus sollen zwei Strategien vorgeschlagen werden, die auch in der Regionalmarketingpraxis wiederzuerkennen sind. Es sind Instrumentalstrategien, die sich an den Instrumenten des Regionalmarketing-Mix (Standort- und Leistungspolitik, Kommunikationspolitik, Kontrahierungspolitik, s.o.) orientieren:

- die Key-Ressource-Strategie und
- die Event-Strategie.

Imagetransferstrategie

Teile oder sogar das gesamte Soll-Image, das eine Region anstrebt, werden nicht gänzlich neu sein. Sie können sich vielmehr im Image von Personen, Unternehmen und verschiedentlichen Einrichtungen, von Sport- und Kulturarten und -veranstaltungen oder sogar von Regionen wiederfinden. Unter bestimmten Voraussetzungen kann daher die Region versuchen, das eigene Image durch den Transfer von anderen Einrichtungen oder Personen zu verändern. Hierzu gibt es eine Reihe von Erkenntnissen aus dem Transfer des Images einer Marke auf ein - mitunter völlig anderes - Produkt (z.B. das Image, das mit dem Markenmanen einer Modemarke verbunden ist, wird durch die gleiche Bezeichnung auf ein Parfum übertragen) (Meyerhofer 1995). Aber nicht nur die Nutzung eines Markennamens kann diesen Transfer auslösen, sondern auch eindrucksstarke Objekte bzw. Produkte können auf andere ausstrahlen (Trommsdorff 1998, S.162f.).

Es ist für das eigene Regionalmarketing daher sinnvoll, eine große Nähe zu derartigen Imageträgern zu erzeugen und so von einem möglichen Transfer des Image des Trägers auf die eigene Region zu profitieren. Diese Nähe kann im gesamten Regionalmarketing-Mix erzeugt werden:

- Standort- und Leistungspolitik: Für den Transfer steht der Region ein unüberschaubar großes Spektrum an Objekten und Aktivitäten zur Verfügung. Wesentlich ist, daß Objekt oder auch Aktivität als Leistung der Region bei den Zielgruppen verstanden wird. So übertragen Golfsportveranstaltungen in einer Region den Transfer des „edlen" und „elitären" auf die Region, und die Ansiedlung großer Computerfirmen lassen die Region als Elektronikstandort mit erfolgreicher Zukunft erscheinen.
- Kommunikationspolitik: Transfer läßt sich hier durch die inhaltliche und äußerliche Gestaltung der Kommunikationsbotschaft erreichen(z.B. Aussagen, Begriffe, die mit einem Image belegt sind, Farben, so z.B. mit einen Claim „Silicon Valley Deutschlands", um Investoren den Eindruck zu vermitteln, eine Region würde die Bedingungen und Entwicklung bieten, die vom Silicon Valley in den USA her bekannt sind). Ebenso kann durch den Einsatz von Testimonals, insbesondere reputierter Personen oder Einrichtungen (z.B. Universitäten), in der Kommunikation ein Imagetransfer erreicht werden. Ein Beispiel ist der Einsatz des Sportlers Henry Maske für die Region Frankfurt (Oder). Zudem hat es Einfluß auf das Image einer Region, ob sie in einer anrüchigen Zeitschrift Werbeanzeigen schaltet oder in einer reputierten.

- Kontrahierungspolitik: Ein Imagetransfer gestaltet sich in diesem Instrumentalbereich recht schwierig, doch kann die Wahl von Kontaktpartnern außerhalb der Region den Zielgruppen deren Image als auch als das der Region vermittelt werden. So kann die Benennung einer renommierten Bank im Ausland als Ansprechpartner für Investitionsinteressenten einen positiven Einfluß auf deren Image besitzen.

Wettbewerbsstrategien nach Porter

Die Wettbewerbsstrategien von Porter (erstmals 1983, aktuell 1997) können auch auf Regionen übertragen werden. Nach Porter kann die Position eines Unternehmens nach der Marktabdeckung und der Ausrichtung der Stärken eines Unternehmens gegenüber der Konkurrenz eher in Richtung hoher Qualität oder in Richtung geringer Kosten dargestellt werden (Abbildung 28).

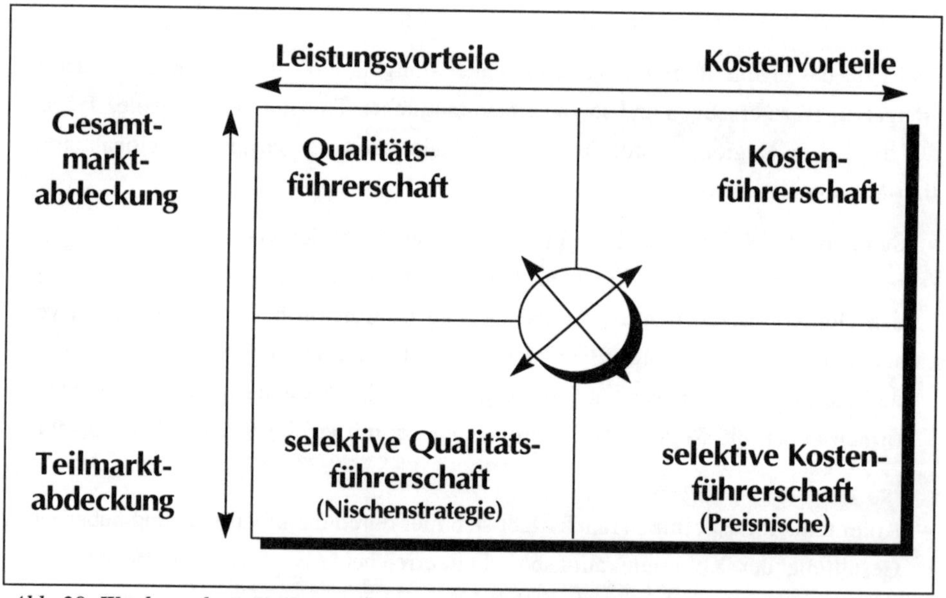

Abb. 28: Wettbewerbsstrategien nach Porter

Porter stellt fest, daß eine mittlere Position innerhalb dieser Dimensionen für ein Unternehmen gefährlich ist, da so keine besondere Stärke zu finden ist (sogn. „Stuck-in-the-middle-Problem"). Porter empfiehlt, sich in eine der vier Ecken seines Diagramms zu orientieren, d.h. eine der vier Strategien aufzugreifen. Die heißt entweder die Kostenführerschaft im gesamten Markt zu übernehmen oder, wenn dies nicht in der gesamten Breite möglich ist, so doch in einem Segment, in dem die Kostenführerschaft gesichert ist. Gleiches gilt für die Wahl einer Qualitätsführerschaft.

Diese Überlegungen von Porter sind sinnvoll auf eine Region übertragbar. So kann es für eine Region in der Nähe einer Großstadt sinnvoll erscheinen, günstigere Investitions-, Arbeits-, Wohn- und Lebensbedingungen als in der Stadt zu bieten, wenn auch die kulturellen Reize einer Großstadt erreicht werden oder die wissenschaftlichene und Verwaltungseinrichtungen weit entfernt sind (Kostenführerschaft). Auch können Kostenführerschaften durch staatliche Vorgaben entstehen, wie das Beispiel der Sonderzonen in Polen zeigt, die durch umfangreiche Steuer- und Gebührenerlässe für Investoren günstige Bedingungen zur Ansiedlung bieten, wenn auch die Standorte nicht eine Infrastruktur westlichen Niveaus anbieten. Eine Kostennische für Regionen entsteht u.a. dann, wenn z.B. gezielt durch besondere politische Situationen über Förderungen und Erlässe des Staates Kostenvorteile entstehen, so z.B. für die Zigarettenindustrie in Berlin bis Anfang der 90er Jahre. Qualitätsführerschaft ist insbesondere dort gegeben, wo allen Zielgruppen gute Bedingungen für die Interessen geboten werden. so z.B. in einer reizvollen Landschaft in unmittelbarer Näher zu einer Industrie-, Verkehrs- und Verwaltungsmetropole mit vielfältiger Wirtschafts- und Wissenschafts-, Freizeit- und Kulturstruktur (z.B. der Bay Area bei San Franzisko, USA). Selektive Qualitätsführerschaft zeigt sich dort, wo nur eine bestimmte Eigenschaft einer Region besonders ausgeprägt ist, wie an einem Verkehrsknotenpunkt oder der Himalaja für Touristen.

Key-Ressource-Strategie

Als Key-Ressourcen sollen hier besondere Personen, Einrichtungen oder Eigenschaften einer Region bezeichnet werden, die als besondere Stärken der Region gelten können. Dies können z.B. prominente Persönlichkeiten sein, die aus der Region stammen, eine renommierte Hochschule oder eine über die Region hinaus bekannte und geschätzte Veranstaltung. Mit einer Key-Ressource-Strategie werden diese besonderen Eigenschaften bzw. Stärken der Region im Marketingkonzept verwendet. Sie müssen für Testimonalwerbung (Werbung, die z.B. die Prominenten als Referenz beinhaltet) und Events (z.B. als Veranstaltungsort) herhalten, um das Image zu prägen. Damit ist dies eine Strategie, die lediglich die Maßnahmen im Rahmen der Kommunikation betrifft. Eine Key-Ressource-Strategie zielt insbesondere auf die Größen Positionierung und ULP ab. Aber auch für den Aufbau einer Corporate Identity ist sie geeignet, da sich die regionale Bevölkerung i.d.R. leicht mit den Key-Ressourcen identifizieren kann.

Event-Strategie

Zu den Kommunikationsstrategien gehört neben inhaltlichen und gestalterischen Festlegungen (Aussagen, Tonalität, Gestalt, Farbenwahl etc.) auch die grundlegende Zielrichtung der Kommunikationskampagne. So kann die Kommunikation am Anfang des Regionalmarketing der Bekanntmachung und Einführung der Region im internationalen Wettbewerb dienen (Einführungs- und Bekanntmachungskommunikation), die Region kann sich in Erinnerung bringen (Erinnerungskommunikation), oder mittels Kommunikation soll die Region in den Köpfen der Zielgruppen ein anderes Bild einnehmen (Umpositionierungskommunikation). Weiter sind strategisch die Kommunikationsarten (primär Werbung, Public Relations, Verkaufsförderung etc...) und die Kommunikationskanäle (z.B. Werbung in Zeitschriften, TV oder Radio etc., Verkaufsförderung nur ggü. bestimmten Zielgruppen) festzulegen. Eine kommunikationsrelevante Strategie erscheint beim Regionalmarketing gegenüber dem unternehmerischen Marketing besonders geeignet und soll daher hier hervorgehoben werden: der planmäßige Einsatz von Events. Events sollen hier Veranstaltungen aller Art umfassen, von der Sportveranstaltung über einen Kongreß bis hin zu einer Preisverleihung oder Eröffnung eines Gebäudes. Der Einsatz von Events ist besonders im Regionalmarketing gut geeignet, da bei geringem Mitteleinsatz eine hohe Öffentlichkeitswirkung erzielt werden kann. Mit Events kann die Darstellung der Region und die Ansteuerung einzelner Imagekomponenten direkt und mit kalkulierbarem Aufwand erreicht werden. Dabei wird der gleiche meinungsbildende Kanal (Presse) zur positiven Image-Veränderung verwendet, über den bisher das Ist-Image gebildet wurde. Weitere Vorteile des Event-Marketing für Regionen sind

- eine große Öffentlichkeitswirkung durch Berichterstattung in den Medien,
- vielfältige Steuerungsmöglichkeiten der Berichterstattung durch gezielte Information der Medien und
- die Identifikation der eigenen Wohnbevölkerung mit den Marketingzielen, da diese den Großteil der Besucher der Events ausmachen wird.
- Die Event-Strategie betrifft damit sowohl kommunikative Maßnahmen als auch - da Events Teil des "Produktes Region" sind - Maßnahmen zum Produkt selbst.

Eine Event-Strategie gibt den Handlungskorridor für alle Regionalmarketingmaßnahmen vor, die im Zusammenhang mit der Ausrichtung und Durchführung von Veranstaltungen stehen. Entscheidend beim Event-Marketing ist die zieladäquate Auswahl, Durchführung und Vermarktung der Veranstaltungen. D.h., die Events müssen die Kernstärken der Region herausstellen, einen Beitrag zur Erreichung des Soll-Image und insbesondere der ULP leisten sowie zur Ausbildung der Corporate Identity beitragen.

Zusammenfassung

Die Abbildung 29 faßt die wesentliche Strategien noch einmal zusammen:

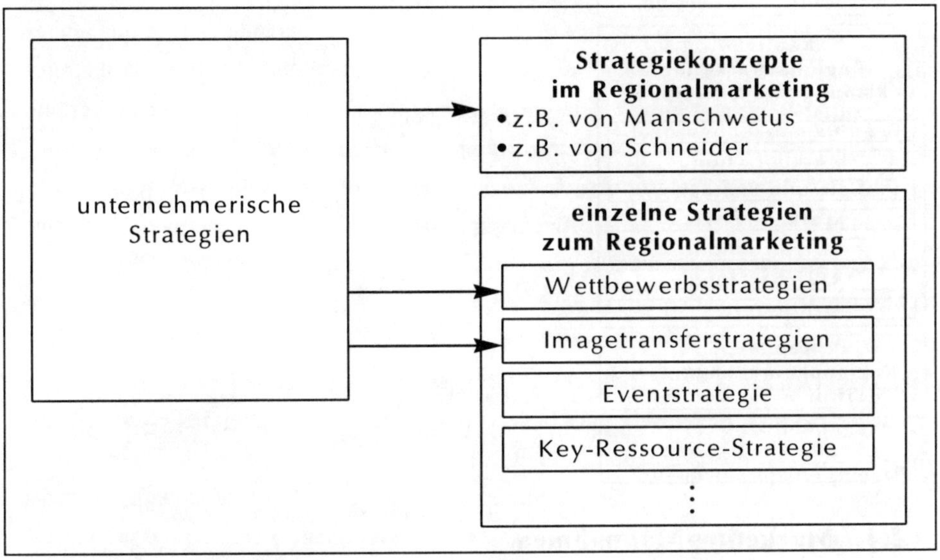

Abb. 29: Zusammenfassung der Strategien

4.2.4 Marketing-Maßnahmen

4.2.4.1 Überblick

In dieser Phase des Regionalmarketing werden die konkreten Marketingmaßnahmen erarbeitet. Darunter sind kurz- bis mittelfristige Verhaltenspläne zu verstehen, die die zur Realisierung der Strategien notwendigen Aktivitäten und Mittel detailliert festlegen. Die Festlegung der Aktivitäten (Marketing-Mix) und der dazu benötigten oder zur Verfügung gestellten Mittel (Budgetierung) sollte möglichst parallel geschehen, um unfinanzierbare Vorhaben zu vermeiden, es bedarf also durchdachter Pläne für die Maßnahmen.

Diese Maßnahmenpläne sind nicht ausschließlich operativer Natur, einige Entscheidungen sind lediglich eine weitergehende Ausführung der obigen Vorgaben (Instrumentalstrategien) und daher auch strategisch, so z.B. Inhalt und Trägergruppenwahl der Kommunikation oder Wahl der Kontrahierungskanäle.

Für die Maßnahmen stehen dem Marketing eine Reihe von Instrumenten zur Verfügung, deren Einsatz in ihrer Gesamtheit den Marketing-Mix darstellen. Für ihre Gestaltung im unternehmerischen Bereich ist die Literatur unüberschaubar (hier seien Nieschlag/Dichtl/Hörschgen 1997, Kotler/Bliemel 1996 und Meffert 1998 empfohlen).

Bereits im Kapitel 2.3 wurden drei zusammenfassende Gruppen dieser Instrumente speziell für das Regionalmarketing erarbeitet. Statt wie im klassischen Marketing zwischen Produkt, Kommunikation, Preis und Distribution zu unterscheiden, werden hier drei Instrumentalbereiche (Politiken) unterschieden:

- Standort- und Leistungspolitik,
- Kommunikationspolitik,
- Kontrahierungspolitik.

Bei dieser Unterscheidung wird erkennbar, daß Imageziele über die konkrete Veränderung von Eigenschaften der Region (dort, wo das schlechte Image auf Tatsachen aufbaut) oder lediglich durch eine die Realität besser darstellende Kommunikation erreicht werden (dort, wo lediglich das Image schlecht ist bzw. durch Kommunikation verbessert werden soll). Es entstehen also zwei grundsätzliche Stoßrichtungen (Abbildung 30). Ersteres ist Aufgabe der Standort- und Leistungspolitik.

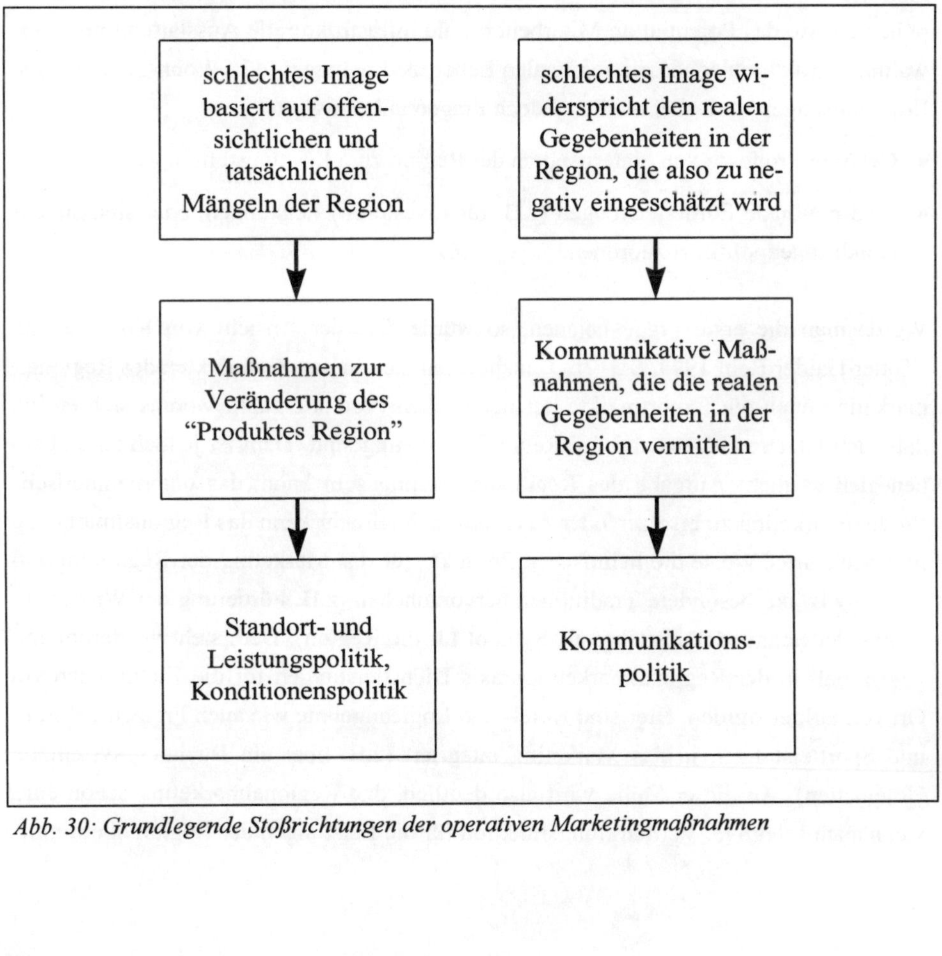

Abb. 30: Grundlegende Stoßrichtungen der operativen Marketingmaßnahmen

4.2.4.2 Standort- und Leistungspolitik

Bereits in Kapitel 2.3 wurde ausführlich die Wahl des Umfangs dieses Instrumentes, auch im Vergleich zu den Definitionen von Meffert und von Manschwetus, dargelegt. Danach umfaßt die Standort- und Leistungspolitik alle Maßnahmen des Regionalmarketing, die auf die inhaltliche Gestaltung der Eigenschaften und der Leistungen/ Produkte sowie das Erscheinungsbild einer Region ausgerichtet sind. Sie kommt der klassischen Produktpolitik sehr nahe.

Was gehört zu den Leistungen einer Region als Objekt der Standort- und Leistungspolitik?

Welches sind Gegenstände der Produktveränderung? Geht man von der Vorstellung des „Produktes Region" aus, so umfaßt das Leistungsspektrum neben den am Standort angebotenen Leistungen, dem Angebot an Grund und Boden, der Form und dem Umfang der Informationen, Regelungen und Services zum Standort sowie weitere Komponenten wie das Potential an Mitarbeitern, die infrastrukturelle Ausstattung und Verwaltungsstrukturen sowie die regionalen Lebensbedingungen (d.h. Wohn-, Kultur- und Erholungsangebot). Dabei bleiben jedoch Fragen unbeantwortet:

- Gehören Produkte von Unternehmen der Region zum Leistungsumfang?
- Sind regionale Förderleistungen (z.B. für Investoren) Leistungen, oder sind sie der Konditionenpolitik zuzuordnen?

Würde man die erste Frage bejahen, so würde dies der Ansicht von Kotler et. al. (Kotler/Haider/Rein 1994, S.317ff.) entsprechen, der zu den Zielmärkten des Regionalmarketing auch die Exportmärkte der heimischen Produkte zählt, woraus sich ergibt, daß auch letztere Gegenstand des Regionalmarketing sind. Dem ist jedoch zu entgegnen, daß es nicht Aufgabe des Regionalmarketing sein kann, das unternehmerische Produktmarketing zu ersetzen oder zu ergänzen. Vielmehr kann das Regionalmarketing in umgekehrter Weise die heimischen Produkte für das Marketing der Region zu nutzen, so z.B. um besondere Traditionen hervorzuheben (z.B. Förderung der Wiederaufnahme der Schmiedekunstlehre als Symbol für die Region). Dem steht wiederum entgegen, daß in der Regionalmarketingpraxis Dienstleistungen für die Zielgruppen vor Ort vermarktet werden. Hier sind Hotel- und Logieangebote wie auch Freizeit-, Kultur- und Sportleistungen in das Marketing integriert (z.B. über ein Buchungssystem für Hotelbetten). An dieser Stelle wird also deutlich, daß Regionalmarketing schon eine, wenn auch selektive, Vermarktungsfunktion für die Leistungen der Region übernimmt.

Um dennoch eine Abgrenzung zu finden, sei hier vorgeschlagen, daß das Regionalmarketing nur diejenigen Leistungen aus der Region vermarktet, die zur Akquisition von Zielgruppen dienen, die bei mehr als einem Anbieter aus der Region und damit ganze Branchen oder Gegenden Nachfrage erzeugen. Die Vermarktung kann zudem nur ergänzend zum unternehmerischen Marketing erfolgen. Es sind daher Leistungen, die von den Zielgruppen am Standort der Region zu nutzen sind.

Die zweite Frage soll hier - im Gegensatz zu Autoren wie z.B. Manschwetus (1995) - verneint werden. Förderung ist, wenn sie materiell ist, ohnehin nur eine Form der Verbesserung der Konditionen (s.d.). Ist sie hingegen immateriell (z.B. Beratung), so stellt sie eine originäre Leistung der Region bei der Akquisition der Zielgruppen dar.

Stellt man nun unter diesen Maßgaben die Maßnahmenbereiche verschiedener Autoren zusammen (z.B. Manschwetus 1995, Spieß 1998, Kotler/Haider/Rein 1994, S.139ff.), so entsteht folgende Aufstellung, die sicherlich nie vollständig sein kann:

- Jegliche Infrastrukturverbesserungsmaßnahmen für alle Zielgruppen (nicht nur Verkehrsinfrastruktur (z.B. Autobahn, Flugplatz), sondern auch Schaffung ausreichender Bedingungen für Leben und Arbeit (Einkaufs- und Baumöglichkeiten), Freizeit-, Kultur- und Sporteinrichtungen (z.B. Badeseen, Spielplätze, Theater, Kinos, wissenschaftliche Einrichtungen/Institute/ Hochschulen) und Arbeitsstätten / Ansiedlungsstätten (z.B. Gewerbeparks, Technologiezentren).
- Ausgewählte Leistungen der Unternehmen und Menschen der Region (s.o.).
- Kultivierung der landschaftlichen Ausstattung / Gegebenheiten.
- Umweltschutz (Maßnahmen der Pflege und Absperrung etc.).
- Verbesserung der Arbeits- und Ausbildungsmöglichkeiten.
- Beschaffung von Arbeitskräften und Förderung der Qualifikation der Menschen vor Ort.
- Immaterielle Förderungen (Beratung, Informationsdienste/ Informationsangebot über die Region, Kontaktnetz/ Ansprechpartner).
- Einzelnen Maßnahmen wie Feste, Turniere etc.
- Bereitstellung von Merchandisingartikeln.

Grenzen der Standort- und Leistungspolitik

Hier setzen die zu initiierenden Maßnahmen an. Aber es dürfte schnell offensichtlich sein, daß eine Planung und Gestaltung der Leistungen der Region - was sich aus der Analogie zur unternehmerischen Produktpolitik als zentrale Aufgabe ableiten läßt (u.a. Koppelmann 1997) - nicht vordergründig Gegenstand der Standort- und Leistungspolitik des Regionalmarketing sein kann:

- So sind manche Leistungen der Region weitgehend unveränderbar, wie z.B. landschaftliche Gegebenheiten wie Berge, größere Flüsse und Seen.
- Die Planung und Gestaltung (Neuentwicklung, Änderung, Differenzierung, Eliminierung, Sortimentsgestaltung) der Leistungen liegt i.d.R. außerhalb des Einfluß- oder Entscheidungsbereichs des Regionalmarketing. Ein Unternehmen wird sich nur begrenzt vom Regionalmarketing Vorschriften machen lassen, wie auch andere Anbieter in der Region (z.B. Sport- und Kulturstätten).
- Wohl kaum ein Regionalmarketingbudget wird es zulassen, umfangreiche Maßnahmen, wie z.B. die Errichtung einer Universität, selbst durchzuführen.

In den Fällen jedoch, in denen eine Schwäche im Ruf nicht auf falsche oder fehlende Information bei der Zielgruppe zurückzuführen ist (was eine Kommunikationsaufgabe darstellt, s.o.) sondern auf tatsächliche Mankos in den Leistungen der Region, sind entsprechende "Leistungsverbesserungen bzw. -veränderung" notwendig. Prinzipiell sind dann vom Regionalmarketing aus drei Wege der Veränderung einzuschlagen:

- Veränderung der Leistungen mittels Weisung an die entsprechende Stelle. Die Möglichkeiten hierzu wurden oben bereits deutlich eingeschränkt, es verbleiben lediglich Fälle wie z.B. die Umgestaltung des Werbe- und Merchandisingartikelprogramms der Region.
- Veränderung durch eigenes finanzielles Engagement. Dies wurde ebenso bereits oben eingeschränkt. Es verbleiben Fälle mit geringer finanzieller Belastung für die Regionalmarketinginstitution (z.B. die Förderung eines Orchesters) oder Maßnahmen, für die Sponsorengelder gesammelt werden können (z.B. für die Restaurierung einer Kirche oder die Einrichtung eines Stiftungslehrstuhls an der Universität).
- Dem Regionalmarketing wird es daher vielfach nicht anders möglich sein, als Veränderungen in den Leistungen einer Region lediglich zu initiieren.

Daraus folgt, daß die standort- und leistungspolitische Aufgabe des Regionalmarketing weniger in der Durchführung obiger Maßnahmen, als vielmehr in der Anregung zu Veränderung liegt, also in der:

- Initiativ- und Lobbyarbeit (z.B. bei Entscheidungsträgern der Region),
- Konzepterstellung und -vorlage (z.B. für die Errichtung eines Kulturzentrums,
- „Agenda-Setting", d.h. Anregung öffentlicher Diskussion (z.B. über die Erweiterung der Universität) sowie Themenentwicklung und -vorgabe (z.B. für den Planungsausschuß der Bürgerversammlung, Eingaben im Stadtparlament) sowie in der
- Beschaffung bzw. Vermittlung von Sponsorengeldern für die Veränderungen.

Wesentliche Vorarbeit besteht dabei in der Identifizierung von Handlungsbedarf. Für das Regionalmarketing sind daher vor der Initiative folgende Fragen zu beantworten:

- Welche Leistungen sind bei Inaugenscheinnahme vor Ort verbesserungsbedürftig? (z.B. Promenaden, Straßen, Gebäude, Trimm-Dich-Pfade, Stadien).
- Welche Leistungen erscheinen den Zielgruppen schlecht und verbesserungsbedürftig? (z.B. Hotels, Abfertigungsschalter im Flughafen).
- Welche Key-Ressourcen besitzt die Region, die es zu pflegen und herauszustellen gilt? (z.B. Hochschule, Museum, Ehrenmahl, Konzertreihe).

Gerade letztere ist geeignet, das Handlungsfeld der Standort- und Regionalpolitik auf überschaubare Aktivitäten zu begrenzen. Da die obigen Maßnahmen zur Leistungsveränderung üblicherweise längere Zeiträume in Anspruch nehmen als rein kommunikative Maßnahmen, wird eine Differenzierung der operativen Maßnahmen nach ihrem Durchführungs- und Wirkungszeitpunkt (kurz-, mittel-, langfristig) unumgänglich: Die Realisation von Entscheidungen der Standort- und Leistungspolitik ist langfristig auszulegen. Hier ist ein wesentlicher Unterschied zum unternehmerischen Marketing zu erkennen, das direkt auf die Erstellung und Gestaltung der Produkte eines Unternehmens Einfluß besitzt (vgl. hierzu die oben genannten Grundlagenquellen der Marketingliteratur).

Zusammenfassung

Die folgende Abbildung 31 faßt die wesentlichen Elemente der Standort- und Regionalpolitik zusammen:

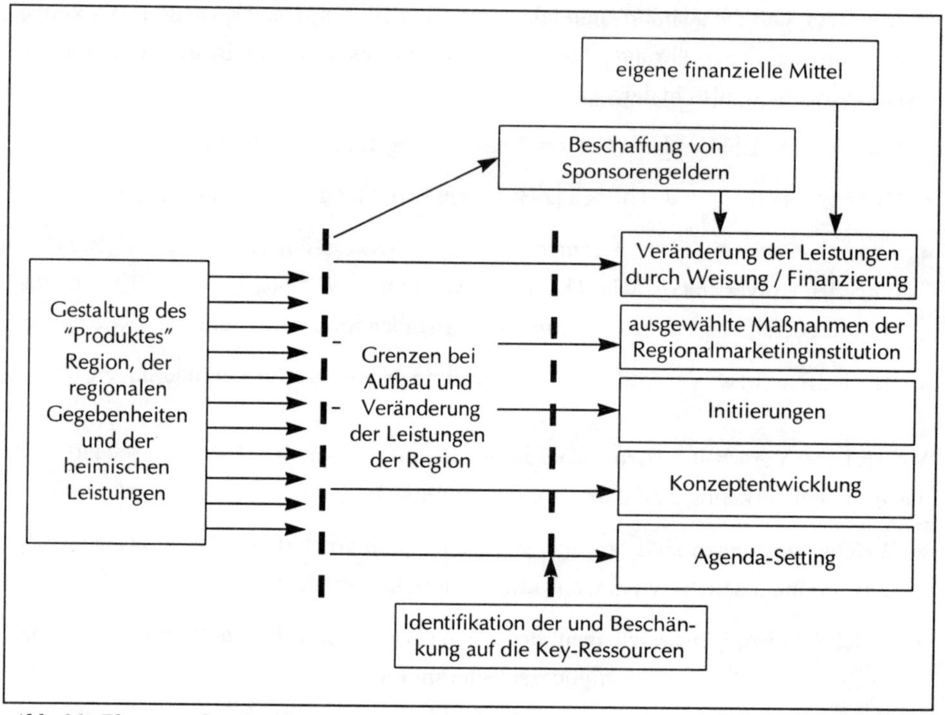

Abb. 31: Elemente der Standort- und Regionalpolitik

4.2.4.3 Kommunikationspolitik

Überblick

Die Kommunikationspolitik umfaßt alle Maßnahmen, die bei den Zielgruppen Wissen, Einstellung und sonstiges Verhalten gegenüber dem kommunizierenden Unternehmen, hier der Region, beeinflussen. Inhalt, Aufgaben und Methoden der Kommunikationspolitik im Regionalmarketing und im unternehmerischen Marketing sind somit gleich. Lediglich ist hier dieselbe Einschränkung wie in der Standort- und Leistungspolitik vorzunehmen: Kommunikation im Regionalmarketing wird primär für die Region und ihre übergreifenden Eigenschaften vorzunehmen sein. Die Kommunikation zu Leistungen der Unternehmen der Region ist zunächst Aufgabe der Unternehmen und dann Gegenstand des Regionalmarketing, wenn damit die Vermarktung der gesamten Region gefördert werden kann. Gleichwohl kann für die Kommunikationspolitik im Regionalmarketing auch auf die umfangreiche Literatur zur unternehmerischen Kommunikationspolitik zurückgegriffen werden, so z.B. auf Nieschlag/Dichtl/ Hörschgen 1997, Bruhn 1997, Kroeber-Riel 1991 und 1993, Schweiger/ Schrattenecker 1995).

Hier soll daher nur auf Besonderheiten und Abweichungen eingegangen werden. Auch im Regionalmarketing stehen für die Kommunikationspolitik alle klassischen Instrumente der Verbreitung kommunikativer Inhalte zur Verfügung, die nach herrschender Meinung Werbung, Direct Marketing, Sponsoring, Placement, Public Relations und Verkaufsförderung umfassen (Abbildung 32):

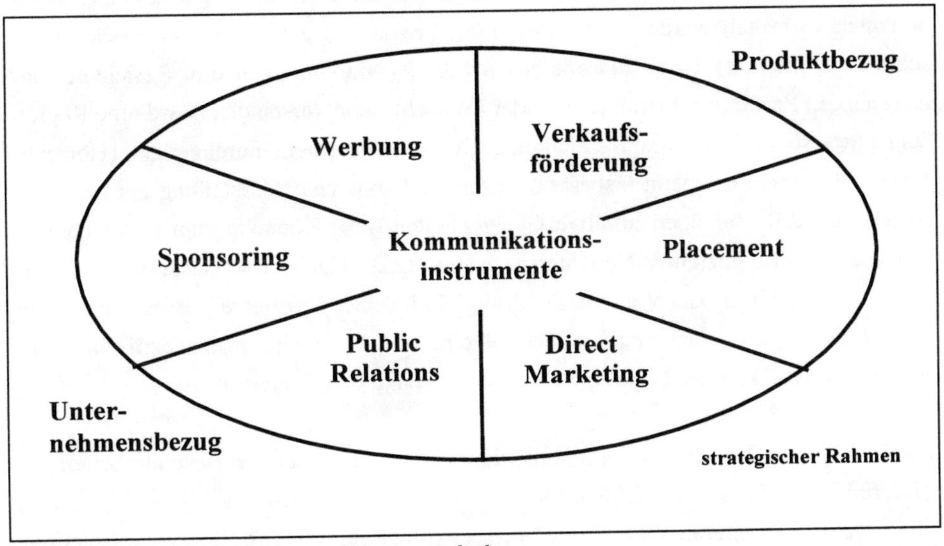

Abb. 32: Instrumente der Kommunikationspolitik

Kurzfristig kann die Kommunikationspolitik den größten Beitrag zur Imageverbesserung einer Region leisten. Zweck einer Kommunikationsstrategie für die Region ist es, bei den Zielgruppen auf die Wichtigkeit und / oder die Bewertung einzelner Imagekomponenten in Richtung der Sollvorgaben einzuwirken.

Hierfür scheint unter den o.g. Instrumenten das "Direkt Marketing" (also die individuelle, ggf. sogar persönliche Ansprache einer einzelnen Zielperson) nur dann geeignet, wenn wenige Schlüsselpersonen (z.B. Meinungsführer) angesprochen werden sollen. Anderenfalls entsteht aufgrund der Größe der typischen Zielgruppen des Regionalmarketing (z.B. potentielle Touristen) ein unverhältnismäßiger Aufwand, zumal Massenbriefversendungen aufgrund der großen Konkurrenz durch Werbe- und Befragungsaktionen nur noch wenig Beachtung erfahren (sogn. „Junk-mail-Image“). Werbung ist ein sehr kostenintensiver Weg, der nur dann eingeschlagen wird, wenn entsprechende Mittel zur Verfügung stehen, was im Regionalmarketing selten der Fall ist (Spieß 1998, S.17). Sponsoring ist ebenso nur im kleinen Rahmen realisierbar, denn schon die Finanzierung z.B. eines Open-Air-Konzertes kann schnell das verfügbare Budget des

Regionalmarketing überschreiten, wie auch kontinuierliches Sponsoring (z.B. eines Orchesters) finanziell langfristig abgesichert werden muß. Das aber ist in einem sehr politisch bestimmten Regionalmarketing nur schwer möglich.

Unter den verbleibenden Wegen tritt u.E. Public Relations hervor. Hier kann mit gezielter Informationspolitik gerade dort angesetzt werden, wo negative Imagekomponenten vermittelt werden, nämlich bei der Presse und elektronischen Medien (einschließlich Internet). Unter Placement wird die an Marketingzielen ausgerichtete Plazierung von Produkten z.B. in Kino- oder Fernsehfilmen verstanden. Wird eine Region "plaziert", so hat sich die Bezeichnung Country-Placement durchgesetzt (Hormuth 1992). Placement erscheint insbesondere für die Landsschaftsdarstellung gut geeignet, ist jedoch i.d.R. nur über zufällige Gelegenheiten (z.B. Kontakte zum Film) oder in Verbindung mit gezielten Berichterstattungen (z.B. Hochwasserkatastrophe an der Oder 1997) realisierbar. Verkaufsförderung findet über Prospekte / Broschüren aber auch Messerepräsentanz statt, wobei letztere nur bei zielgruppenspezifischer Ansprache sinnvoll erscheint (geringe Zahl von Kontakten zu Zielpersonen).

Die Inhalte und Träger der Kommunikation sind natürlich an den Besonderheiten der Zielgruppen entlang auszurichten. Dies gilt für alle Instrumente der Kommunikation, ohne daß es im weiteren Verlauf des Buches explizit gesagt wird. Für Public Relations ist ein System der Informationsverteilung aufzubauen, welches den einzelnen Zielgruppen und den Trägern der Information (verschiedene Pressemedien, TV, Radio) (emotionale/sachliche) Inhalte mitteilt. Werbung sollte im Regionalmarketing primär generelle, über alle Zielgruppen hinweg ausgerichtete Inhalte vermitteln. Printmedien und Plakatwerbung erscheinen dabei als sinnvolle Träger, während Fernsehmedien und Funkmedien zu kostenintensiv sein könnten. Verkaufsförderung ist auf einzelne Maßnahmen (z.B. Merchandising) zu konzentrieren. Eine Internet-Page mit Informationen für alle Zielgruppen erscheint zudem als sinnvolle Ergänzung.

Schlüsselelemente der Kommunikation im Regionalmarketing

Obwohl bereits oben schon genannt, sei hier noch einmal auf die Schlüsselelemente der Kommunikation im Regionalmarketing hingewiesen, die in jedes der Instrumente der Kommunikation einzubinden sind. Es müssen neben dem schon mehrfach geforderten Oberbegriff, dem Namen für die Region, auch ein Logo und die grundlegende kommunikative Botschaft, der Claim, vorhanden sein. Die Symbole stellen die Bezugsgröße für die Bekanntheitsziele dar und müssen mit ihrer Symbolkraft der Ausbildung eines ULP Rechnung tragen.

Weiteres Schlüsselelement der Kommunikation sind Events innerhalb und außerhalb der Region, mit denen das Ziel verfolgt wird, Öffentlichkeitswirkung und gezielte Einflußnahme auf die Berichterstattung in den Medien zu erreichen (vgl. hierzu u.a. Bruhn 1997, S.775ff.). Zugleich sind sie Anlaß und Träger von Werbebotschaften und Ausgangsobjekt von Imagetransfer (z.B. das Golfturnier, das der Region das Image des „elitären" geben soll). Events sind kein Kommunikationsinstrument, sondern vielmehr die Träger oder Anlässe anderer Instrumente (Werbung, PR, Sponsoring, Verkaufsförderung). Daher wird auf sie im folgenden immer wieder zurückgegriffen. Events für Zwecke des Regionalmarketing können dabei eine große thematische Breite aufweisen, einige Vorschläge seien hier genannt:

- Events in Wirtschaft und Wissenschaft: Kongresse, Tagungen etc. zu verschiedenen Themen, Eröffnung von neuen Einrichtungen, Richtfeste etc., Investorenkonferenzen, Jubiläen (Einrichtungen und Personen).
- Events in Sport, Freizeit und Kultur, Universität, Sporttuniere, Musik- und Kulturtage und -veranstaltungen, Semestereröffnung an den Hochschulen, Preisverleihungen, Absolventenfeiern.

Public Relations im Regionalmarketing

"Public Relations" (PR) findet seinen Ursprung im Jahre 1897, in dem in den USA eine Welle der öffentlichen Kritik an den sozialen und ökonomischen Konsequenzen verschiedener, groß angelegter industrieller Investitionsprojekte die betroffenen Unternehmen zu öffentlichen Stellungnahmen bewegte (Oeckl, 1969 und 1981). Der vergleichbare deutschsprachige Begriff "Öffentlichkeitsarbeit" kam erst später auf und ist heute im deutschen Sprachraum auch wesentlich weniger gebräuchlich als der englischsprachige Begriff und seine übliche Abkürzung "PR". Die Deutsche Public Relations Gesellschaft (DPRG) definiert wiederholt Public Relations als "das bewußte und legitime Bemühen um öffentliches Verständnis sowie um Aufbau und Pflege von Vertrauen auf der Grundlage systematischer Erforschung". Daraus erwächst das Ziel der PR, ein gutes Verhältnis zu öffentlichkeitswirksamen Institutionen aufzubauen, ein gutes Image hierüber zu vermitteln und negativen Berichten oder Gerüchten entgegenzuwirken sowie Lobbyarbeit zu leisten (Kotler/Haider/Rein 1993, S.169ff.).

Gerade unter der Restriktion eines geringen Marketingbudgets kommt den Public Relations (PR) im Regionalmarketing große Bedeutung zu. Zum einen sind Maßnahmen sehr kostengünstig realisierbar, zum anderen dürften gerade regionalpolitische Themen gute Resonanz in Presse und TV finden, da ihnen auch ein tagesaktueller Bezug gegeben werden kann und i.d.R. bei breiten Bevölkerungsschichten Interesse finden. Für die Public-Relations-Maßnahmen einer Region bedeutet dies, die Region bei jeder sich bietenden Gelegenheit mit einer geplanten Informationspolitik in den Medien darzustellen sowie gezielte Informationen an Presse und TV / Rundfunk über die Key-Ressources und Events zu verteilen (z.B. Pressemitteilungen zu Sport- oder Kulturveranstaltungen).

Presse und TV / Rundfunk stellen dabei die zentralen Mittler der PR-Informationen zu den Zielgruppen (s.o.) dar und sind somit selbst die primäre Zielgruppe der PR. Aufgrund der Streuung durch die Mittler wird es schwer sein, einzelne Zielgruppen gezielt anzusprechen. Vielmehr werden die jeweiligen Zielgruppen in gleicher Weise wie die gesamte Öffentlichkeit erreicht. Daher ist es auch wenig sinnvoll, die PR auf bestimmt Zielgruppen und damit auf bestimmte Fachpresse / Fachredaktionen bei TV / Rundfunk zu beschränken.

Wenn auch der Breite der PR-Themen keine Grenzen gesetzt sind, so ist es jedoch hilfreich, wenn die Mitteilung einen konkreten - positiven - Anlaß besitzt. Dies kann z.B. sein:

- Start des Regionalmarketing, Bekanntgabe von Name, Logo, Claim, besonderen Plänen, personelle Veränderungen.
- Events aller Art, Sport-, Kultur-, Wirtschafts- und Wissenschaftsveranstaltungen, Einweihungen, Richtfeste, Jubiläen, prominente Besuche in der Region und besondere Aktionen (z.B. Woche der Verwaltung, „Lange Nacht“ oder freier Eintritt in die Museen).
- Erfolge aus der Region: Forschungsprojekte und deren Ergebnisse; in der Wirtschaft: Erweiterungen, Neuansiedlungen von Unternehmen, Schaffung von Arbeitsplätzen, Jubiläen in der Produktion (z.B. 1.000.000ster LKW aus der heimischen Produktion).
- Neue Angebote, z.B. Studiengang an der Hochschule, Einrichtung einer Bürgerberatung, Internetauftritt der Stadtverwaltung, Ausschilderung von Wanderwegen, Freigabe einer Segelstrecke, Beginn der Orchesterspielzeit.
- Politische Anlässe wie z.B. Entscheidungen und Wahlen.
- „Natürliche“ Anlässe wie z.B. besonders warme Sommer, Naturkatastrophen (die auch positive Wirkung auf das Image einer Region zeigen können, wie es z.B. bei der Hochwasserkatastrophe 1997 an der Oder der Fall war).

Um PR-Informationen der Presse bzw. TV/ Rundfunk zugänglich zu machen, erscheinen vier Formen sinnvoll:

- eigene, redaktionelle Beiträge in Zeitungen/Zeitschriften oder TV /Rundfunk,
- Pressemitteilungen (i.d.R. schriftlich),
- Pressekonferenzen,
- Interviews.

Die Vorteile der Öffentlichkeitswirkung bei geringen Kosten sind jedoch bei vielen Institutionen und so auch bei Regionalmarketinginstitutionen bekannt. Daher sehen sich Presse, TV und Rundfunk einer großen Zahl von Lieferanten von Pressemitteilungen gegenüber. Dies führt dazu, daß vielfach Pressemitteilungen in der Masse der ankommenden Papiere bei den Journalisten nicht beachtet werden. Es erscheint daher nicht mehr ausreichend, nur kurzfristig im Bedarfsfalle Pressemitteilungen zu versenden. Vielmehr ist mittel- bis langfristig der Aufbau und die Pflege intensiver und dauerhafter Kontakte zu Journalisten anzugehen.

Innovative Wege könnten dabei über regelmäßige Journalistenstammtische, kostenlose Aufenthalte für Journalisten in der Region, Ehrenplätze bei Veranstaltungen sein oder sogar das Angebot, eigene Talk-Shows oder zumindest die Teilnahme an Talk-Shows anzubieten.

Dieser Schritt führt zur Lobbyarbeit, nicht nur bei Journalisten, sondern auch weiteren Mittlern und Meinungsführern (z.B. Politiker, Wirtschaftskapitäne, Prominente). Diese kann in Besuchen und Präsentationen von Repräsentanten der Region, Ehreneinladungen zu Veranstaltungen etc. bestehen. Auch scheinen kostenlose Rundflüge und Besuchsreisen für die Meinungsführer nicht nur in Regionen, die Bewerber für Olympiaden sind, ein probates Mittel zu sein.

Verkaufsförderung

Die Verkaufsförderung stellt ein weiteres Kerninstrument der Kommunikation dar, das auf die Bekanntmachung und die Positionierung der Region abzielt, aber insbesondere auch der Kontaktgewinnung dient. Im klassischen Marketing umfassen Verkaufsförderungsmaßnahmen z.B. Messeauftritte, Schulungen von Kunden und Verkaufspersonal, Erstellung und Verteilung von Broschüren, Preisausschreiben, Lotterien und Präsentation (innerhalb wie außerhalb eines Ladengeschäfts, das hier der Region als Ort entspricht) (Bruhn 1997, S.385ff.). Verkaufsfördernde Maßnahmen sind i.d.R. zeitlich begrenzt.

Zielgruppenunspezifizierte Maßnahmen sind hier wenig sinnvoll. Vielmehr sollten sie nach den Zielgruppen des Regionalmarketing differenziert werden, was hier besonders auch Zielgruppen in der Region umfaßt (z.B. Schulungen für die Mitglieder des Tourismusbüros). Zwei für das Regionalmarketing typische Gruppen von Verkaufsförderungsmaßnahmen sollen hier unterschieden werden, die eine („Ausstattung") soll die Erstellung verkaufsfördernder Materialien bei der Kommunikation umfassen, die andere konkrete verkaufsfördernde „Aktionen".

- „Ausstattung" des Regionalmarketing umfaßt im Kern insbesondere Informationsmaterialien, die bei Veranstaltungen ausgelegt, präsentiert oder gezielt verteilt werden. Dazu gehören neben Broschüren, Katalogen und Flyern auch Videos und CDs. Sie sollten modulweise aufgebaut werden und so zueinander passen, daß flexibel auf jede Form von Zielgruppe und Interessentenwunsch reagiert werden kann. Denkbar sind z.B. frei bestückbare Mappen, die neben jeglichen Druckunterlagen auch Photos von Lokalitäten und Gebäuden etc. aufnehmen können. Zu den Unterlagen können z.B. gehören
  - Hochglanzprospekte über die Region mit Ansprache aller Zielgruppen und Differenzierung innerhalb des Papiers,
  - desgl. als Video, Präsentation auf Diskette, CD und im Internet (in der Homepage),
  - zielgruppenspezifische Darstellungen / Prospekte / Flyer mit sachlichem Inhalt (z.B. Museumsführer, Kunstführer, Sportatlanten),
  - desgl. als Kurzpapiere in Form von Flyern,
  - Kurzdarstellungen der Einzelstandorte und Key-Ressources (z.B. Heft zu einem Mahnmal, Hochschulführer),
  - aktuelles Zahlenmaterial zum Standort, Veranstaltungspläne, Telephonlisten etc. als Computerausdruck,
  - gängige und über die Zeit angesammelte PR-Materialien (Pressemitteilungen, Pressespiegel, Studien etc.),
  - Standardanschreiben, Standardkarten und Anfahrtpläne,
  - Plakate, Einladungen etc. für Events,
  - Photomaterial etc.,

- Merchandising-Artikel,
- Postkarten,
- Einkaufsführer,
- Exemplare der Sonderbeilagen der regionalen Zeitungen zur Region.

Es müssen vorab zu den Unterlagen Standards in Inhalt und Gestaltung festgelegt werden, um ein einheitliches Bild abzugeben (s.o. Corporate Design). Dieses muß auf die strategischen Vorgaben hin abgestimmt sein. Zudem erscheint es sinnvoll, die Unterlagen möglichst weitgehend in Computern zu erfassen und schnell und flexibel verfügbar zu halten.

- Als „Aktionen" kommen hier zunächst alle oben genannten Events (s.o.) in Betracht sowie ausgewählte verkaufsfördernde Aktivitäten, wie Verteilung von Material, Messepräsenzen, Preisausschreiben und Wettbewerbe.
  - Bereits oben wurden Events beschrieben und Beispiele gebracht. Die Verkaufsförderung kann dabei auf eine bestehende Veranstaltung aufsetzen (z.B. auf eine Sportveranstaltung oder einen internationalen Kongreß an der Universität), oder die Veranstaltung wird ausschließlich aus verkaufsfördernden Gründen durchgeführt. Zu letzterem gehören z.B. „Get-Together"-Veranstaltungen als Messen, Kongresse, Tagungen, Veranstaltungsreihen, Symposien, Workshops zur Region, Investoren- und Geschäftspartnerbörsen, Präsentationsveranstaltungen innerhalb und außerhalb der Region, Führungen bei Touristen und Investoren, Schulungen für das eigene Regionalmarketingpersonal wie auch für Interessenten außerhalb der Region (z.B. Schulung für Reisebüromitarbeiter).
  - Geeignete weitere Maßnahmen können Preisausschreiben und Wettbewerbe sein, die sich sowohl an die Öffentlichkeit außerhalb der Region (z.B. Wissenschaftspreis, Fotowettbewerb, Prämierung des besten Reiseberichtes, Preisausschreiben mit Abfrage von Kenntnissen über die Region oder z.B. zum Claim) wie auch an die eigene Bevölkerung oder Mitarbeiter in der Region wenden (z.B. Wettbewerb der kundenfreundlichsten Verwaltung).
  - Darüber hinaus ist auch zu empfehlen, bei verschiedenen Gelegenheiten außerhalb der Region Materialien zur Region zu verteilen, wie es vielfach von Unternehmen der Rauchwarenbranche in der Gastronomie durchgeführt wird (oft vereinfacht als „Promotion" bezeichnet). So ist es z.B. denkbar, in Biergärten einer Großstadt mit Rätselspielen und Preisausschreiben sowie kleinen Geschenken (z.B. Obst aus der Region) auf den Besuch der Region per Fahrrad hinzuweisen. Hierfür ist jedoch entsprechendes Personal oder eine Agentur am Ort der Ver-

kaufsförderung notwendig. Mit weniger Aufwand ist es möglich, in Reisezügen und am Flughafen Zeitungen der Region und Prospekte zu verteilen bzw. auszulegen (so konnte man 1997 z.B. in den Intercity-Zügen der Deutschen Bahn, die durch Hessen fuhren, ein Magazin über die Region um Trier finden).

- Messepräsenzen sind nur dort sinnvoll, wo ohne große Streuverluste die gewünschten Zielgruppen erreicht werden. Der Wahl der Messe kommt somit besondere Bedeutung zu. Neben primär geeigneten Investoren- oder Touristenbörsen erscheinen branchen- und themenspezifische Messen (z.B. Boot, Cebit, Handwerk, Existenzgründermessen) nur dann sinnvoll, wenn gerade diese Zielgruppen besondere Bedeutung im Regionalmarketing genießen. Vielfach finden sich auch Messen, auf denen sich Regionen einem zumeist internationalen Publikum darstellen. Hier steht dem Vorteil, interessiertes Publikum anzutreffen, der Nachteil gegenüber, direkt neben der Konkurrenz aufzutreten. Mitunter sind derartige Messen eher zur Konkurrenzbeobachtung denn zur Zielgruppenerschließung geeignet.

  Auf der Messe können die o.g. Mittel der Verkaufsförderung eingesetzt werden (Prospekte, Video, Beratung, auch Schulung, Preisausschreiben etc.). Der Messeauftritt kann zudem Gelegenheit sein, den verschiedenen Gruppen der Region die Chance zur individuellen Präsentation zu geben, wenn die Regionalmarketinginstitution einen Gemeinschaftsstand für die Region vorsieht. Ein Messeauftritt besteht nicht nur aus der Präsenz vor Ort, sondern auch aus den begleitenden Maßnahmen. Dazu gehören PR-Maßnahmen (s.o.) und die Verteilung von Hinweis- oder Eintrittskarten im Rahmen des Direct Marketing (s.u.).

Werbung

Ziel von Werbemaßnahmen ist es, die Wahrnehmung und Einstellungsbildung ggü. einem Produkt, einem Unternehmen oder einer Marke gezielt zu beeinflussen. In unserem Falle ist es die Region. Dieses wohl bekannteste und in der Literatur am meisten besprochene Kommunikationsinstrument (zur Grundlagenliteratur siehe die oben genannten Quellen) zeichnet sich ggü. den anderen Kommunikationsinstrumenten durch einige Besonderheiten aus. Werbung

- weist i.d.R. eine hohe Reichweite auf, d.h., die zu wählenden Medien (Presse, TV, Radio) werden von einem großen Publikum gelesen, gehört oder gesehen. Derart große Kontaktzahlen (Zahl der Personen, die die Werbeanzeige oder den Werbespot sehen oder hören) sind nur noch mittels PR oder Placement erreichbar.

- ist recht kostenintensiv, wenn über sehr gezielte und einfache Medien hinausgegangen wird. Jenseits einer einfachen Anzeigenkampagne in der lokalen Presse können die Kosten für Werbekampagnen in überregionalen Zeitungsmedien schon nach wenigen Wiederholungen einer Anzeige (Schaltungen) in sechsstellige DM-Bereiche vordringen, Fernsehwerbung wird inkl. Erstellung des Films i.d.R. Kosten in Millionenhöhe erzeugen.
- besitzt recht hohe Streuverluste, da auch bei einer sehr zielgruppenorientierten Wahl des Mediums (z.B. Zeitung, Zeitschrift, TV-Sender) nicht ausschließlich die beabsichtigte Zielgruppe und diese auch i.d.R. nicht vollständig erreicht wird. Dennoch muß das Erreichen auch der uninteressanten Gruppen bezahlt werden. Zwar dürften beim PR auch ähnlich Streuverluste vorliegen, bei diesem Instrument stehen aber keine entsprechenden Kosten gegenüber.

Anzeigen- und TV-Werbung ist daher für viele Regionen zwar wünschenswert, zumindest als begleitende Maßnahme, aber sehr teuer. Lediglich Außenwerbung und ggf. Radio- und Kinowerbung dürften hingegen aufgrund der leichteren Konzentration der Aktivität und der so besser zu beschränkenden Kosten eher in das Budget des Regionalmarketing vieler Region passen. Dabei ist zu fragen, ob gerade Kinowerbung für die Kommunikation einer regionsbezogenen Werbebotschaft geeignet ist.

Als kostengünstige Werbeform kommt daher zunächst Außenwerbung in Frage. Dazu gehört z.B. Plakatwerbung an Flughäfen, Bahnhöfen, ggf. sogar Bahnstrecken oder in Großstädten außerhalb der Region. Eine innovative Form ist die Werbung auf LKWs der in der Region ansässigen Unternehmen (z.B. von Speditionen). Sollten sich die Speditionen kooperativ verhalten, können zudem die Kosten auf die Erstellung und Anbringung des Werbemittels beschränkt werden. In diesem Sinne ist auch die Verteilung von Aufklebern zur Region an die heimische Bevölkerung denkbar.

Darüber hinaus stehen für Werbekampagnen die klassischen Träger Print und TV / Rundfunk, Kino zur Verfügung. Werbekampagnen sind besonders kostenintensiv, wenn es sich um Medien handelt, die eine große Reichweite in der Bevölkerung besitzen (überregionale Publikumszeitschriften, TV / Rundfunk, deutschlandweite Kinowerbung). Werbekampagnen, die jedoch auf eine Zielgruppe ausgerichtet sind oder sogar regional / lokal beschränkt bleiben und somit nur ausgewählte Medien (z.B. Fachzeitschriften) verwenden, sind zwar kostengünstiger, dürften aber zu Diskussionen über die Prioritäten unter konkurrierenden Werbewünschen aus der Region führen. Die Auswahl der Werbestrategie sowie der geeigneten Medien ist somit weniger von Regeln der Werbetheorie (die z.B. bei Kroeber-Riel 1991 und 1993 zu finden sind) abhängig als von - wie auch immer bestimmten Vorgaben - der Entscheidungsträger in der Region. Werbung wird daher in der Regionalmarketingpraxis auf Formen und Inhalte beschränkt bleiben, die von der gesamten Region getragen werden. Die Werbung dürfte also entweder

- einzelnen Events (z.B. Feste, Großveranstaltungen der Region)
- gemeinsamen Leistungen der Region
- Key-Ressourcen
- der gesamten Region als Imagewerbung - vergleichbar der Werbung für Marken - dienen.

Weiter ist auch das Internet als zukunftsträchtiger Werbeträger zu berücksichtigen. Während bei den klassischen Werbeträgern eine einseitige Kommunikation stattfindet, kann hier in beide Richtungen kommuniziert werden und so die Zielperson individuell mit Informationen versorgt werden. Dies bedeutet aber auch, daß die Zielperson selbst aktiv werden (sogn. Consumer Initiated Advertising (CIA)), d.h. die im Internet angebotenen Informationen zur Region aktiv suchen und selektieren muß. Diesem Nachteil steht der Vorteil gegenüber, daß die Zielperson Feedback geben, Bestellungen aufgeben und Leistungen buchen kann (z.B. Hotelzimmer- oder Kartenreservierung).

Bei der Planung von Werbemaßnahmen ist festzulegen, welche Medien für welche Träger mit welchem Timing für welche Zielgruppe mit welchem Inhalt eingesetzt werden sollen, es sind also Entscheidungen über

- die Werbeziele, die sich aus den Regionalmarketingzielen (s. Kapitel 4.2.3.2) ableiten, und damit verbunden auch Entscheidungen über die grundlegende Gestaltung der Werbung, wie z.B. denkbare und notwendige Basisaussagen, Tonalität, dominante Farben, vermitteltes Ambiente,
- die Werbezielgruppen als Teil oder Obergruppe über die ausgewählten Zielgruppen (siehe Kapitel 4.2.3.3),
- die grundlegenden Werbestrategie, also ob es sich z.B. um ein Einführungs-, eine Erinnerungs-, eine Informations- oder eine Image- bzw. Positionierungswerbekampagne handeln soll,
- die Intermediaselektion, d.h. die grundlegenden Werbekanäle, die Medien (auch Werbeträgergruppen genannt), also die Wahl zwischen Zeitung, Zeitschrift, TV etc.,

- das Budget für die Werbung im Regionalmarketing. Dies ist im Regionalmarketing ein besonders schwieriger Prozeß, da hier - im Gegensatz zu Unternehmen - keine Vergleichsmöglichkeiten vergleichbarer Betriebe oder Produkte bzw. Erfahrungswerte vorliegen dürften, wie auch die Bestimmung politischen Einflüssen ausgesetzt ist (s.o.),
- die Intramediaselektion und den Streuplänen (Verteilung der Werbemittel auf die Einzelwerberträger nach Häufigkeit und Zeit) im Rahmen des gewählten Budgets, d.h. ...
  - die Auswahl der einzelnen Träger innerhalb der Werbeträgergruppen (z.B. innerhalb der Zeitschriften soll zwischen Focus, Stern und Spiegel gewählt werden) und
  - die Festlegung der Zahl und zeitlichen Verteilung der Werbemittel (was z.B. Anzeigen oder Werbespots sind) in den jeweiligen Einzelmedien (sogn. Mediatiming). Gerade letzteres kann je nach Region saisonal (z.B. im Herbst für die Ski-Saison, im Frühjahr für die Badesaison) oder bei besonderen Anlässen (z.B. Events wie die Kieler Woche, Oktoberfest oder Christkindlmarkt in Nürnberg), aber auch kontinuierlich (wie z.B. die Fernsehwerbung für Griechenland im deutschen Fernsehprogramm) erfolgen.
- die konkrete Gestaltung der Werbemittel, d.h. deren Größe, Ausstattung, konkreten Inhalte und Aussagen, Farben, Sprache u.v.m.

zu fällen. Um ein weiteres Lehrbuch der Mediaplanung zu vermeiden, wird hier auf die Darstellung einzelner Methoden, Regeln und Probleme der jeweiligen Schritte verzichtet. Sie sind im Prinzip denen des unternehmerischen Marketing gleich und können in den o.g. Quellen nachgelesen werden. Kotler et.al. allerdings stellen für die Werbung im Regionalmarketing einige besondere Profile und Vorteile bzw. Grenzen heraus, die - hier etwas ergänzt - in Tabelle 21 gezeigt sind:

Medium	Vorteile	Grenzen
Zeitungen	Flexibilität, Aktualität, gute lokale Marktabdeckung, hohe Glaubwürdigkeit	kurzlebig, schlechte Druckqualität, wenig Laufkundschaft wird erreicht
Zeitschriften	hohe geographische und demographische Selektivität für Zielgruppen, Glaubwürdigkeit ist i.d.R. hoch, gute Druckqualität, langlebig, Laufkundschaft wird erreicht	lange Voranmeldezeiten, einige wirkungslose Auflagen, keine Gewähr für die Plazierung
Radio	Massengebrauch, große geographische und demographische Zielgruppenauswahl, niedrige Kosten	nur Audiopräsentation, geringerer Aufmerksamkeitsgrad als beim Fernsehen, nicht genormte Quotenstrukturen, Flüchtigkeit
Fernsehen	verbindet Bild, Ton und Bewegung, spricht die Sinne an, hohe Aufmerksamkeit, große Reichweite, nationale Marktabdeckung	hohe Absolutkosten, Beliebigkeit, Flüchtigkeit, geringe Selektivität für Zielgruppen
Außenwerbung	Flexibilität, hohe Wiederholungswerte, sehr günstig, wenig konkurrierende gleichartige Reize am Standort	keine Zielgruppenselektion, kreative Grenzen
Internet	extrem hohe Flexibilität, Aktualität, große Aufmerksamkeit und große Präsenz bei Aufruf, Interaktivität möglich, hohe Glaubwürdigkeit	aktive Handlung des Beworbenen notwendig, noch geringe Reichweite

Tab. 21: Profile wichtiger Medientypen (in Anlehnung an Kotler/Haider/Rein 1994, S.217)

Sponsoring

Sponsoringmaßnahmen sind materielle (Geld und Naturalien) wie immaterielle (Beratung, Kontaktvermittlung) Unterstützungen für einen Gesponsorten (u.a. Bruhn 1997, S.605ff.). Hier wären die Sponsoren zunächst die Träger des Regionalmarketing. Aber auch der Versuch der Gewinnung fremder Sponsoren (z.B. Unternehmen der Region) durch das Regionalmarketing ist ein denkbarer Weg.

Jegliche Aktivität und Leistung der Region kann „gesponsort" werden, typischerweise können dies aber besondere Einrichtungen (z.B. Bürgerbüro, Hochschuleinrichtungen, Bürgergruppen, Freizeit-, Sport- und Kultureinrichtungen), besondere Aktivitäten (z.B. Errichtung eines Trimm-Dich-Pfades) oder besondere Events sein. Als Events kommen alle oben dargestellten Formen in Betracht.

In jedem Falle ist zu prüfen, wie die Sponsoringobjekte die gewünschten Zielgruppen erreichen und den Image- und Positionierungszielen genügen. So ist z.B. das Sponsoring eines Golf-Turniers geeignet, per Imagetransfer einer Region einen anspruchsvollen und elitären Charakter zu verleihen, wie auch die Unterstützung eines Stiftungslehrstuhls für Innovationsmanagement an der örtlichen Hochschule helfen kann, der Region ein innovatives und akademisches Image zu geben. Das Sponsoring kann in folgenden Formen - aus der Theorie des unternehmerischen Marketing abgeleitet - geschehen:

- freie finanzielle Unterstützung,
- Unterstützung mit Bindung, z.B. Finanzierung der Berichterstattung oder des Buffets bei Events
- materielle Unterstützung z.B. durch Drucken von Prospekten in der eigenen Druckkerei, Ausleihen von Stühlen, Überlassung von Büroräumen / Telephon, Büromaterial und -geräten, Fahrzeugen etc..;
- immaterielle Unterstützung durch Beratung, Vorträge, Zugang zum eigenen Kontaktnetzwerk, Vermittlung von Kontakten, kostenloser Zurverfügungstellung von Räumlichkeiten.

Die Form und der Umfang werden sich nach dem verfügbaren Budget für das Regionalmarketing bemessen. Gerade immaterielles und materielles, nicht-monetäres Sponsoring scheint dabei besonders geeignet, da - aufgrund der offensichtlicheren Notwendigkeit und des praktischen Zusmamenhangs zwischen Sponsoring und Bedarf des Gesponsorten - geringere Diskussionen in der Region zu erwarten sind und auch die Wahrscheinlichkeit größer ist, andere Sponsoren aus der Region anzuwerben.

Alle diese Unterstützungen sollten in Kombination mit anderen Kommunikationsmitteln geschehen (z.B. Erwähnung der Region als Sponsor in der PR für eine Veranstaltung). Dabei ist immer eine umfangreiche Nutzung der Veranstaltung für PR-Maßnahmen (s.o.) sinnvoll, oder die Vergabe der Mittel an die Veranstalter wird mit Außenwerbung (Plakate, Namensgebung der Veranstaltung, Werbung auf Broschüren etc.) verbunden.

Placement

Placement ist die gewollte Plazierung von Produkten, Marken, Unternehmen, Landschaften, Gebäude, Personen, Aussagen u.v.m. insbesondere in Filmen und in deren

Handlung, ohne daß die Zielperson des Films diese kommunikative Botschaft bewußt als gezielte Beeinflussung aufnimmt (hierzu Hormuth 1992). Placement ist insbesondere geeignet, mit Hilfe des Films Informationen und Imageelemente über die Region zu vermitteln und so insbesondere dem Imageaufbau und der Positionierung der Region zu dienen. Ein gutes Beispiel ist ein Spielfilm oder eine Serie, die in der Region gedreht wird. So hatte die Fernsehserie „Schwarzwaldklinik" für die Region des Spielortes einen erheblichen Tourismuszuwachs zur Folge.

Dem Placement stehen jedoch Probleme entgegen:

- Zum einen ist eine Placement-Maßnahme nur schwer steuerbar: So müssen z.B. Filmemacher davon überzeugt werden, zielkonforme Darstellungen des Standortes im Film zu wählen. Mitunter sind hierfür nicht nur gute Kontakte sondern auch erhebliche Geldmittel notwendig.
- Filmaussagen, -ambiente und -handlung müssen geeignet sein, einen Imagetransfer im Sinne der Regionalmarketingziele zu erzeugen. So ist z.B. ein Film, der in eigenen Stadt oder Region spielt und von Kriminalität und Banditentum handelt, kaum geeignet, der Stadt oder Region zu einem positiven Sicherheitsimage zu verhelfen.
- Daraus wächst auch die Gefahr, daß andere Regionen ein sogn. Anti-Placement fördern, bei dem die eigene Region - wie auch immer - negativ, d.h. nicht im Sinne der hier gegebenen Kommunikationsziele dargestellt wird. Dies ist im Regionalmarketing sehr einfach realisierbar: Die Familie flüchtet im Spielfilm aus dem hektischen, unfreundlichen, kalten und regnerischen Deutschland in das warme und gastfreundliche, südländische Land in den Urlaub - Placement für das Urlaubsland?

Wie gerade das letztere, etwas extreme und populistische, aber dennoch denkbare Beispiel zeigt, treten zu diesen Problemen auch moralische Bedenken, die dieser Kommunikationsform entgegen gebracht werden müssen. Die Maßnahmen scheinen also nur nach Abstimmung in der Region und nach langfristiger Vorbereitung erfolgversprechend. Anderenfalls kann - bei Bekanntwerden der Aktivitäten in der Öffentlichkeit - auch eine negative Wirkung auf das Image der Region zurückfallen - ähnlich der Wirkung, die das Bekanntwerden von Bestechungsversuchen einiger Städte bei IOC-Mitgliedern hatten, um die olympischen Spiele in die jeweilige Stadt zu holen.

Direct Marketing und Lobbyarbeit

Direct Marketing findet sich besonders in Form von brieflicher oder telephonischer Ansprache ausgewählter Zielpersonen (Bruhn 1997, S.480ff. und S.653ff.). Die Zielpersonen werden so weit wie möglich individuell angesprochen, wobei ihnen Leistungen - hier der Region - angeboten werden. Direct Marketing soll hier vom persönlichen Verkauf, der den interaktiven, persönlichen Kontakt zur Zielperson zum konkreten Zwecke des Kaufs, unterschieden werden. Denn gerade im Regionalmarketing wird deutlich, daß letzterer eher der - später noch besprochenen - Kontrahierung zuzurechnen ist: Direct Marketing kann an jede denkbare Zielperson gerichtet sein, die zudem nicht selbst ein „Kaufinteresse an den Leistungen der Region" besitzt (z.B. ein verbandspolitischer Meinungsführer, ein typischer Fall in der Regionalmarketingpraxis), und einseitig kommunizieren (per Brief), während der persönliche Verkauf (vgl. hierzu u.a. Bruhn 1997, S.652ff.) ein zumindest sichtbares Interesse der Zielperson an einem konkreten Kaufakt oder einer konkreten Leistung sowie eine gegenseitige Kommunikation und damit den direkten Kontakt (also ein persönliches oder telephonisches Aufeinandertreffen) voraussetzt. Dennoch ist der Übergang fließend, wenn z.B. das Direct Marketing per Telephon oder in Form der im folgenden besprochenen Lobbyarbeit erfolgt.

Direct Marketing ist im Regionalmarketing sicherlich nicht sinnvoll, wenn es sich um Zielgruppen handelt, die in der Masse angesprochen werden müssen, um einen merkbaren Effekt für die Region zu bewirken, s.o. die Ansprache von Radfahrfreunden als potentielle Touristen. Auch haben in den vergangen Jahren Briefe an Unternehmen, in denen um Investitionen in den jeweiligen Regionen gebeten wurde, derart zugenommen, daß diese nur noch geringe Beachtung bei den Managern und ein geringes Image („Junk-mail-Image", vgl. Kotler/Haider/ Rein 1994, S.217) genießen.

Vielversprechender ist jedoch die gezielte Lobbyarbeit bei Meinungsführern der Zielgruppe (z.B. bei potentiellen Investoren), wie sie bereits oben für Journalisten erläutert wurde, z.B. über Präsentationen / Besuche durch Repräsentanten, Einladungen zu kostenlosen Aufenthalten, Freikarten für Messen, Veranstaltungen etc. Ist die angesprochene Person auch ein potentieller „Käufer" der regionalen Leistungen (z.B. ein Repräsentant eines potentiellen Investorunternehmens), ist ein direkter Übergang zur Kontrahierung / zum persönlichen Verkauf gegeben. Lobbyarbeit ist zudem geeignet, bei kleinen, aber bedeutenden Zielgruppen, so z.B. potentiellen Großinvestoren, eine positive Entscheidung für die Region herbeizuführen, also in einer sehr späten Phase der Kommunikation, wenn durch die das Regionalmarketing betreibenden Personen eine Auswahl der wichtigen Investoren vorgenommen wurde. Hier schließt sich zudem die im folgenden erläuterte Kontrahierungspolitik an.

Zusammenfassung

Die folgende Tabelle 22 faßt das Instrumentarium der Kommunikationspolitik im Regionalmarketing zusammen.

Instrumente	sinnvolle Träger	sinnvolle Mittel	Bedeutung und zeitlicher Einsatz
Werbung	Printmedien, insbesondere Fachpresse u. managementbezogene Tagespresse, Internet	Anzeigen, Internet-Pages	aufgrund des erheblichen Mittelbedarfs nur begleitender Einsatz, je Medium stoßweise in sich wiederholenden Perioden von je 2 Jahren oder als Einführungswerbung
Direct Marketing	Brief und Internet / e-mail, CD/Diskette und Telephon	Verkaufsgespräche	geringe Bedeutung, nur zeitlich gestreute Einzelaktionen an Zielpersonen und in Verbindung mit VKF oder e-mail-Serien in Universitäten
Placement	Film/Fernsehen	Landschaft, Einrichtungen des Standortes als Spielort	da i.d.R. nur mit erheblichen Mitteln oder Kontakten möglich, nur begleitend und bei Gelegenheit, vielmehr scheint eine Vermeidungsstrategie negativer Darstellungen bei der Presse angebracht zu sein
Sponsoring	Events (siehe auch VKF)	finanzielle Beteiligung, naturalmaterielle Beteiligung, immaterialle Beteiligung	aufgrund der hohen Kosten nur begleitend bei lokalen und sehr ausgewählten Events vier bis fünf mal pro Jahr zusammen mit der Gesamtregion, eher langfristig einzusetzen
Verkaufsförderung (VKF)	Kongresse, Workshops, Symposien, Tagungen etc. inhouse und am Standort-Präsentationen, Vorträge, Messen, Informationsmittel	Organisation, Besuche, Repräsentanz, Kataloge, Videos, Flyer, Animationen, Infosysteme auf CD u. Diskette, Chipkarten	sollte im Vordergrund der Kommunikation stehen, zum Zwecke der Bekanntmachung und Positionierung sowie der Kontaktgewinnung, dauernd und äußerst häufig, bei jeder sich bietenden Gelegenheit
Public Relations (PR)	Events, Presse, TV, wissenchaftliche Medien	Presseartikel, Firmenpräsentationen Pressefilme wissenschaftliche Aufsätze	sollte im Vordergrund der Kommunikation stehen, insbesondere zur Positionierung, dauernd und äußerst häufig, bei jeder sich bietenden Gelegenheit , dabei stellt die Presse einen zu gewinnenden Mittler dar (s. Placement)

Tab. 22: Kommunikative Optionen des Regionalmarketing

4.2.4.4 Kontrahierungspolitik

Neben der Produkt- und der Kommunikationspolitik treten im unternehmerischen Marketing bei vielen Autoren die weiteren zwei Instrumente Preis- bzw. Entgeltpolitik und Distributions- bzw. Absatzwege- bzw. Vertriebspolitik (vgl. hierzu u.a. Nieschlag/ Dichtl/Hörschgen 1997). Während in dem vorliegenden Buch die Produktpolitik ihre Entsprechung in der Standort- und Leistungspolitik findet und die Kommunikationspolitik im Prinzip übernommen wird, stellt sich die Frage, ob die klassischen Politiken „Preispolitik" und „Distributionspolitik" ebenso übertragbar sind. Für erstere kann dies leicht bejaht werden, können doch auch für die diverse Leistungen einer Region Preise und Konditionen identifiziert werden.

Für letztere ist es jedoch schwer, diese Politik direkt auf das Regionalmarketing zu übertragen, da hier nicht, wie im klassischen Marketing vielfach unterstellt, ein Produkt zum Kunden gelangen soll, bzw. bei Dienstleistungen dies die Mitwirkung des Kunden ggf. auch bei Lieferanten verlangt (uno-actu-Prinzip), sondern vielmehr der Kunde nur Interesse an den Leistungen der Region erhalten soll. Es ist offensichtlich nicht Aufgabe des Regionalmarketing, sich mit der organisatorischen Struktur (sogn. akquisitorische Distribution) und der physischen Distribution (Logistik) der Leistungen aus der Region zu beschäftigen. Vielmehr ist Aufgabe des Regionalmarketing, die Zielgruppen an die Region heran zu führen.

In der Marketingliteratur findet sich der Begriff der Kontrahierungspolitik (z.B. bei Meffert 1986). Eine solche Bezeichnung für die soeben beschriebenen Aufgaben liegt nahe, heißt doch das lateinische Wort „kontrahere" übersetzt „zusammentragen" bzw. „zusammenbringen". Auch in der Literatur zum Stadt- und Regionalmarketing findet sich die Kontrahierungspolitik als Instrument (z.B. bei Töpfer 1993, S.59 oder bei Walter 1993, S.56, zitiert bei Manschwetus 1995, S.362). Bei allen diesen Autoren wird jedoch die Kontrahierungspolitik weitgehend mit der Preispolitik gleichgesetzt. Ohne diese Ansichten abschließend kritisieren zu wollen, so scheint doch der Begriff Kontrahierung mehr als nur die Gestaltung der Konditionen zu umfassen. Gerade die oben beschriebenen Teilaufgaben der Distributionspolitik, die im Regionalmarketing in den Vordergrund treten, sowie auch kommunikative Aufgaben gehören dazu. Man könnte letztere auch als Management des Kontaktes zum Kunden bzw. zur Zielgruppe verstehen.

Diesem Gedankengang wollen wir hier folgen und die Aufgaben des Regionalmarketing, die sich innerhalb der klassischen Instrumente Preis- und Distributionspolitik wiederfinden lassen, unter dem Begriff Kontrahierungspolitik zusammenfassen: Die Kontrahierungspolitik soll hier alle Maßnahmen umfassen, die

- zur Festlegung der Preise und weiterer Konditionen bei der Nutzung der Leistungen einer Region von den Zielgruppen zu entrichten sind (Konditionenpolitik) sowie
- zur Gestaltung des physischen Zusammenkommens von Region und Zielgruppen (Kontaktmanagement),

notwendig sind. Letztere Komponente überschneidet sich auch mit der Kommunikationspolitik, da Kontaktmanagement auch ein kommunikative Komponente besitzt. Dies wurde bereits im vorherigen Kapitel bei der Abgrenzung von Direct Marketing und persönlichem Verkauf deutlich.

Konditionenmanagement

Ebenso wie für herkömmliche Produkte Preise bzw. Konditionen festgesetzt werden müssen, sind diese auch für die Leistungen einer Region zu bestimmen. Hinter diesen Preisen bzw. Konditionen verstecken sich z.B.

- Investitionskonditionen (Mieten, Kaufpreise, Nebenkosten, kommunale Gebühren),
- materielle Förderungen (steuerliche Erleichterungen, besondere Rabatte bei Gebühren und Abgaben, Subventionen, Kredite, Zinsverbilligung, günstige Konditionen für das Leben in der Region (Preise für Wohnen und kommunale Gebühren, für Produkte des täglichen Bedarfs, für Transport, Freizeit und Kultur, besondere Steuern oder Freibeträge etc.)),
- Konditionen für Touristen (Hotel, Verpflegung, Nutzung von Freizeit- und Kultureinrichtungen),
- Preise für Veranstaltungen, Merchandisingartikel,
- Angebote für den Erwerb bzw. die Pacht von Grund und Boden, Bürgschaften, materielle Förderprogramme, die als Teil der Konditionen aufzufassen sind (hier sei auf die Abgrenzung zu immateriellen Förderungen in Kapitel 4.2.4.2 hingewiesen).

Wie aus der obigen Aufstellung deutlich wird, ist das Konditionen-Instrumentarium je nach Zielgruppe und Leistung sehr vielfältig sein: Nicht nur einzelne Preise, sondern auch besondere Förderungen, Kredite, Stundungen, Freizeiten, Nachlässe für Eintritt, Zugfahrten, Wartezeiten, Mengenrabatte, Einzelverträge mit Großinvestoren, z.B. Berlinförderung sind vorhanden. Die Festsetzung der Konditionen (kosten-, konkurrenz-

und nachfrageorientiert) und deren Differenzierung (nach Zeit, nach Zielgruppe, nach geographischen Bedingungen) kann prinzipiell so wie im klassischen Marketing erfolgen (vgl. hierzu die oben benannte Grundlagenliteratur).

Die Besonderheiten des Regionalmarketing gegenüber dem unternehmerischen Marketing liegen jedoch nicht in den Methoden der Bestimmung oder Differenzierung, sondern vielmehr in den Möglichkeiten, auf die Konditionen Einfluß zu nehmen. Während in einem Unternehmen die Konditionen - außer wenn durch besondere Gesetze nach unten (Dumping-Grenzen) oder als Festpreis (in regulierten Märkten) eingeschränkt - souverän und ggf. in Verhandlungen mit den Käufern festlegen kann, so ist dies im Regionalmarketing nur in wenigen Fällen gegeben.

Da die wesentlichen Leistungen und Güter einer Region nicht unter der Kontrolle des Regionalmarketing erstellt und angeboten werden, das Regionalmarketing also nur eine vermittelnde, fördernde Funktion besitzt, entzieht sich ihm auch die Gewalt über die Konditionenbestimmung (Meffert 1989, S.277ff.). Kein Privatmann, der ein Grundstück an einen Investor veräußert und kein Hotel oder Restaurant werden sich einem Preisdiktat unterziehen wollen, wie auch bei den Gehältern und Löhnen die Autonomie der Vertragsparteien (Gewerkschaften und Arbeitgeber) unangetastet bleiben wird. Auch öffentliche Institutionen, bei denen eine größere Kooperationsbereitschaft zu erwarten wäre, unterliegen gesetzlichen Bestimmungen und einem weitgehenden Gleichbehandlungsgrundsatz, so daß z.B. die kostenlose Überlassung von Grund und Boden an einen besonders interessanten Investor verhindert wird.

Lediglich bei Veranstaltungen und Leistungen, die direkt vom Regionalmarketing aus betrieben werden, und bei Gütern der Region, z.B. Merchandisingartikeln, deren Vertrieb unter der Kontrolle des Regionalmarketing steht, ist eine Bestimmung der Konditionen seitens des Regionalmarketing gegeben. Dem Regionalmarketing bleibt jenseits dieser Sonderfälle nur ein begrenzter Handlungs- und Bestimmungsspielraum im Konditionenmanagement, so bleiben insbesondere die folgenden Felder:

- Es können Verhandlung über Konditionen mit den Anbietern vor Ort in Vertretung für einen Investor durchgeführt und so dem Investor Arbeit abgenommen werden. Was zunächst so aussieht, als ob es sich nur bei großen Investoren lohnen dürfte, wird z.B. in der Praxis auch in der Masse für Touristen angeboten, für die eine zentrale Agentur z.B. mit den Hotels und Veranstaltern Sonderkonditionen aushandelt.
- Die Anbieter vor Ort sind über die Konditionen der Konkurrenten in anderen Regionen und über die Preisbereitschaft der Zielgruppen zu informieren, d.h., es ist

Marktforschung für die Unternehmen in der Region durchführen. Daraufhin können Empfehlungen an die Anbieter in der Region gegeben werden (z.B. Empfehlungen, welche Preise für Bootsliegeplätze zu verlangen sind).

- Einwirken auf einzelne Anbieter, für die Zielgruppen besondere Konditionen anzubieten. Wobei insbesondere Unternehmen interessant erscheinen, die eine gesellschaftliche Funktion erfüllen müssen. Innovative Beispiele finden sich z.B. in kostenlosen Zugtickets oder in der Bevorzugung bei der Vergaben von Kindergartenplätzen für Neuansiedler.
- Weiter kann über das Regionalmarketing auch auf bestehende Förderungen und Sonderkonditionen (z.B. Berlinförderung) bei den Zielgruppen hingewiesen werden und so deren Nutzung gefördert und als Vorteil der Region herausgestellt werden. Ebenso kann die Initiative zur Einführung weiterer Förderungsprogramme und Sonderkonditionen ergriffen werden.

Dem Konditionenmanagement des Regionalmarketing bleibt somit primär nur eine beratende, initiierende und kommunikative Funktion. Das Regionalmarketing ist hier auf die Akzeptanz und Kooperationsbereitschaft der Anbieter vor Ort angewiesen. Und selbst bei den Leistungen und Gütern, die der Kontrolle des Regionalmarketing unterliegen, muß auf mögliche Konflikte durch Konkurrenz zu Anbietern in der Region geachtet werden (z.B. heimische Spielwaren als günstiges Souvenir in Konkurrenz zu normalen Spielwaren von Herstellern aus der Region). Diese erheblichen Einschränkungen im Konditionenmanagement führen dazu, daß auf diesem Feld in der Praxis kaum Aktivitäten stattfinden. Gleichwohl ist es für eine Region ein gute Chance, Wettbewerbsvorteile zu erlangen, wenn obige Schritte angegangen werden und für die Zielgruppen zu verbindlichen Konditionen führen.

Kontaktmanagement - Kontrahierung im engeren Sinne

Zur Kontrahierung gehört auch die Herstellung und Aufrechterhaltung des Kontakts zu einzelnen Personen und Institutionen aus den Zielgruppen, das Kontaktmanagement. Interessenten können sehr unterschiedlich sein: Touristen, die ihren Urlaub planen und Informationen zur Region erhalten wollen; potentielle Besucher einer Veranstaltung in der Region, die nach Karten nachfragen, oder ein Großinvestor, der sich für einen Standort in der Region interessiert.

In allen Fällen muß gewährleistet sein, daß der entstandene Kontakt kompetent und zur Zufriedenheit des Interessenten bearbeitet wird (also Auskunft und ggf. Weiterleitung an die richtige Stelle in der Region). Dies verlangt eine professionelle und konsistente Betreuung der Interessenten und eine Anlaufstelle, die zentral bei der Regionalmarketinginstitution angesiedelt sein sollte. Diese zentrale Anlaufstelle („Rezeption") sollte für den Zugang zu allen Leistungen der Region verantwortlich sein. Die Rezeption soll neben Auskunfts- auch Vermittlungsaufgaben übernehmen. So kann dort eine zentrale Wohnungs-, Hotelzimmer- und Grundstücksvermittlung bis hin zu einem Kartenverkauf für alle Events in der Region untergebracht sein. Als Vermittlungsstelle hat die Rezeption auch anderweitige Interessenten (z.B. Investoren) zu dem für diese adäquaten Ansprechpartner weiterzuleiten und ihnen somit das Telephonieren durch „alle Instanzen" abzunehmen. Dies kann zudem dadurch unterstützt werden, daß die Rezeption für den Interessenten Aufgaben der Informationsbeschaffung und ggf. Verhandlungen übernimmt, so z.B. für einen potentiellen Investor passende Grundstücke sucht, mit dem Besitzer verhandelt und mit kommunalen Anbietern (z.B. Stromerzeuger, Wasserbetriebe, Stadtreinigung) besondere Konditionen für den Investor aushandelt sowie Handwerker der Region zu Konsortien beim Aufbau der Produktionsanlagen zusammenstellt. Darüber hinaus kann mit einer einladenden Rezeption auch ein erster Schritt zur Schaffung einer individuellen Atmosphäre getan werden. Die zentrale Anlaufstelle ist aber auch Ansprechpartner für Beschwerden oder Verbesserungsvorschläge. Zusammenfassend übernimmt die zentrale Anlaufstelle, die Rezeption, für die Region folgende Funktionen:

- Erfassung des Kontaktes,
- Auskunft an die Kontaktperson,
- Vermittlungsaufgaben, Kontaktvermittlung in die Region hinein,
- Übernahme von Recherchen und Vertragsverhandlungen,
- Aufgreifen und Weiterleiten von Beschwerden.

Eine solche Rezeption muß daher umfangreiche Informationen besitzen und erfassen:

- Wissen über alle Kontaktpartner in der Region für jeden Zweck (z.B. Behörden und deren Aufgaben, Freizeit-, Sport- und Kultureinrichtungen, halböffentliche Einrichtungen, kommunale Anbieter, gewerbliche Anbieter von Produkten und Dienstleistungen, Hotel/Restaurants, Freiberufler, wissenschaftliche Institutionen, Ansprechpartner für Kooperationen, Experten aller Art).
- Jegliche grundlegende Informationen zur Region (z.B. Gesellschaft, Wirtschaft, Wissenschaft, insbesondere auch Preise, Kosten).

- Laufende und frühere Kontakte und die dahinterstehenden Interessenten an der Region, Ablauf und Erfolg des laufenden bzw. früheren Kontaktes, Hintergrundinformationen zu den Interessenten.

Die zentrale Anlaufstelle muß also nicht nur umfangreiche Informationsmaterialien verfügbar halten, sondern per Workflowsoftware und Datenbank aktuelle Daten bereitstellen und den Kontaktablauf nachhalten. Zu den operativen Aufgaben des Kontaktmanagements durch die Zentrale gehören:

1. Kanalisieren des Interesses: Zum Kontakt kann es über eine aktive Ansprache durch die Regionalmarketinginstitution (s.o. Kommunikation, Direct Marketing) oder durch die Initiative einzelner Interessenten aus den Zielgruppen kommen. Wenn sich der Interessent nicht direkt an die Regionalmarketinginstitution wendet, so muß gewährleistet sein, daß die angesprochene Stelle den Kontakt unverzüglich an diese weiterleitet. Da dies aber auf der Freiwilligkeit der angesprochenen Partner innerhalb und außerhalb der Region aufbaut, sollte es das Ziel des Kontaktmanagements sein, bereits in der Kommunikation (s.o.) den Interessenten die Existenz einer zentralen Anlaufstelle deutlich zu machen, so daß sie sich direkt an die Anlaufstelle wenden.
2. Die Erfassung des Kontaktes und ggf. vorhandener oder noch zu beschaffender Hintergrundinformationen zur Kontaktperson.
3. Erste Betreuung der Kontaktperson, Befriedigung des Anliegens, was i.d.R. in persönlichen Gesprächen, Vermittlungs- und Beratungstätigkeiten, Beschaffung und Weitergabe von Informationen sowie Beistand bei Verhandlungen für den Interessenten besteht.
4. Verteilung der Zuständigkeiten für die weitere Betreuung der Kontaktperson unter den Akteuren der Region und ggf. Weiterleitung des Kontaktes.
5. Kontrolle des Erfolgs / der Zufriedenheit der Kontaktperson.
6. Kontakt-Pflege: Nachhalten und Betreuen der Kontaktpersonen in den Zielgruppen, Pflege der Informatione über Kontaktperson und ggf. deren Institution (z.B. ständige Aktualisierung von Adressen, Ansprechpartnern), ggf. spätere wiederholte Ansprache der Zielperson.

Beim Kontaktmanagement sind zielgruppenspezifische Differenzierungen im Betreuungsengagement notwendig. So ist offensichtlich, daß für einen potentiellen Großinvestor mehr Aufwand zu treiben ist als für einen gelegentlichen Besucher einer Veranstaltung oder für einen Durchreisenden. Zwar ergibt sich der Betreuungsaufwand primär aus dem Anliegen des Interessenten heraus, doch liegt es nahe, die unterschiedlichen Interessen in typische Gruppen zusammenzufassen und deren Bearbeitung je nach Häufigkeit der Anfrage mehr oder weniger zu standardisieren. Die Anlaufstelle ist entsprechend personell auszustatten.

Zwei innovative Instrumente seien hier erwähnt, die eine weitere Differenzierung im Kontaktmanagement zulassen:

- Das ist zunächst die Präsenz im Internet (s.o.), die nicht nur Auskunftsbedürfnisse von Interessierten befriedigen kann, sondern auch Bestellungen von Karten, Broschüren etc. elektronisch bearbeiten läßt.
- Das andere innovative Instrument verbindet Kontaktmanagement und Konditionenpolitik miteinander in Form von Kundenkarten: Um die Bezahlung der Leistungen in der Region zu erleichtern, kann - im Sinne von Kundenkarten - eine Zahlungs- und Eintrittsscheckkarte geschaffen werden, die es den Besitzern ermöglicht, alle Leistungen der Region bargeldlos zu bezahlen und Veranstaltungen und Einrichtungen zu besuchen. Mittels unterschiedlicher Karten - ähnlich den Kreditkarten - kann zwischen den verschiedenen Interessenten differenziert werden.

Zusammenfassung

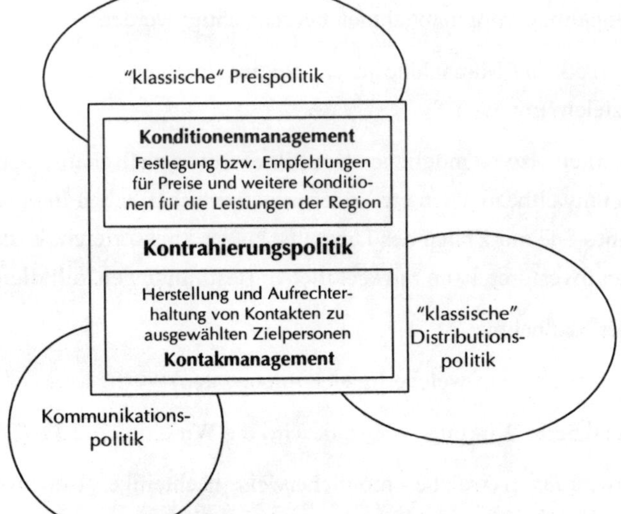

Abb. 33: Aufbau der Kontrahierungspolitik im Regionalmarketing und Zuordnung zu den Instrumenten des „klassischen" Marketing

Die obige Abbildung 33 vermittelt einen einfachen Überblick über Zuordnung und Teile der Kontrahierungspolitik im Regionalmarketing.

4.2.4.5 Grenzen operativer Maßnahmen

Aus den bisherigen Ausführungen dürfte deutlich geworden sein, daß der Einsatz der oben vorgestellten Instrumente im Regionalmarketing Restriktionen der Durchsetzbarkeit in der Region und der begrenzten Budgets unterliegt.

Viele der unternehmerischen Maßnahmen im Marketing-Mix würden, wenn im Regionalmarketing eingesetzt, in den Bestimmungsbereich der Unternehmen der Region eingreifen. Dies stößt jedoch auf Widerstände aus der Region, auf Zielkonflikte zwischen den regionalen Gruppen und auf Budgetgrenzen des Regionalmarketing. Die Konzentration auf gemeinschaftliche regionale Leistungen, Key-Ressourcen und Maßnahmen, die über alle Gruppen und Leistungen der Region hinweg diese integrieren, ist die Konsequenz.

Daher erscheint es sinnvoll, die Regionalmarketingmaßnahmen nach mehr Kriterien als nur der Eignung für die Erreichung der Ziele auszuwählen, was insbesondere bedeutet, die Durchsetzbarkeit der Maßnahme bei den Entscheidungsträgern in der Region abzuschätzen. Folgende Kriterien sollten daher bei der Auswahl und Prioritätenbildung der Regionalmarketingmaßnahmen berücksichtigt werden:

- Konsistenz (paßt die Maßnahme in das Regionalmarketing-Gesamtkonzept und zu den Imagezielen?).
- Durchsetzbarkeit bzw. mögliche Konflikte mit gesellschaftlichen (politischen, rechtlichen umweltbezogenen etc.) oder privatwirtschaftlichen Interessen (z.B. kann Anlegen eines See mit Zielen des Umweltschutzes konkurrieren, kostenlose Abgabe von Land an Investoren kann mit rechtlichen Bestimmungen kollidieren).
- Wirkung der Maßnahme
    - Wirkungsbreite (auf welche Imagekomponenten)
    - Prognostizierte Wirkung (wie stark wird die Wirkung eintreten?)
    - Nebenwirkungen (welche - möglicherweise nachteilige - Nebenwirkungen können eintreten (sogn. "nach hinten losgehen")?)
    - Fristigkeit der Wirkung (in welchem Zeitraum tritt die Wirkung ein?)

- Kosten der Maßnahme (welche Kosten beansprucht die Maßnahme?) und Fristigkeit der Maßnahme (welchen Zeitraum beansprucht die Maßnahme?)
- Alternativen (welche Alternativen mit etwa gleicher Wirkung gibt es?)

4.2.5 Regionalmarketing-Organisation

Jenseits der obigen Kriterien dürfte gerade die Durchsetzbarkeit der geplanten Maßnahmen von der institutionellen Verankerung des Regionalmarketing in der Region abhängen. Dies führt zu der Frage der Organisation des Regionalmarketing oberhalb der zuvor beschriebenen zentralen Anlaufstelle.

Dazu sollen zunächst zwei Phasen der institutionellen Entstehung des Regionalmarketing unterschieden werden:

- Phase der Initiative für ein Regionalmarketing.
- Phase des laufenden Regionalmarketing.

In der Initiativ-Phase existiert noch kein geschlossenes Marketing für die Region. Entweder werden keine oder nur von einzelnen Gruppen isolierte Aktivitäten unternommen. In diesem Moment treten i.d.R. einzelne Personen oder Institutionen durch Anregung zu einem systematischen Regionalmarketing hervor, fordern im kleinen Kreise oder öffentlich das Marketing und liefern erste Ideen, Pläne oder installieren Gesprächskreise. Die Initiative kann im Prinzip jeder und jede Einrichtung aus der Region ergreifen, typisch ist ein oder sind mehrere Vertreter der regionalmarketingrelevanten Gruppen der Region, also die Träger, so wie sie in den Kapiteln 2.3 und 3.3 benannt wurden:

- Gewerkschaften, Arbeits- und Arbeitslosenvertretungen,
- Bürgerbewegungen, ökologische Vereinigungen,
- politische Parteien,
- Wirtschaftsunternehmen, insbesondere große Unternehmen am Standort,
- Wirtschaftsvertretungen (IHK, Handwerkskammer etc.),
- Freizeit- und Sportvereinigungen,
- einzelne Institutionen (z.B. Hochschulen, Ministerien),
- öffentliche Verwaltung,
- Institutionen, die inhaltlich nahe am Regionalmarketing angesiedelt sind, so z.B. Wirtschaftsförderungen, Fremdenverkehrsverein,
- ggf. Experten außerhalb der Region, wie z.B. Regionalmarketingberater, Vertreter von überregional tätigen Tourismusunternehmen.

In der Praxis existiert nicht gleich zu Anfang der Initiative eine institutionelle Umsetzung des Regionalmarketing. Vielmehr wird die Koordination der Initiative durch mehr oder weniger feste Arbeitskreise, Vereine, durch Stabstellen z.B. in der IHK oder die Stadtverwaltung (der „Regionalmarketingbeauftragte") betrieben.

Haben sich die Initiatoren in der Weise durchgesetzt, daß ein Regionalmarketing die zum laufenden Betrieb notwendige Akzeptanz und Unterstützung durch die anderen (o.g.) relevanten Gruppen der Region erhalten hat (z.B. durch Beschluß der Bürgerversammlung oder einer Gründungskonferenz sowie durch Hingabe von Mitteln zur Realisation), so muß das Regionalmarketing für den laufenden, professionellen Betrieb institutionalisiert werden. An die entstehende Regionalmarketing-Institution sind zunächst ein Reihe von Anforderungen zu stellen:

- Sie muß rechtlich wie politisch zum RGM legitimiert sein, d.h. als Institution durch Beschluß oder Gesetz zur Vertretung der Region ggü. Dritten berechtigt und beauftragt sein.
- Sie muß bei allen wesentlich Gruppen der Region Akzeptanz finden, d.h. eine Legitimation auch faktisch durch die Bevölkerung und die entscheidungsrelevanten Gruppen der Region (s.o.) erfahren.
- Sie muß diese Gruppen einbinden („Betroffene zu Beteiligten machen", Töpfer 1993, S.65), um auch eine faktische Legitimation zu erhalten.

Diese Kriterien sollen herangezogen werden, wenn die in der Literatur vorgeschlagenen formalen wie informellen Formen der Institutionalisierung des laufenden Regionalmarketing vorgestellt und bewertet werden.

Formale Organisation des Regionalmarketing

Einige Autoren beschäftigen sich eingehend mit der Frage, welche Organisationsform eine koordinierte Planung des Regionalmarketing am besten unterstützt (Schneider 1992, S.98ff, Manschwetus 1995, S.292ff., Spieß 1998, S.36ff.). Es wird jedoch darauf hingewiesen, daß Regionalmarketing nicht auf eine Organisationseinheit reduziert werden kann, die selbst alle Maßnahmen plant, beschließt und durchführt. Auch kann eine Kombination verschiedener Organe unter Umständen die chancenreichste Alternative sein. In der Literatur werden insbesondere folgende Organe für das Regionalmarketing vorgeschlagen (u.a. Manschwetus 1995, S.303f., Spieß 1998, S.36ff., Haag 1994, S.359ff., Glogowski 1997):

- Stabstelle,
- Behördliches Amt,
- Industrie- und Handelskammern,
- Wirtschaftsförderungsinstitute,
- Marketingagentur.

Stabstellen sind dem Oberbürgermeister oder Landrat direkt unterstellte Koordinationsstellen. Sie stellen die kostengünstigste Lösung aller Varianten dar. Eine Stabstelle hat jedoch keine Entscheidungsbefugnisse, so daß sie nur beratende Aufgaben wahrnehmen kann.

Ein behördliches Amt wäre nur mit einer Verwaltungsreform zu realisieren (Schneider 1992, S.99ff.). Aus formaljuristischen Gründen ist derzeit auch eine Beteiligung privater Organisationen ausgeschlossen. Je nach Größe der betreffenden Region wäre ein Amt als Organ für das Regionalmarketing auch mit Kompetenzüberschneidungen verbunden, da mit zunehmender Größe der Region die Anzahl der zuständigen Kommunen steigt (Manschwetus 1995, S.293).

Industrie- und Handelskammern eignen sich als Träger, da sich ihre Aufgaben weitgehend mit denen des Regionalmarketing decken. So haben viele Kammern bildungs- oder beratungsorientierte Ansätze zur Überwindung regionaler Strukturschwächen initiiert. Für die Kammern könnte sich jedoch ein Zielkonflikt ergeben, wenn das Regionalmarketing-Konzept eine Förderung von Zielgruppen erforderlich macht, die nicht zu dem Klientel der IHK bzw. nur eines Teils der Mitglieder der IHK gehören.

Auch zwischen dem Instrumentalbereich der Wirtschaftsförderungsgesellschaften und dem des Regionalmarketing gibt es viele Parallelen. So vermitteln Wirtschaftsförderungsgesellschaften Gewerbeflächen, unterstützen Unternehmen bei der Neuansiedlung oder Betriebserweiterung, vertreten Unternehmensinteressen gegenüber senatorischen Dienststellen und initiieren Maßnahmen zur Verbesserung der Infrastruktur. Dennoch würde eine konsequente Anwendung des Regionalmarketing mit einer wesentlichen Erweiterung der Aufgaben der Wirtschaftsförderungsgesellschaften verbunden sein. Hinderlich sind vor allem die territorial begrenzten Zuständigkeiten, da i.d.R. jede Kommune über eine eigene Wirtschaftsförderungsgesellschaft verfügt.

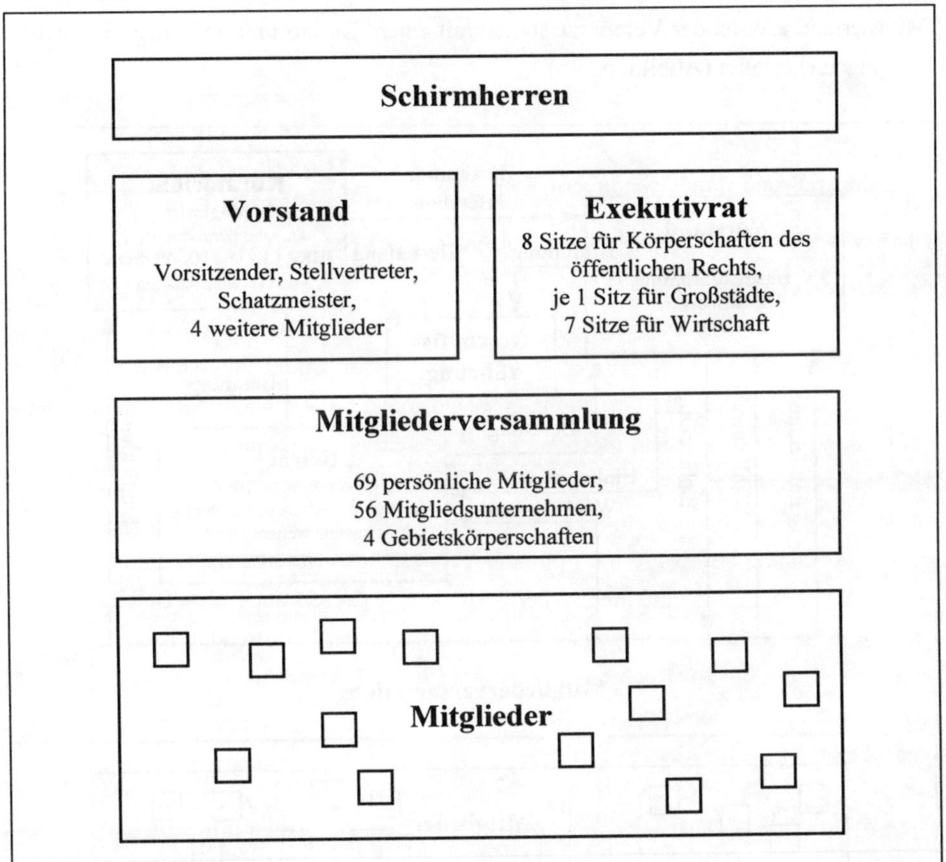

Abb. 34: Organisationsstruktur des Mitteldeutschland e.V. (i.A.a. Schaaschmidt 1995, S.119)

Rechtsform der Regionalmarketingagentur

In der Praxis finden sich vielfach Vereine als Träger und Agentur des Regionalmarketing. Diese Rechtsform bietet sich aufgrund

- einfacher Gründung,
- keine Kapitalerbringungspflicht,
- ggf. Reputation als gemeinnützige Einrichtung

gerade in der Initiativ-Phase an. Vereine sind in der Praxis aber auch im fortgeschrittenen Stadium des laufenden Regionalmarketingbetriebes zu beobachten, so z.B. als Aktion Münsterland e.V., Verein Oberfranken Offensiv e.V. oder als Aktion Mitteldeutschland e.V.. Letzterer Verein besitzt dabei einen gängigen Aufbau Vorstand, Rat und Mitgliedervesammlung, wie die obige Abbildung 34 zeigt. Im Falle des Aktion Münsterland e.V. ist der Verein zusätzlich mit einem Kuratorium und einer Geschäftsführung ausgestattet (Abbildung 35).

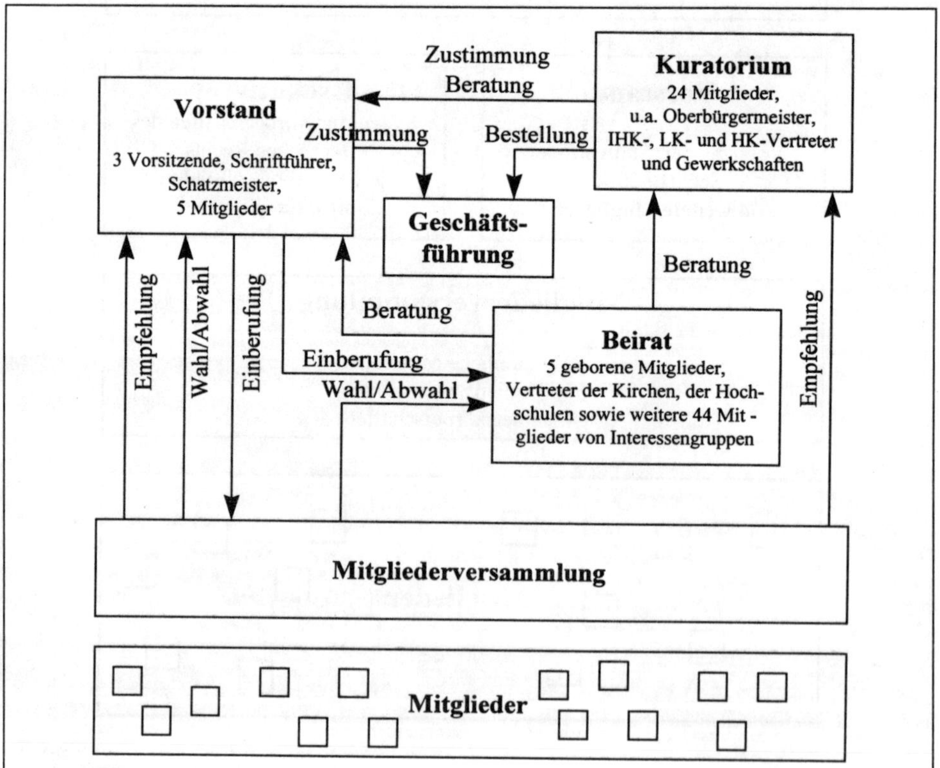

Abb. 35: Organisationsstruktur des Münsterland e.V. (i.A.a. Schmitz 1999, S.36)

Durch die Gründung einer privatrechtlichen Gesellschaft für Regionalmarketing - einer sogenannten Marketingagentur - können viele der oben genannten Nachteile vermieden werden (Manschwetus 1995, S.297ff.). Marketingagenturen können als Public-Private-Partnership (PPP) realisiert werden: das Handlungsfeld kann frei bestimmt und die Marketingkompetenz auch nach außen über den Namen des Unternehmens deutlich erkennbar gemacht werden. Haag (1993, S.366ff.) stellt Vor- und Nachteile einer Marketingagentur in GmbH-Form ((Kapital-)Gesellschaft mit beschränkter Haftung) insbesondere ggü. einer Lösung in einer öffentlichen Einrichtung vor, die in der folgenden Tabelle 23 - leicht verändert und ergänzt - zusammengestellt sind.

Vorteile einer Marketingagentur in GmbH-Rechtsform

- Ergebnisverantwortung der Agentur
- frei von Auflagen z.B. vom öffentlichen Haushaltsrecht, personalpolitische Auflagen
- Einbindung privater Personen möglich, alle Betroffene können zu Beteiligten gemacht werden
- erwerbswirtschaftliche Tätigkeiten möglich
- flexibler Einsatz von Mitarbeitern (z.B. kurzfristiges Engagement von Künstlern)
- Einsparungen während des laufenden Betriebs leicht möglich, da kein kammeralistisches Haushaltssystem
- Anreiz, Fremdmittel anzuwerben, z.T. auch durch Beteiligung
- keine Beamtenmentalität, kein hoheitliches Verwaltungsverhalten
- keine aufwendige formelle Beteiligungsverfahren mit anderen Ämtern
- Erfolgs- und Mißerfolgsbeteiligung der Geschäftsführung
- neue, freie Institution wirkt neutraler als eine an bestehende Einrichtung angegliederte
- Erfolg kann durch in der Wirtschaft bekannte Verfahren transparent gemacht werden
- steuerliche Vorteile (z.B. ein möglicher Vorsteuerabzug)

Nachteile einer Marketingagentur in GmbH-Rechtsform

- Eigenständigkeit kann auch Entzug der Kontrolle durch kommunale Stellen bedeuten
- Vertrauen in eine Verwaltung ist i.d.R. größer
- setzt ein entsprechendes Volumen an Regionalmarketingaktivitäten voraus
- setzt voraus, daß die Region so attraktiv ist, daß auch Erfolge möglich sind
- die Geschäftsführung ist aufgrund der immer währenden öffentlichen Diskussion ein schwer im Konsens zu besetzender und zu haltender Posten
- Beteiligung der Kommunen am Kapital ist haushaltsrechtlich problematisch

Tab. 23: Vor- und Nachteile einer Regionalmarketingagentur in GmbH-Rechtsform (in Anlehnung an Haag 1993, S.366ff.)

Für eine privatwirtschaftlich geführte Marketingagentur sprechen also erheblich mehr Vorteile als Nachteile gegen sie sprechen. Dabei muß die Rechtsform nicht zwangsläufig eine GmbH sein. So kann auch die Idee eines verdienten Bürgers der Stadt Flensburg aus dem Jahre 1997 aufgegriffen werden, der für das Regionalmarketing der Stadt Aktien und damit eine Aktiengesellschaft vorschlug. Diese Rechtsform besitzt den für das Regionalmarketing großen Vorteil, daß sie eine noch größere Streuung des Kapitals an Beteiligte der Region zuläßt.

Als derzeit „chancenreichste" (d.h. zur Durchsetzung und Realisierung eines Regionalmarketingkonzeptes) Kombination schlägt Manschwetus (1995, S.302) die privatwirtschaftliche Marketingagentur in Verbindung mit einer Stabstelle für Marketing im Verwaltungsbereich vor. Daher sollen hier drei Elemente einer solchen kombinatorischen Regionalmarketingagentur vorgeschlagen werden, die das Regionalmarketing realisieren und sowohl formelle als auch informelle Prozesse aufnehmen und kanalisieren können: Placemanagement, Rezeption, Kuratorium.

Zentrales Placemanagement

Die Aufgaben eines zentralen Placemanagements sind strategisch nach innen und nach außen gerichtet. Nach innen muß es eine Koordination der unterschiedlichen Interessen in der Region leisten ("alle müssen an einem Strang ziehen") und - im Hinblick auf die angestrebte CI der Region - z.B. die Konsistenz der Kommunikation garantieren. Nach außen kommt dem Placemanagement die zentrale Planung, Durchführung und Kontrolle der Marketingmaßnahmen nach Maßgabe der grundlegenden Entscheidungen des Marketingkuratoriums zu. Es könnte durch Einstellung eines Projektmitarbeiters z.B. in der IHK realisiert werden.

Zentrale Anlaufstelle „Rezeption"

Die zentrale Anlaufstelle wurde bereits oben erläutert und besitzt insbesondere operative Aufgaben. Sie soll allen interessierten Personen, die aus Sicht des Regionalmarketings Kunden sind, freundlich und kompetent Informationen über die Region zur Verfügung stellen. Als Voraussetzung damit die Anlaufstelle ihre Funktion erfüllen kann, muß sie für interessierte Person leicht zu finden sein (z.B. als Büro in der größten Stadt der Region). Somit sollten zahlreiche Hinweisschilder an den Straßen der Region aufgestellt werden, die Telephonnummern müssen leicht zu finden sein, im Internet sollte man eine Homepage vorweisen, und es sollte die Adresse auf jeglicher Information zur Region abgedruckt sein (z.B. als kleiner Aufkleber).

Marketingkuratorium für die Region

Das Marketingkuratorium als Gremium für alle Interessengruppen der Region, die sich aktiv an einem Regionalmarketing beteiligen wollen, sollte das Forum für ein Public-Private-Partnership (PPP), also ein Zweckbündnis privater und öffentlicher Akteure, sein. Dieses Gremium soll die personalen und finanziellen Ressourcen für das Marketing der Region bereitstellen und das Regionalmarketing bei der Durchsetzung der Maßnahmen unterstützen. Damit ist seine Funktion vergleichbar der eines Aufsichtsrates. In den USA ist dies bereits weit verbreitet (vgl. dazu z.B. Kotler/Haider/Rein 1994). Beispiele in Deutschland sind die Ruhrgebiets-Initiative oder die Technologieregion Karlsruhe (weitere Bespiele u.a. bei Töpfer 1993, Manschwetus 1995, Beyer/ Kuron 1995, Honert 1991). Das Marketingkuratorium kann z.B. als gemeinnütziger Verein ausgestaltet werden. Um in diesem Gremium effiziente Entscheidungen zu ermöglichen, bietet sich das Konsortialprinzip an: Jede Interessengruppe entsendet einen Vertreter, der jedoch mit umfassenden Entscheidungsvollmachten ausgestattet ist.

Informelle Organisation des Regionalmarketing

Unter informeller Organisation soll hier die Koordination der Beteiligten am Regionalmarketing bei der Planung und Umsetzung verstanden werden. Wiederum sei darauf hingewiesen, daß die Koordination der vielen Interessengruppen sich äußerst schwierig gestaltet (vgl. zuvor die Kapitel 2.3 und 3.3 und das folgende Kapitel 4.2.6). Die Vielfalt der Beteiligten ist in der Forschung jedoch ausdrücklich erwünscht: Die meisten Autoren sind sich in dem Punkt einig, daß möglichst viele Gruppen zur Entscheidungsfindung einbezogen werden sollten, also „Betroffene zu Beteiligten machen" (dazu ausführlich Helbrecht 1994, S.192ff, Schneider 1992, S.98 sowie die bereits zuvor mehrfach genanten Quellen wie Manschwetus 1995, Spieß 1998, Töpfer 1994).

In der Forschung werden in der Regel zwei Formen der informellen Organisation des Regionalmarketing genannt: Workshops, die sich auf breite Bevölkerungsschichten beziehen, und kleinere Arbeitsgruppen, die zu spezifischen Themen gebildet werden (Helbrecht 1994, S.193). Arbeitsgruppen können mit den Abteilungen eines Unternehmens verglichen werden. Als grundsätzliche Organisationsformen der Arbeitsgruppen lassen sich nach gemeinsamer Auffassung der Literatur die Funktionenorientierung und die Spartenorientierung unterscheiden. Die Funktionenorientierung wird dabei nur für Unternehmen mit einem recht undifferenzierten Angebot für sinnvoll gehalten. Demzufolge eignet sich diese Form der Organisation lediglich für kleinere Regionen, z.B. um Kleinstädte. Größere Regionen besitzen in der Regel jedoch ein sehr komplexes Leistungsangebot, so daß sich hier eher die Spartenorientierung eignet. Innerhalb der Spartenorientierung der Arbeitsgruppen kann weiter zwischen der Produktorientierung, der Kundenorientierung und der Gebietsorientierung unterschieden werden. Die beste Alternative für Arbeitsgruppen bei der Investorenakquisition innerhalb des Regionalmarketing ist u.E. die der Kundenorientierung, da insbesondere für Großinvestoren viele Entscheidungsträger aus der Region simultan angesprochen werden müssen. Nicht zuletzt ist aber auch die Form der Matrixorganisation denkbar, in der die Gruppen jeweils funktionen- und spartenorientiert zusammengestellt werden.

Zusammenfassung

Die folgende Abbildung 36 faßt die wesentlichen Parameter und Teile der Regionalmarketingorganisation zusammen:

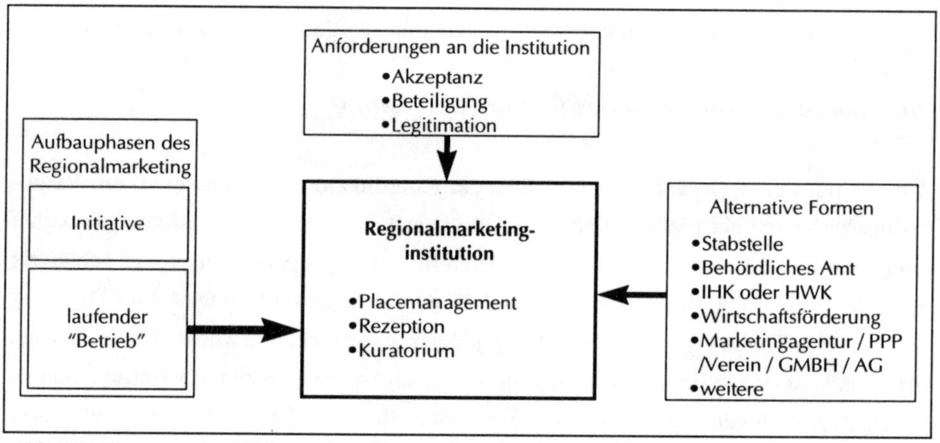

Abb. 36: Elemente der Bildung einer Regionalmarketinginstitution

4.2.6 Durchsetzung des Regionalmarketing

Probleme der Durchsetzung

Es wurde bereits wiederholt darauf hingewiesen, daß gerade bei der Durchsetzung von Marketingmaßnahmen erhebliche Unterschiede zwischen Regionalmarketing und unternehmerischem Marketing bestehen, sie ist aufgrund der Freiwilligkeit der Beteiligten am Regionalmarketing und der regionalpolitischen Diskussion sowie der sehr unterschiedlichen Interessenlage der verschiedenen Gruppen in der Region außerordentlich schwierig (siehe dazu Kapitel 3.3 und auch im Kapitel 4.2.5 zuvor). Während in einem Unternehmen ein etabliertes Beteiligungs- und Weisungsgefüge vorhanden ist, kann das Regionalmarketing nicht darauf zurückgreifen. Regionalmarketingmaßnahmen bauen entweder auf vertraglichen Absprachen zwischen den Gruppen der Region (z.B. Behörden, Wirtschaftsförderungsstellen, halböffentliche und kommunale Betriebe, Hochschulen, Parteien, Tourismusvereine, gewerbliche Wirtschaft, einzelne Institutionen und Unternehmen) auf oder müssen sich auf die freiwillige Unterstützung aus der Region verlassen. Regionalmarketing muß daher unter regionalpolitischen Rahmenbedingungen aus Macht- und Weisungsbeziehungen durchgesetzt und abgestimmt werden.

Dabei sind die Probleme in den beiden Phasen des Aufbaus eines Regionalmarketing (vgl. Kapitel 4.2.5) unterschiedlich: Ist das Regionalmarketing in einer Region bereits etabliert (Phase des laufenden Betriebs) und findet sich in eine wie oben beschriebenen Institutionen wieder und die Maßnahmen stellen vielleicht sogar Routine dar, so dürfte die Durchsetzung von Maßnahmen offensichtlich weniger Diskussion und Durchsetzungsschwierigkeiten mit sich bringen, als wenn es sich - in der Initiative-Phase - um Maßnahmen handelt, die erst noch geplant werden müssen oder erstmalig realisiert werden.

Wie schwierig die Durchsetzung der Maßnahmen ist, zeigt ein Beispiel für eine Maßnahmenbeschreibung aus Bergisch-Gladbach (Abbildung 37). Die sehr allgemein gehaltene Maßnahme wird hier um umfangreiche Begründungen und Erläuterungen ergänzt. Eine derartige Ausführlichkeit zeigt das Bemühen, Widerstände möglichst nicht aufkommen zu lassen und denn Sinn der Maßnahme einer breiten Gruppe von Lesern zu vermitteln.

Die größeren Probleme der Durchsetzung dürften also in der Aufbauphase des Regionalmarketing auftreten, wenn die zu beteiligenden Gruppen der Region zur erstmaligen Mitarbeit und Unterstützung bewegt werden sollen. Gerade hier ist zu erwarten, daß Mitarbeit und Unterstützung aus verschiedenen politischen Gründen verweigert oder von vielfältigen Bedingungen abhängig gemacht wird.

Obwohl die Durchsetzung des Regionalmarketing große Probleme bereiten kann, wird in der Literatur lediglich versucht, diese über die Frage nach der formellen Organisation zu lösen. Aber gerade in der ersten Phase des Aufbaus, der Initiativ-Phase, fehlt üblicherweise die Organisation, da sie ja Gegenstand des Aufbaus ist.

Strategien der Durchsetzung

In Ermangelung expliziter Konzepte für die Durchsetzung der Regionalmarketingidee in der Literatur seien hier den Initiatoren eines Regionalmarketing einige Strategien vorgeschlagen, die in der Regionalmarketingpraxis bei mangelnder Mitarbeit bzw. gar Widerstand für die Durchsetzung zu erkennen waren:

IV.10 Stadtfeste

Anlaß	Im Bereich Handel und Dienstleistungen ist eine Stärkung der Kaufkraftbindung in Bergisch-Gladbach von zentraler Bedeutung. Darüber hinaus soll die Identifikation der Bürgerinnen und Bürger mit der Gesamtstadt verbessert werden. Wichtige Ansatzpunkte hierzu sind eine attraktive Gestaltung der Innenstadtbereiche und deren Belebung nach Geschäftsschluß.
Beschreibung	Es wird in der heutigen Zeit häufig bemängelt, daß die unterschiedlichen Stadtteilfeste in Bergisch-Gladbach und die sonstigen Veranstaltungen in der Region trotz ihrer traditionellen Verankerung sich immer ähnlicher werden und es somit leicht zu Sättigungstendenzen und einer geringen Attraktivität kommen kann. Aus den genannten Gründen sollen derartige Veranstaltungen in Bergisch-Gladbach zukünftig zeitlich aufeinander abgestimmt (z.B. gemeinsamer Veranstaltungskalender) und die ursprünglichen Anlässe und Bräuche stärker hervorgehoben werden. Auch im Bereich der Gastronomie soll auf stärkere Diversifikation geachtet werden. Der lokale Charakter soll u.a. durch eine Beteiligung von örtlichen Vereinen mit originellen Ideen sichergestellt werden. Insgesamt wird eine Unterscheidung von den festen in anderen Städten angestrebt, so daß ein unverwechselbarer Eindruck entsteht.
Beteiligte (Federführung fett)	**Interessengemeinschaft des Einzelhandels**, Handwerkerschaft, Hotel- und Gaststättenverband, Einzelhandelsverband, Stadt Bergisch Gladbach
Ansprechpartner in der Verwaltung	Amt für Liegenschaften und Wirtschaftsförderung (Amt 23)
Umsetzungsaspekte	Finanzierung: [ ] öffentlicher Haushalt [X] private Finanzierung [X] public-privat-partnership Realisierungsbeginn: [X] kurzfristig [X] mittelfristig [ ] langfristig

Abb. 37: Beispiel einer Maßnahmenbeschreibung (Westermann 1995,S.46)

- „Konsens“: Wenn von den zu beteiligenden Gruppen der Region zwar die Notwendigkeit eines Regionalmarketing erkannt wird, jedoch die Zustimmung zum bestehenden Konzept entsagt wird, so sollte von den Initiatoren eine Abstimmung der Gruppen und deren Interessen erfolgen, wenn die Initiatoren auf diese Gruppen angewiesen sind (z.B. weil finanzielle Unterstützung benötigt wird). Diese Strategie des Konsens beinhaltet jedoch die Gefahr, daß das Regionalmarketingkonzept durch die individuellen Interessen einzelner verwässert und die Planung zeitlich verlängert wird. Daher erscheint diese Strategie nur dann sinnvoll, wenn die Meinungen der zu beteiligenden Gruppen nicht zu weit entfernt von einander liegen und ein Konsens auch in einem überschaubaren Zeitrahmen gewünscht wird und gefunden werden kann.

- „Alleingang“: Wird von den zu beteiligenden Gruppen weder die Notwendigkeit eines Regionalmarketing gesehen und existiert keine Zustimmung zum Konzept der Initiatoren, können aber letztere auch Regionalmarketingaktivitäten aus eigenen Mitteln heraus beginnen, so bietet es sich an, ohne Konsens die Aktivitäten zu beginnen (z.B. Institutionalisierung, Werbekampagne). Diese Strategie ist aber mit der Hoffnung verbunden, daß sich die zu beteiligenden Gruppen zur Mitarbeit bewegen lassen, wenn schon erste Schritte und Erfolge des Regionalmarketing zu erkennen sind, sie also „auf einen fahrenden Zug aufspringen“ können. Der große Vorteil dieser Strategie besteht darin, daß keine Zeit bei Planung und Realisierung des Regionalmarketing verloren geht. Es besteht aber die Gefahr, die zu beteiligenden Gruppen der Region durch den Alleingang so zu verärgern, daß ein späteres Hinzukommen schon als Trotzreaktion abgelehnt wird oder sogar konkurrierende Aktivitäten aufkommen.

- „Zwang“: Zwang als Instrument der Durchsetzung einer Regionalmarketinginitiative ist nur dann notwendig, wenn die Initiatoren des Regionalmarketing zwar bei den operativen Stellen weder auf ein Anerkennen der Notwendigkeit noch auf Zustimmung zum Konzept stoßen, jedoch bei den übergeordneten Stellen Unterstützung finden. So kann z.B. ein Minister, der die Regionalmarketinginitiative unterstützt, seine Wirtschaftsförderungsabteilung zur Mitarbeit anweisen, Verbände ihre Außenstelle zur Unterstützung auffordern oder Gesellschafter einer selbständigen Tourismusgesellschaft diese zur Beteiligung zwingen. Eine andere Form von Zwang kann die Ausübung öffentlichen Drucks auf eine Gruppe in der Region darstellen, in dem über öffentliche Medien und Schlüsselpersonen die fehlende Mitarbeit und Unterstützung angeprangert wird. In allen diesen Fällen jedoch besteht die Gefahr, daß die Gezwungenen lediglich das an Unterstützung geben, was ihnen aufgetragen wird, und sich darüber hinaus gegen jede weitere Mitarbeit wehren werden. Für eine längerfristige, kooperative Zusammenarbeit sind dies schlechte Voraussetzungen, Konflikte werden nur in die Zukunft verschoben.

- „Dissonanz“: Es handelt sich hier um eine Überzeugungsstrategie. Sie ist darauf angelegt, Unterstützung bei den zu beteiligenden Gruppen der Region und bei der gleichartigen Kommunikationsstrategie im unternehmerischen Marketing zu erzeugen: Wird z.B. diesen Gruppen das tatsächliche, schlechte Image einer Region vor Augen geführt oder wird ihnen gezeigt, welche Regionalmarketingaktivitäten andere Regionen betreiben, so kann erwartet werden, daß in diesen Gruppen die Erkenntnis, daß bisherige Untätigkeit negative Folgen für die Region bedeutet, entsteht. Die Personen erkennen die negative Seite ihres bisherigen (Nicht-)Handelns (kognitive Dissonanz) und sind in einer solchen Situation eher geneigt, sich dem Vorschlag - hier: Regionalmarketing zu betreiben - zuzuwenden. Die Strategie ist also nur dann anzuwenden, wenn lediglich die Notwendigkeit eines Regionalmarketing zuerst abgelehnt wird. Ein Nachteil der Strategie ist zusätzlich notwendiger Vorbereitungs- und Überzeugungsaufwand durch Studien und Präsentationen.
- „Alternativen einfordern“: Diese Strategie ist dann angebracht, wenn die Notwendigkeit des Regionalmarketing nicht angezweifelt wird, wohl aber das bestehende Konzept. Findet sich die Kritik an dem Konzept nicht im Sachlichen begründet, sondern ist sie politisch motiviert, so dürfte obige Konsensstrategie wenig Erfolg versprechen. Dann erscheint es sinnvoller, die politische Motivation der Kritik dadurch aufzudecken, daß Alternativen zum bestehenden Regionalmarketingkonzept eingefordert werden. Sollten die Kritiker hier keine Alternative bieten können - worüber dann sachlich diskutiert werden kann, so steigen die Chancen, daß sich die Kritiker zurückziehen und ihre Zustimmung zum bestehenden Konzept geben.

Zusammenfassung

Die Tabelle 24 stellt die wichtigsten Parameter der Strategien zusammen.

Die Entscheidung, welche der Strategien im individuellen Fall sinnvoll ist und wie sie ggf. zu kombinieren sind, kann hier nicht abschließend getroffen werden, da die Wahl die subjektive Einschätzung der Initiatoren über Machtverhältnisse und Kooperationswillen der zu beteiligenden Gruppen voraussetzt.

Strategie	Anwendungsbereich	Vorteile	Grenzen/Probleme
„Konsens"	Notwendigkeit des RGM wird anerkannt, Konzept aber wird abgelehnt, Meinungen sind aber ähnlich	Konsens bei der weiteren Arbeit, spätere Zustimmung einfach	RGM-Konzept wird ggf. verwässert, langwierige Gespräche
„Alleingang"	weder Notwendigkeit des RGM noch Konzept werden anerkannt, Initiatoren können RGM selbst realisieren	schnelles Vorankommen, keine Abstimmungsprozesse	Trotzreaktionen, keine Unterstützung der Übergangenen
„Zwang"	weder Notwendigkeit des RGM noch Konzept werden anerkannt, Initiatoren können Zwang ausüben	schnelles Vorankommen, Unterstützung gesichert	minimale Hilfe aus Trotz, keine Unterstützung der Übergangenen
„Dissonanz"	wenn insbesondere Notwendigkeit des RGM nicht anerkannt wird, Initiatoren können auf gute Argumente / Mißstände aufbauen	Unterstützung nach Überzeugung gesichert	ggf. langwierige Überzeugungsprozesse
„Alternativen einfordern"	wenn das Konzept des RGM angelehnt wird, Konzept der Initiatoren ist objektiv gut	Unterstützung des eigenen Konzeptes wahrscheinlich, weitere Ideen kommen	ggf. Verzögerungen durch Warten auf Gegenvorschlag und dann lange Diskussion

Tab. 24: Durchsetzungsstrategien (RGM = Regionalmarketing)

4.2.7 Kontrolle des Regionalmarketing

Regionalmarketingkonzepte müssen aufgrund der Komplexität und Dynamik des Systems Region ständig von neuem überprüft und an die Wettbewerbsbedingungen angepaßt werden (Manschwetus 1995, S.250). Eine ausreichende Flexibilität des Regionalmarketing kann nur gewährleistet werden, wenn Strategien und Maßnahmen laufend überprüft werden und so an veränderte Bedingungen angepaßt werden können. Nach vorherrschender Meinung verkörpert die Kontrolle eine Abfolge von Soll-Ist-Vergleichen, die alle in einem Unternehmen getroffenen und unterlassenen strategischen und operativen Maßnahmen permanent begleiten (Manschwetus 1995, S.252). In diesem Sinne ist auch das Regionalmarketing einem Controlling zu unterziehen, das mit der Erfolgskontrolle als letztem Schritt nach der Realisierung eine Rückkopplung für die Planung des Regionalmarketing zuläßt und somit nicht nur eine Kontroll- sondern auch eine Informations- und insbesondere eine Planungsfunktion darstellt (Meffert 1994, 402ff.). Diese Funktionen, die sich an zentralen Kontrollgrößen aufhängen, können das gesamte und dauerhafte Regionalmarketing in seinem Erfolg (strategisches Controlling) oder auch nur einzelne Maßnahmen oder nur die Tätigkeiten kurzer Zeiträume (operatives Controlling) prüfen. Insgesamt gibt es bislang wenige wissenschaftliche Arbeiten zum Controlling im Regionalmarketing. Im deutschsprachigen Raum stellt lediglich Manschwetus die im unternehmerischen Marketing gängigen Formen des Controlling zwar vor, vernachlässigt aber die Adaption auf die

Region (Manschwetus 1995, S.250ff.). Daher soll hier ein eigener Weg der Übertragung des Marketing-Controlling auf die Region vorgeschlagen werden.

Marketingcontrolling kann sich - strategisch - auf das grundlegende Marketingkonzept (Marketing-Audit) oder - was eher operativer Natur ist - auf die Ergebnisse des Marketing und die Einhaltung von Nebenbedingungen (Ergebnis-Controlling) beziehen (Nieschlag/Dichtl/ Hörschgen 1997, S.942, Manschwetus 1995, S.253ff.).

Ergebnis-Controlling

Für das Ergebnis-Controlling des Regionalmarketing schlägt Manschwetus ökonomische oder psychographische Kontrollgrößen wie z.B. Wirtschaftswachstum und Beschäftigung bzw. Einstellungen und Meinungen vor. Umsatz- oder Gewinngrößen spielten als Erfolgskontrollgrößen für den Anwendungsbereich der Region bislang kaum eine Rolle, da sie den einzelnen Maßnahmen nur schwer bzw. gar nicht zugerechnet werden könnten. Meffert begründet diese Argumentation damit, daß Städtemarketing primär auf Imageprofilierung und Vertrauenspotentiale abziele (Meffert 1989, S.279). Um den Erfolg solcher Maßnahmen beurteilen zu können, eignen sich vor allem die von Manschwetus als psychographische Variablen zusammengefaßten Größen. Werden Meinungen und Einstellungen erhoben, orientiert man sich zwangsläufig konsequent am Kunden. Dies hat den Vorteil, daß man auch subjektive Komponenten erfassen kann.

Nieschlag, Dichtl und Hörschgen zählen zu den „abnehmerorientierten" Meßverfahren bei der Erfolgskontrolle die Kundenzufriedenheit und das Beschwerdeverhalten (Nieschlag/Dichtl/ Hörschgen 1997, S.948ff.). Zu der Frage, wie Meßverfahren dieser Erfolgsgrößen auf die Region angewendet werden können, findet sich in der Literatur kein Vorschlag. Dennoch, eine regelmäßige Befragung der Zielgruppen sowohl vor als auch nach der Einführung eines Regionalmarketings durchzuführen sowie eine zentrale Anlauf- bzw. Koordinationsstelle für Beschwerden ist auch bei mangelnder Zurechenbarkeit auf die einzelnen Maßnahmen sinnvoll. Denn nur wenn die Meinungen und Einstellungen der Zielgruppen laufend aktualisiert werden, ist das Regionalmarketing tatsächlich marktorientiert.

Darüber hinaus soll hier der in der Forschung vielfach vertretenen Haltung, Umsatzgrößen würden im regionalen Kontext nicht sinnvoll sein, widersprochen werden. Die Zurechenbarkeit des Erfolges sollte für jede Maßnahme getrennt betrachtet werden. So kann es bei der Verbesserung des Sortiments des Einzelhandels einer Region sinnvoll sein, die Kaufkraft als Erfolgsgröße regelmäßig zu ermitteln. Auch bei einer zu hohen Anzahl von Pendlern in einer Region kann es sinnvoll erscheinen, die Zahl der Pendler als Erfolgskennzahl einzusetzen. Eine gewisse Restunsicherheit muß jedoch toleriert werden, wie es auch im unternehmerischen Marketing der Fall ist. Wird dieselbe Erfolgskennzahl über einen längeren Zeitraum regelmäßig erhoben, können weitere Einflußfaktoren auf die Kennzahl ermittelt werden. Sie können dann in die Beurteilung des Erfolges einbezogen werden, um Unsicherheiten zu bereinigen. Darüber hinaus können sie Anregungen für weitere Maßnahmen bilden und verhelfen damit dem Regionalmarketing zu einer höheren Flexibilität. Es würden hier also Möglichkeiten verschenkt werden, sich über den Erfolg nicht ein zumindest ungefähres Bild zu machen, würden Umsatzgrößen als Erfolgskennzahlen generell abgelehnt werden. Außerdem kann in vielen Fällen auf ohnehin schon vorhandene statistische Daten zurückgegriffen werden, so daß der Aufwand bei der Verwendung von Umsatzgrößen als Erfolgskennzahlen sich in Grenzen hält.

Das Ergebnis-Controlling findet seine Anwendung auf alle Maßnahmen der o.g. Instrumente des Regionalmarketing. Im Kern stehen dabei rücklaufende Informationen, die von den Interessenten, der Presse etc. und den zurückgetretenen Interessenten kommen.

Auf die drei oben besprochenen Mix-Instrumente des Regionalmarketing bezogen, umfaßt das praktische Ergebnis-Controlling die folgenden typischen Aufgaben:

Controlling zur Standort- und Leistungspolitik

- Primär ist hier zu prüfen, welche Wirkung die Forderungen nach Maßnahmen in der Region hatten, d.h., es ist zu fragen und zu dokumentieren:
  - Sind die geforderten Maßnahmen / Veränderungen erfüllt worden?
  - Wie sind sie erfüllt worden?
  - Wie schnell sind sie erfüllt worden?
  - Warum sind sie nicht oder nur zum Teil erfüllt worden?
- Welches Interesse wurde an Leistungen, Veranstaltungen, Einrichtungen (z.B. Besucherzahlen bei Museen, Übernachtungszahlen, Investitionen von außen) gezeigt?
- Messung der Bekanntheit von Änderungen (z.B. Neubauten, neue Einrichtungen und Veranstaltungen, Vergünstigungen etc.).

- Messung eines möglicherweise erhöhten Interesses von Zielgruppen nach Informationen über Leistungen der Region in Folge von standord- und leistungspolitischen Regionalmarketingaktivitäten.
- Quellen der Information: Entscheidungen in der Stadtverordnetenversammlung, Besichtigungen, persönliche Gespräche, klassische marktforscherische Untersuchungen bei den Zielgruppen.
- Dokumentationsform: Quartals- oder Jahresreport.

Controlling zur Kommunikationspolitik

Das Controlling von Kommunikationsmaßnahmen ist ein sehr komplexes Feld, das hier auszuführen die vorliegenden Schrift sprengen würde. Der Erfolg von Kommunikationsmaßnahmen kann praktisch über

- die Resonanz in der Presse verfolgt werden (Qualität und Quantität). Das Führen eines Pressespiegels ist daher unabdingbar.
- Messung eines möglicherweise erhöhten Interesses von Zielgruppen nach Informationen über Leistungen der Region in Folge von kommunikativen Regionalmarketingaktivitäten.
- Befragung der Interessenten, über welchen Weg sie auf den Standort aufmerksam wurden.
- Ebenso Befragung dieser nach deren Eindruck von den Leistungen und Marketingaktivitäten.
- Grundsätzliche Event-Auditings sind sinnvoll ("Manöverkritik").
- Quellen der Information: klassische Marktforschung bei den Zielgruppen (z.B. mit Recall- und Recognition-Tests (Kotler/Haider/Rein 1994, S.324)), Auditing-Sitzungen, Pressespiegel, Befragung von Interessenten, Messung eines ggf. erhöhten Interesses.
- Dokumentationsform: einzelfallweise sowie Quartals- und Jahresberichte.

Controlling zur Kontrahierungspolitik

- Befragung von zurückgetretenen Interessenten aller Art, warum sie das Interesse verloren haben.

- Desgleichen bei Mittlern, die in Erfahrung bringen sollen, warum ihre Kontakte Interesse oder Nichtinteresse gefunden haben.
- Kontinuierliche Befragung der Zielgruppen nach ihrer Einschätzung, ob die Konditionen für verschiedene Leistungen in der Region ihren Vorstellungen entsprechen und wie wesentlich diese Konditionen für deren Entscheidungen (z.B. Investitions- oder Ansiedlungsentscheidung, Urlaubswahlentscheidung) zur Region sind.
- Zum Controlling gehört auch zu prüfen, ob zugesagte Konditionen der Lieferanten aus der Region (z.B. der Stadtwerke) eingehalten werden und ob sich Änderungen in den Konditionen der Konkurrenzstandorte ergeben haben.
- Quellen der Information: klassische Marktforschung bei den Zielgruppen, Auditing-Sitzungen, Pressespiegel, Befragung von Interessenten, Messung eines ggf. erhöhten Interesses, Messung des Investoreninteresses
- Dokumentationsform: einzelfallweise sowie Quartals- und Jahresberichte.

Alle die obigen Controllingmaßnahmen sollten mehr oder weniger systematisch in der Datenbank statistisch und berichtsmäßig erfaßt werden, sowie die Ergebnisse ggf. für Neuorientierungen, Rechenschaftsberichte oder auch für PR-Maßnahmen (z.B. eigene Presseberichte, Darstellungen von erfolgreichen Akquisitionen) genutzt werden.

Marketing-Audit

Unter Marketing-Audit wird im wesentlichen eine Konsistenzprüfung des Marketing-Prozesses verstanden und besitzt somit grundsätzlichen, strategischen Charakter. Denn es werden die Prämissen, die Ziele, Strategien, Maßnahmen und die Marketing-Organisation auf ihre Sinnhaftigkeit und Berechtigung innerhalb des Marketingkonzepts überprüft (Meffert 1994, S.416ff., Manschwetus 1995, 254f.). Voraussetzung dafür, daß ein Audit durchgeführt werden kann, sind zeitliche und finanzielle Richtgrößen sowie die Zuordnung von Verantwortlichkeiten (Maßnahmenplanung).

Für das eher operative Ergebnis-Controlling wurden psychographische Kontrollgrößen gefordert. Auch hier erscheint es sinnvoll, für ein Auditing zentrale psychographische Größen des Regionalmarketing, das Image und die Bekanntheit, heranzuziehen. Diese beiden Größen wurden bereits oben als wesentliche Elemente des Regionalmarketingzielsystems herausgestellt. Insbesondere die Bildung eines Image erfolgt über mittelfristige und langfristige Prozesse, und die Messung ist zudem des großen Aufwandes wegen (vgl. Kapitel 4.2.2.5) nur in größeren Abständen durchzuführen. Der Kontrolle des

Image, aber auch der Bekanntheit kommt somit eine strategische Rolle zu, die sich als Grundlage eines Marketing-Auditing gut eignet.

Zusammenfassung

Die folgende Abbildung 38 faßt die wesentlichen Elemente des Regionalmarketing-Controlling zusammen.

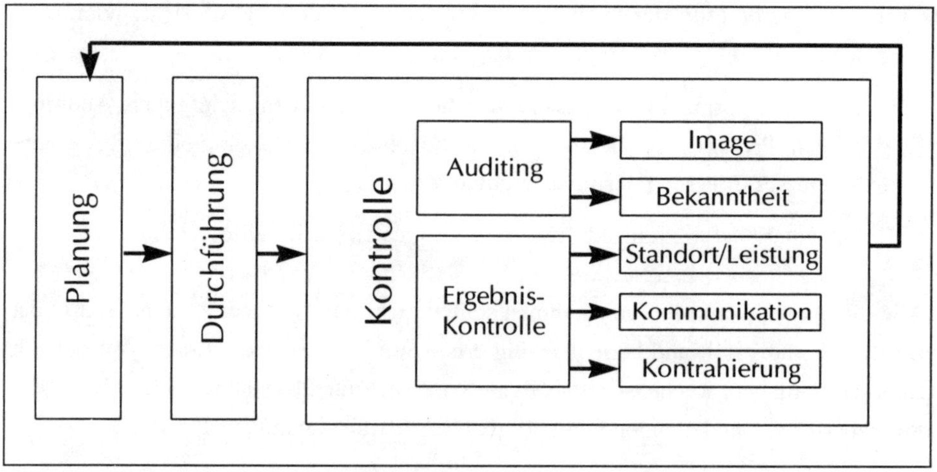

Abb. 38: Elemente des Regionalmarketing-Controlling

4.3 Zusammenfassung

Aus der unternehmerischen Marketinglehre können eine Reihe von Methoden zur Gestaltung des Regionalmarketing angewendet werden. Dies beginnt beim Planungs- und Realisationsprozeß, der die folgenden Schritte umfaßt.

Abb. 39: Regionalmarketingprozeß

- Marktforschung (Situations- und Imageanalyse): Im Kapitel zur Marktforschung stand die Situationsanalyse im Vordergrund, mit der Stärken und Schwächen sowie Chancen und Risiken einer Region gegenüber anderen Regionen ermittelt werden. Zudem wurde die für das Regionalmarketing wichtige Analyse des Image einer Region erläutert.
- Zielsetzung: Die Ziele des Regionalmarketing lassen sich an den Größen Leitbild (S.125f.), Soll-Image, Bekanntheit, Unique Local Proposition (ULP) sowie Corporate Identity / Corporate Design (CI/CD) festmachen. Letzteres führt zur Frage der Gestaltung von Logo, Name und Claim für die Region.

- Zielgruppenbestimmung und -auswahl bedarf es, wenn nicht alle Zielgruppen mit dem gleichen Marketingkonzept, sondern differenziert oder auch nur z.T., bearbeitet werden sollen.
- Strategiefindung: Die vorgestellten Strategien gehen auf Manschwetus und Schneider zurück und werden um zentrale Strategien (Imagetransferstrategien, Wettbewerbsstrategien (i.A.a. Porter), Key-Ressource-Strategien und Event-Strategien) ergänzt.
- operative Maßnahmen (Marketing-Mix) wurden entlang der drei Instrumente Leistungs- und Standortpolitik, Kommunikationspolitik (Werbung, Public Relations, Verkaufsförderung, Direct Marketing, Sponsoring und Placement) und Kontrahierungspolitik (Konditionen - und Kontaktmanagement) und deren Grenzen erläutert.
- Organisation: Es wurden Formen und Elemente einer institutionellen Umsetzung des Regionalmarketing vorgestellt.
- Durchsetzung: Probleme der Durchsetzung und Strategien zu deren Überwindung wurden erläutert.
- Kontrolle schließt den Prozeß ab, es wurden einzelne Kontrollmaßnahmen zusammengestellt.

umfaßt. Aber trotz aller Gemeinsamkeiten mit dem „klassischen“ Marketing sind die Besonderheiten des Regionalmarketing offensichtlich. Besonders deutlich wird dies bei der institutionellen Verankerung (Kapitel „Organisation“) und Durchsetzung des Regionalmarketing, bei dem die Unterschiede in den Abhängigkeits- und Willensbildungsstrukturen unter den Entscheidern einer Region gegenüber denen in Unternehmen deutlich werden. Regionalmarketing ist auf die - großenteils freiwillige - Unterstützung und die politische wie juristische Legitimation aus der Region angewiesen und kann nur selten auf Weisungsrechte aufbauen.

Eine weitere Besonderheit des Regionalmarketing gegenüber dem unternehmerischen Marketing wird - als Folge der differenten Machtsituation - beim Vergleich der operativen Maßnahmen deutlich: Maßnahmen der Leistungs- und Standortpolitik müssen vielfach auf Initiative und Beratung beschränkt bleiben, während sich in der Kommunikations- und in der Kontrahierungspolitik größere Freiräume für die Betreiber des Regionalmarketing auftun. Dabei wurde als zentrales Instrument das „Event“ erkannt, das den Regionen als Basis weiterer kommunikativer Maßnahmen dient.

Die große Bedeutung, die dem Image als Analyse- aber auch als Zielgröße im Regionalmarketing beizumessen ist, zeigt auch die doppelte Interpretation des Marketingobjektes Region als Produkt wie auch als Unternehmen bzw. Marke. Sie findet sich auch in den strategischen Konzepten (z.B. Imagetransferstrategie auf der einen, Bekanntmachung von einzelnen Leistungen aus der Region auf der anderen Seite) und in den operativen Maßnahmen (z.B. Image- statt Sachkommunikation auf der einen, Konditionenmanagement auf der anderen Seite) wieder.

Die gesamten Ausführen dieses Kapitels stellen auch ein Plädoyer für eine kundenorientierte und systematische Gestaltung aller Regionalmarketingaktivitäten dar. Inwieweit sich dies in der Praxis des Regionalmarketing wiederfindet, soll im folgenden untersucht werden.

Kapitel 5: Regionalmarketing in der Praxis - Beispiele und Bewertung

5.1 Überblick

Nachdem in obigen Kapiteln vorwiegend theoretische Anforderungen an das Regionalmarketing untersucht wurden, soll der Schwerpunkt in diesem Kapitel auf der Umsetzung liegen. Ziel dieses Kapitels ist es, einen Überblick über den derzeitigen Stand der Praxis im Hinblick auf die Erfüllung theoretischer Anforderungen zu geben. In späteren Kapiteln werden daraus dann Erfordernisse an die Praxis und an die Forschung hergeleitet.

In Kapitel 2.2 wurde ausgeführt, daß in dem vorliegenden Buch Regionalmarketing auch Kommunales-, Standort-, Stadt- und Citymarketing einschließen soll. Als Informationsgrundlage für dieses Kapitel dienten daher auch zwei Umfragen, die 1991 (Befragung von 151 Städten) und 1995 (Befragung von 323 Städten und Gemeinden) zum Stadtmarketing in Deutschland durchgeführt wurden (Töpfer 1993, Difu 1996). Zu Regionen im allgemeinen liegen derzeit keine vergleichenden empirischen Untersuchungen vor. Dennoch wurde Informationsmaterial bzw. Fallstudien zu 13 Regionen - davon 6 Städte - hinzugezogen. Es wurden die Städte Bergisch Gladbach, Magdeburg, Offenbach, Kronach, Mindelheim, Schwansdorf sowie Ried im Innkreis, Kreis Unna, das Ruhrgebiet, Oberfranken, Westsachsen, der Harz und Mitteldeutschland untersucht. Diese einzelnen Fälle können natürlich keinen Beitrag dazu leisten, ein quantitativ repräsentatives Bild über den Umsetzungsstand von Regionalmarketing in Deutschland zu geben. Sie können jedoch helfen, Anhaltspunkte für eine Begründung bestimmter Entwicklungen in der Praxis zu bieten.

5.2 Zur Erfüllung regionalentwicklungspolitischer Anforderungen

Oben wurden folgende regionalentwicklungspolitische Anforderungen aufgestellt, anhand derer die derzeitige Praxis des Regionalmarketing nun analysiert werden soll:

- Ausarbeitung eines regionalen Spezifikums (ULP),
- Einbindung der Region in überregionale wirtschaftliche bzw. politische Netzwerke,
- interner Antrieb der Akteure,
- Beachtung langfristiger, nicht-ökonomischer Ziele,
- Vertretung der Interessen der regionalen Bevölkerung.

Zuletzt sollen etwaige Auswirkungen des Regionalmarketing auf den normativen Rahmen der Regionalentwicklung in Deutschland untersucht werden.

Ausarbeitung eines regionalen Spezifikums

Die Ausarbeitung eines regionalen Spezifikums (ULP), welches im unternehmerischen Marketing der Unique Selling Proposition (USP) entsprechen würde, wird in der Praxis des Regionalmarketing meist vernachlässigt. Positive Beispiele stellen hier Ried im Innkreis und Offenbach dar. Offenbach war aufgrund seiner schwierigen Lage als eine von fünf Städten im Rhein-Main-Gebiet gezwungen, sich klar von den benachbarten Städten abzugrenzen. So war die Schaffung eines ULP von vornherein eines der Ziele des Stadtmarketing (Amberger/Grandke 1995, S.160). Die Wohnungsbau- und Gewerbepolitik wurden daher auch auf spezifische Zielgruppen ausgerichtet (Amberger/ Grandke 1995, S.162). In Ried wurde ebenfalls schon früh, d.h. in den Leitbildern, eine klare ULP entwickelt (s.o. Kapitel Leitbilder / Ziele).

Einbindung der Region in überregionale wirtschaftliche bzw. politische Netzwerke

Grundsätzlich ist eine überregionale "Lobby-Arbeit" nur dann möglich, wenn eine Region ausreichend groß ist, um international Aufsehen erregen zu können und ins Gewicht zu fallen. Dies gilt auch für eine Förderung von der EU, wozu in der Regel ebenfalls umfangreiche Lobby-Arbeit erforderlich ist. Obwohl Probleme der Koordination aufgrund der Vielzahl zu beteiligender Gebietskörperschaften in größeren Regionen verstärkt auftreten, ist es also anzustreben, hier eine Zusammenarbeit aufzubauen. Kooperationsmöglichkeiten wurden von der Mehrzahl der Regionen in der Planung bei weitem nicht ausreichend berücksichtigt. Lediglich der Harz beteiligt sich an mehreren überregionalen Fremdenverkehrsverbänden (Harzer Verkehrsverband e.V. 1997a, S.3). Da es sich hier jedoch vorwiegend um Tourismusmarketing handelt, verwundert dieser Befund nicht sonderlich. Der Tourismus ist der Markt der Region, der am stärksten von externen Zielgruppen abhängig ist.

Interner Antrieb der Akteure

Neben der unzureichenden Beachtung der Finanzierung in der Planung stellen auslaufende Förderprogramme einen wichtigen Grund für den Abbruch von Regionalmarketingprojekten dar (Difu 1996, S.3). Dies ist ein deutliches Anzeichen dafür, daß es an interner Motivation für ein Regionalmarketing fehlt, da Förderprogramme als externer Antrieb für eine entsprechende Zusammenarbeit erforderlich sind. Da Förderprogramme allerdings meist zeitlich begrenzt sind, kommt in den wenigsten Fällen eine dauerhafte Zusammenarbeit regionaler Akteure zustande. So wurde die Mehrheit der untersuchten Projekte anfangs gefördert. Insbesondere in Bayern kam eine Zusammenarbeit hauptsächlich aufgrund der durch das Bayerische Staatsministerium zur Verfügung gestellten Fördergelder zustande. In Mindelheim kam ein Großteil der Ideen über das Stadium des Entwurfs nie hinaus (Helbrecht 1994, S.133). Lediglich in Schwandorf wurde eine Fortsetzung der Zusammenarbeit im Rahmen eines Regionalmarketing auch nach Aufhebung der Förderung angedacht. Im Harz wird ein Ende der Förderung vorausschauend angenommen, um schon frühzeitig mögliche Finanzierungsalternativen in Betracht zu ziehen (Harzer Verkehrsverband 1997a, S.3). Eine Ausnahme, völlig ohne Fördergelder, bildet Ried im Innkreis (Helbrecht 1994, S.166).

Die Annahme, die Tradition habe Einfluß auf die Praxis des Regionalmarketing, bestätigte sich bei der Analyse der Fallbeispiele. Obwohl die Tradition zur Zusammenarbeit öffentlicher und privater Akteure in Deutschland tendenziell eher gering ist, gibt es auch in Deutschland unterschiedliche Ausprägungen in der Bereitschaft zur Kooperation. So waren die Voraussetzungen in der bayerischen Modellstadt Schwandorf hierfür besser als in Mindelheim und Kronach. Daher war es in Kronach und Mindelheim von besonderer Bedeutung, wie der Moderator agierte, um die verschiedenen Akteure zusammenzuführen und für eine Zusammenarbeit zu motivieren. Hier wurden sehr unterschiedliche Erfahrungen gemacht, die wichtige Anhaltspunkte für den Umgang mit traditionell mangelnder Kooperationsbereitschaft geben können. In Mindelheim und

Kronach handelten die Moderatoren in Phase 1 des Projekts als "Macher", indem sie lediglich einige Gespräche mit den ihrer Meinung nach wichtigsten Akteuren der Region führten und anschließend selber entschieden, welche Maßnahmen durchgeführt werden sollten. In engem Zusammenhang mit der Bedeutung des Moderators stehen die bei der Entscheidungsfindung eingesetzten Methoden. So stellte sich in Ried beispielsweise die Frage, ob eine Zukunftswerkstatt zur Bildung von Leitlinien geeignet ist. Es kann z.B. diskutiert werden, ob die Generierung utopischer Wünsche bzw. Vorstellungen und die damit verbundene Entfernung von tatsächlich identifizierten Stärken und Schwächen zu enttäuschten Erwartungen führt.

Beachtung langfristiger, nicht-ökonomischer Ziele

In Abbildung 40 sind die Ziele aufgeführt, die die von der Difu befragten Städte als Ziele für ihr Stadtmarketing benannten.

Dabei wird deutlich, daß sowohl eher kurzfristige Ziele (Projekte zu realisieren, besser über die Stadt zu informieren oder werben) als auch langfristige Ziele aufgeführt wurden (Stadt attraktiver machen und profilieren, private Akteure in die Stadtentwicklung mit einbeziehen). Ob die Politikfelder vorwiegend kurz- oder langfistig ausgerichtet sind, kann aus den Ergebnissen der Difu-Studie nicht entnommen werden. Eine Sichtung der Fallstudien ergab jedoch, daß hier kurzfristige Maßnahmen bei weitem überwogen. So spielten Werbeaktionen, die Organisation von Stadtfesten etc. sowie Infrastrukturmaßnahmen eine zentrale Rolle, während Maßnahmen zur langfristigen Abstimmung (Leistungskernpolitik) oft vernachlässigt wurden (z.B. Schaaschmidt 1995, S.120, Westermann 1995, S.47, Maier/Wimmer 1998, S.2).

Voraussetzung dafür, daß langfristige Ziele einbezogen werden, ist, daß Regionalmarketing als dauerhaft wahrzunehmende Aufgabe verstanden wird. Ein Ergebnis der Umfrage des Difu war, daß die meisten befragten Kommunen Regionalmarketing als Daueraufgabe betrachteten (Difu 1996, S.3). Dennoch mußten in einigen der befragten Kommunen die Aktivitäten frühzeitig abgebrochen werden. Es ist jedoch anzunehmen, daß der Anteil der Projekte, an denen nicht kontinuierlich weitergearbeitet wird und die letztlich in Vergessenheit geraten, wahrscheinlich erheblich größer ist. Da diese nicht als "abgebrochen" gelten, wurden sie in der Erhebung vom Difu natürlich nicht mitgezählt. Als Gründe für ein Scheitern wurden finanzielle Engpässe oder unzureichende Erfüllung von Erwartungen ermittelt. Ein Grund dafür, daß während der Planung finanzielle Engpässe auftreten, ist darin zu sehen, daß die Budgetierung bei der Maßnahmenplanung unzureichend berücksichtigt wurde. Dies erscheint nicht verwunderlich vor der Feststellung, daß meist nicht so ausreichend konkret geplant wird, um den finanziellen Bedarf schon bei der Planung abschätzen zu können (s.o. Kapitel Maßnahmen).

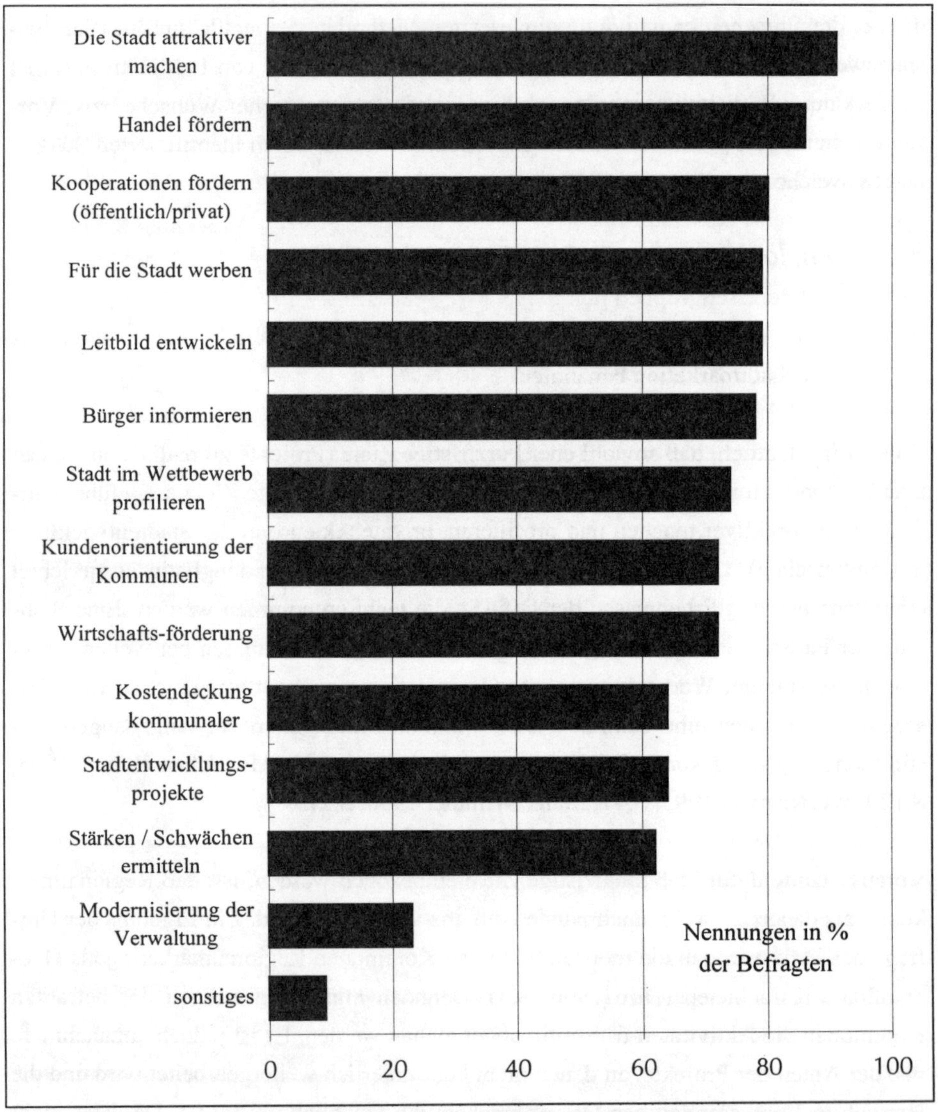

Abb. 40: Ziele des Stadtmarketing (Zahlen aus: Difu 1996, S.7)

Die Politikfelder deuten weiter auf eine ganzheitliche Ausrichtung der meisten Stadtmarketingprojekte hin. So wurden Kultur, Natur/Umwelt und Wissenschaft/Forschung häufig als Politikfelder genannt. Dennoch zeigt das Beispiel Ried im Innkreis, daß dies noch lange kein stichhaltiger Beweis für eine tatsächliche Beachtung nicht-ökonomischer Erfordernisse ist. Bei der Bildung von Arbeitsgruppen zur Diskussion der Leitbilder wurden zunächst Kultur, Freizeit, Tourismus und Gastronomie zusammengelegt (Helbrecht 1994, S.169). Hier kam Kritik auf, daß die Kultur als weicher Standortfaktor von Fremdenverkehr und Wirtschaftsförderung funktionalisiert würde. Um dies zu vermeiden, wurde der Arbeitskreis in mehrere Untergruppen aufgelöst. Obwohl das Problem der Funktionalisierung sämtlicher Bereiche einer Region durch einige wenige Interessengruppen in diesem konkreten Fall neutral gelöst wurde, kann davon ausgegangen werden, daß diese Konflikte in der Praxis eine große Rolle spielen. Es besteht somit die Gefahr, daß traditionell von nicht-ökonomischen Interessen geprägte Bereiche, wie z.B. Kultur und Umwelt, durch Regionalmarketing zunehmend von hier stark vertretenen Interessengruppen funktionalisiert werden.

Vertretung der Interessen der regionalen Bevölkerung

Abbildung 41 zeigt eine breite Beteiligung von Verwaltung und Wirtschaft an Stadtmarketingprojekten.

Auf Seiten der Wirtschaft fällt vor allem die Beteiligung des Einzelhandels mit 79% auf. Bürgervereinigungen und einzelne Bürger waren hingegen nur über Ratsvertreter und Kirchen am Stadtmarketing beteiligt. Erfahrungen aus Ried im Innkreis belegen jedoch, daß das Interesse dort seitens der Bürger an der Stadtentwicklung nicht ausreichend groß für eine ehrenamtliche Mitarbeit an einem entsprechenden Projekt war (Helbrecht 1994, S.168). So bemühte man sich in Ried darum, alle Veranstaltungen in sämtlichen Medien der Region bekanntzumachen und auch laufend über den Fortschritt der Planung und die konkreten Ergebnisse zu berichten. Hier sollte jedoch angemerkt werden, daß die Erfahrungen mit öffentlichen Workshops bislang noch die Ausnahme bilden. Nur in Ried wurden die Workshops öffentlich bekanntgegeben. In der Mehrheit der untersuchten Fallbeispiele wurden lediglich Vertreter von den wichtigsten Interessengruppen der Region und/oder Mitglieder der jeweiligen Organisation eingeladen. In Regionen, die in ihrer räumlichen Ausdehnung über eine mittelgroße Stadt hinausgehen, ist dies nicht weiter verwunderlich, da eine Einladung sämtlicher Bürger sicherlich den Rahmen einer möglichen Zusammenarbeit sprengen würde.

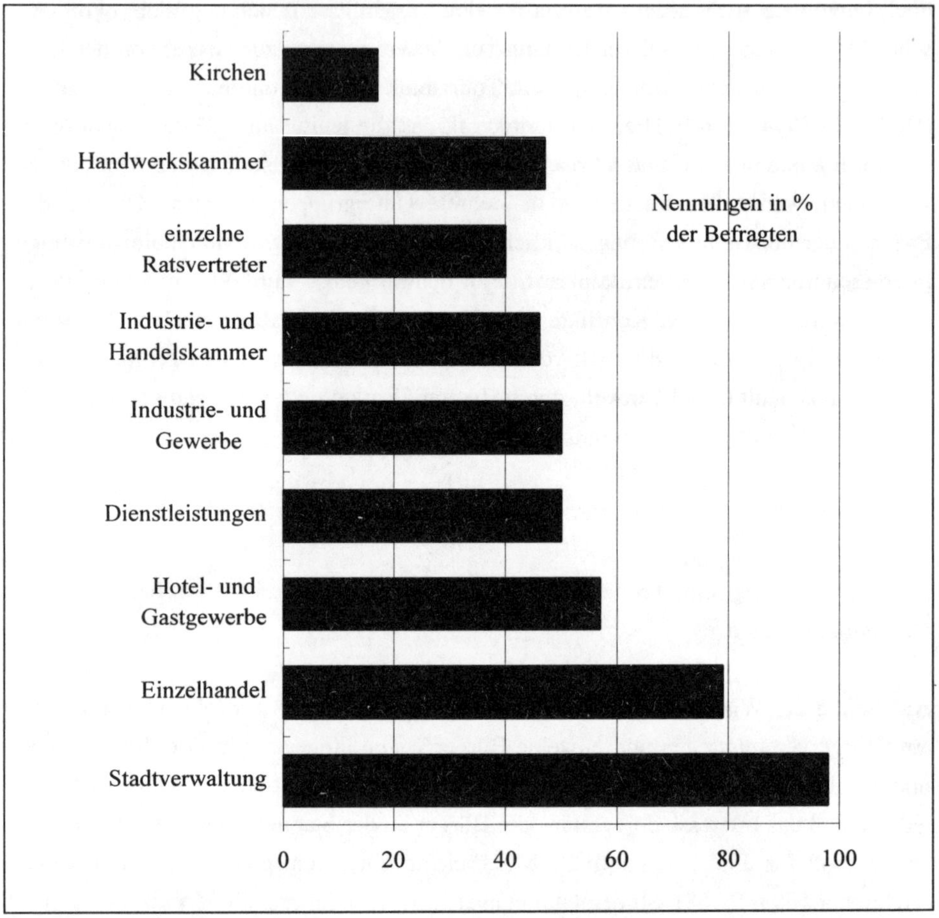

Abb. 41: An der Erarbeitung von Stadtmarketing-Konzepten beteiligte Akteure (Zahlen aus: Difu 1996, S.5)

Grundsätzlich ist ein Einfluß des Regionalmarketing auf den normativen Rahmen der Regionalentwicklung dann denkbar, wenn Entscheidungen, die ursprünglich von Verwaltung und Politik getroffen wurden, auf Institutionen des Regionalmarketing verlagert werden. Das Ausmaß der Veränderungen, die Regionalmarketing verursachen könnte, wenn die Verwaltung Vorschläge des Regionalmarketing ohne die üblichen Prüf- und Genehmigungsprozeduren übernehmen würde, wird anhand des Beispiels Oberfranken besonders klar: Die Region Oberfranken erstreckt sich über 3 Bundesländer (Maier/Wimmer 1992, S.16).

In der Regel ist eine solche Verlagerung jedoch erwünscht, da sie für ein effizientes Regionalmarketing unabdingbar ist. Durch das Regionalmarketing sollen Entscheidungen, wenn schon nicht getroffen, so doch weitgehend vorbereitet werden. Werden Vorschläge von Regionalmarketing-Institutionen dann dennoch mit dem gleichen Aufwand wie beliebige Anträge geprüft, so wird der positive Effekt des Regionalmarketing, sinnvolle Maßnahmen zu initiieren und zu beschleunigen, zunichte gemacht bzw. in seiner Wirkung stark abgeschwächt. Dies zeigte sich am Beispiel Ried im Innkreis, wo die Verwaltung erhebliche Zeit für die Prüfung der Vorschläge des Regionalmarketing brauchte (Helbrecht 1994, S.150). Erstaunlich war dies, wenn man bedenkt, daß die Verwaltungen der Stadt Ried und des Umkreises an der Entwicklung des Regionalmarketingkonzepts selbst beteiligt waren. Hier ist also ein Konflikt zwischen der Effizienz von Regionalmarketing-Konzepten und einem Beharren an der traditionellen, flächendeckenden Planung vorprogrammiert.

5.3 Zur Umsetzung der Marketingtheorie

Als Elemente des strategischen Grundprozesses sollen die oben vorgestellten Phasen untersucht werden. Dabei geht es darum herauszufinden, ob die Praxis die in der Theorie erarbeiteten strategischen und methodischen Möglichkeiten nutzt. Aus der empirischen Untersuchung vom Difu können nur wenige Erkenntnisse zur strategischen Vorgehensweise gewonnen werden. Die Fallstudien wiesen jedoch teilweise Gemeinsamkeiten auf, die hier ergänzend analysiert werden sollen.

Situationsanalyse

In den untersuchten Fallstudien wurde der Schwerpunkt häufig auf eine Bestandsaufnahme und auf eine Diskussion regionaler Experten über die mögliche Entwicklung von relevanten Rahmenbedingungen (Potential- und Umfeldanalyse) gelegt. Befragungen von Zielgruppen wurden hier nicht durchgeführt (z.B. Amberger/Grandke 1995, S.161, Schaaschmidt 1995, S.118). Umfangreiche Befragungen von Zielgruppen erfordern im Vergleich zu internen Bestandsaufnahmen mit Hilfe regionaler Experten ungleich viel mehr finanzielle Mittel. Die oben aufgezählten Projekte wurden/werden alle öffentlich gefördert - mit Ausnahme von Ried im Innkreis. Es kann also davon ausgegangen werden, daß der finanzielle Spielraum bei geförderten Projekten tendenziell größer war/ist.

Ziele / Leitbilder

Eine Analyse der Fallstudien ergab, daß Leitbilder meist sehr vage formuliert wurden. Eine Ausnahme bildet erneut Ried im Innkreis: Hier orientierten sich die Leitbilder an der Realisierbarkeit. Die Leitbilder wurden in zwei Teilphasen gebildet: Zunächst wurden Vorschläge unter der utopischen Voraussetzung, daß "alle Macht, alle Technik und alles Geld der Welt" (Helbrecht 1994, S.174) vorhanden sei, gesammelt. Anschließend wurden die dabei entwickelten Leitbilder an der vorhergehenden Stärken-/Schwächenanalyse auf ihre Realisierbarkeit geprüft. Ergebnis dieser Vorgehensweise waren Leitbilder, die sich auf bestimmte Entwicklungen konzentrieren und diese selektiv fördern. Die Region Ried kann somit klar positioniert werden. Um dies zu verdeutlichen, werden in Tabelle 25 beispielhaft Leitbilder, die zu den Bereichen Verkehr und Wirtschaft/Arbeit in Ried und in Mindelheim entwickelt wurden, gegenübergestellt.

	Mindelheim	**Ried im Innkreis**
Verkehr	Wir in Mindelheim sind zukunftsorientiert. Unser Verkehrskonzept umfaßt die Fußgängerzone, Verkehrsberuhigung, Grünanlagen, Umgehungsstraßen mit Autobahnanschluß [...]. Die ersten Schritte sind getan.	Umwelt- und Lebensqualität haben Vorrang gegenüber dem motorisierten Individualverkehr. [...] Die Reduzierung von umweltbelastendem motorisierten Individualverkehr erfolgt im Gleichklang mit der Bereithaltung umweltfreundlicher Alternativen. [...]
Wirtschaft/ Arbeit	Wir in Mindelheim lieben unsere Natur. Mit Techniken von morgen sorgen wir schon heute dafür, eine hohe Belastung der Umwelt zu vermeiden.	Die Rieder Wirtschaft ist stark, ausgewogen und krisensicher. [...] Einheimische Betriebe sowie umweltfreundliche und zukunftsträchtige Betriebsformen haben bei der Flächenvergabe Vorrang. [...]

Tab. 25: Leitbilder in Mindelheim und Ried im Innkreis im Vergleich (Helbrecht 1994, S.130, 179ff.)

In Ried wurde der Schwerpunkt auf eine ökologisch verträgliche Entwicklung des Verkehrs und der Wirtschaft sowie eine Priorisierung der einheimischen Betriebe und Bevölkerung gelegt. Dazu werden der öffentliche Nahverkehr sowie einheimische und umweltfreundliche Betriebe selektiv gefördert, während der motorisierte Individualverkehr vergleichsweise benachteiligt wird. Die Leitbilder von Mindelheim geben dagegen keinen Anhaltspunkt zu einer klaren Positionierung: So sollen alle Branchen und sämtliche Verkehrsmittel gleichermaßen gefördert werden. Wie die Stadt bei i.d.R. doch begrenzten Budgets dann letztlich handelt, bleibt also weiter offen und in Einzelfällen zu klären. Die von Manschwetus geforderte Steuerungsfunktion von Leitbildern (s.o. Kapitel Leitbilder / Ziele) wird somit nicht erfüllt. Dennoch hält Helbrecht die Bildung von vagen Leitbildern nicht für grundsätzlich sinnlos. So hätten sie in Mindelheim und Schwandorf durchaus eine sehr wichtige Funktion zu erfüllen gehabt: die Motivation für eine konsequente Zusammenarbeit (Helbrecht 1994, S.129 u. S.144). Durch das gemeinsame konzipieren einer Zielvorstellung könne der Interessenegoismus, immer nur die Position der eigenen Lobby durchsetzen zu wollen, aufgebrochen werden. Grundsätzlich erscheint der in Ried gegangene Weg zwar aufwendiger aber sinnvoller zu sein, da er zwei Vorteile birgt: Zum einen werden die Ergebnisse der Marktuntersuchung hier konsequenter genutzt, zum anderen stellen auch die Leitbilder eine vergleichsweise solide Grundlage für das weitere Regionalmarketing dar. Die Aufgabe der Motivation für eine Zusammenarbeit sollte wie in Ried zu einem früheren Zeitpunkt geschehen.

Auch im Harz wurden Leitbilder für das Tourismusmarketing der Region entwickelt, ohne sich auf bestimmte Leistungskerne zu konzentrieren (Harzer Verkehrsverband e.V. 1997b). So wurde der Tourismus als Zielgruppe zwar segmentiert, indem 10 unterschiedliche Segmente mit grundlegend verschiedenen Bedürfnissen identifiziert wurden. Es wurde jedoch eindeutig angestrebt, den gesamten Möglichkeitsbereich im Tourismus abzudecken. So werden Familien, Jugendliche, Pensionäre bzw. Erlebnistouristen sowie Natur- und Kulturinteressierte gleichermaßen angesprochen. Auf eine klare Positionierung wurde also auch hier verzichtet.

Strategien

Wurden in den meisten Projekten noch Leitbilder oder generelle Ziele bestimmt, wird die Bildung von Strategien meist vernachlässigt. So erfolgt der Übergang von Zielen oder Stärken/Schwächen direkt zu geplanten Maßnahmen.

Ähnlich wie bei den Leitbildern wird an dieser Stelle die Möglichkeit "verschenkt", ein Instrument zur Steuerung der Konzeption vorstellbarer Maßnahmen zu nutzen. Schon aus finanziellen Gründen können nicht alle denkbaren Maßnahmen berücksichtigt werden. Die Selektion sollte jedoch primär mittels Positionierungskriterien statt willkürlich nach dem Prinzip "was uns gerade eingefallen ist" erfolgen. Dies ist der eigentliche Sinn der stufenweisen Vorgehensweise in Marketingkonzepten: Sie ermöglicht es, planmäßig bzw. durch Prioritätensetzung statt nach dem Zufallsprinzip Maßnahmen auszuwählen und damit die Entwicklung der Region tatsächlich zu steuern.

Maßnahmen

Eine Analyse der Fallstudien ergab, daß die Kommunikationspolitik häufig im Mittelpunkt von Maßnahmenplänen stand (z.B. Schaaschmidt 1995, S.120). Leistungskernpolitik wird am wenigsten geplant und betrieben.

Ein Grund hierfür mag in der mangelnden Positionierung in den vorhergehenden Phasen liegen. Da keine Richtung gegeben ist für besonders zu fördernde Branchen, Verkehrsmittel etc., fehlt bei der Konzipierung der Maßnahmen der nötige Rahmen: Die Leistungskerne sind unbekannt, wie sollen hier also Maßnahmen zur Kooperation, zur Segmentierung etc. geplant werden. Darüber hinaus ist die Konsensfindung bei der Kommunikationspolitik aufgrund der eher kurzfristigen und von den übrigen Handlungen der Akteure unabhängigen Charakter entsprechender Maßnahmen scheinbar leichter zu erreichen. Hier ist jedoch Vorsicht geboten: Wurde die Region nicht klar positioniert und keine Zusammenarbeit in den Politikfeldern Standort- und Leistungskernpolitik festgelegt, wird die erwünschte Wirkung der Kommunikationspolitik ausbleiben. Denn vermarktet werden kann nur, was tatsächlich vorhanden ist.

Controlling

Auch die Phase des Controlling und damit auch die Flexibilität des Regionalmarketing wird im Regionalmarketing weitgehend ignoriert. In vielen der hier untersuchten Regionalmarketingkonzepten gab es beispielsweise kein kontinuierliches oder gar kein Berichtswesen. Lediglich im Harz, in Westsachsen und in Bergisch Gladbach wurde ein Koordinationsausschuß oder eine ähnliche Stelle eingerichtet, die sich regelmäßig zur Abstimmung der in den fachbezogenen Arbeitsgruppen vorgeschlagenen Maßnahmen traf/trifft (Harzer Verkehrsverband 1997a, S.10, Unger 1995, S.107, Westermann 1995, S.42).

Eine Erfolgskontrolle wurde im Ruhrgebiet durchgeführt (Rühl 1989, S.328). Hier wurde eine Nachmessung zur Imageanalyse durchgeführt. Es wurden der Bekanntheitsgrad, die Akzeptanz der Kampagne(n) und die Einschaltquoten erhoben. Daneben dienten Anschreiben von Interessenten für Informationsmaterial zum Ruhrgebiet als Erfogskriterium. Nustede bezeichnet jedoch die Verwendung des Bekanntheitsgrades einer Region als Erfolgskriterium als Selbstbetrug, da ein eindeutiger Zusammenhang zwischen diesem und konkreten Maßnahmen des Regionalmarketing unmöglich zugrunde gelegt werden kann (Nustede 1989, S.303).

Befragungen zur Kundenzufriedenheit sowie ein Beschwerdenmanagement wurden hingegen in keinem der Fälle durchgeführt bzw. eingerichtet. Auch die Verwendung von Umsatzgrößen spielte als Erfolgskennzahl keine Rolle.

5.4 Organisation des Regionalmarketing in der Praxis

Formale Organisation

Eine Institutionalisierung des Regionalmarketing ist keineswegs die Regel. So findet oftmals nur eine informelle Zusammenarbeit in Form von Arbeitskreisen statt (z.B. Unger 1995, S.104ff., Mangels 1995, S.71). Häufig werden formale Organisationen auch erst nach einiger Zeit gegründet. Ein Beispiel hierfür ist Oberfranken, wo schon erste Maßnahmen zur Kommunikationspolitik durchgeführt wurden, bevor eine Gründung des Vereins Oberfranken Offensiv e.V. stattfand (Maier/Wimmer, 1992, S.3).

Welche Form der Organisation geeignet ist, hängt von den spezifischen Bedingungen der Region ab. Grundsätzlich bieten die Gesellschaftsformen des Vereins oder einer GmbH die besten Voraussetzungen für eine ausgewogene Verteilung von Kompetenzen öffentlicher Körperschaften und privater Unternehmen. Hierzu muß die Verwaltung jedoch auch bereit sein: Eine etwaige Blockierung der Maßnahmen könnte die Bemühungen der Regionalmarketinginstutution konterkarieren. Dies zeigte sich in Ried, wo das Regionalmarketing durch die lokale Verwaltung zwar weitgehend akzeptiert wurde und Verwaltungsmitarbeiter auch an der Erstellung der Maßnahmenvorschläge beteiligt waren. Dennoch wurden alle Maßnahmen anschließend von der Verwaltung wie gewohnt geprüft, als hätte es eine solche Zusammenarbeit nie gegeben (Helbrecht 1994, S.150). Solche Probleme sollten möglichst vorher geklärt werden, da Regionalmarketing sonst unnötig viel Zeit und Aufwand mitsichbringt.

Informelle Organisation

In der Praxis haben sich Workshops für breite Bevölkerungsschichten sowie themenbezogene Arbeitskreise mit geringeren Teilnehmerzahlen durchgesetzt.

Workshops wurden hauptsächlich in Stadtmarketingprojekten durchgeführt, wo eine möglichst demokratisch legitimierte (von der lokalen Bevölkerung vertretene) Regionalentwicklung angestrebt wurde. Zu nennen sind hier das bayerische Modellprojekt Schwandorf und Ried im Innkreis (Helbrecht 1994, S.151 u. 163).

Arbeitskreise wurden in fast allen untersuchten Fällen gebildet. Es kamen grundsätzlich funktions- oder produktorientierte Strukturen vor. Als der am häufigsten gewählte Funktionsbereich stellte sich Marketing bzw. Öffentlichkeitsarbeit /PR heraus (CIMA 1998, S.154, Harzer Verkehrsverband e.V. 1997a, S.1, Unger 1995, S.106). Des weiteren wurden teilweise Stellen zur Koordination bzw. Überwachung der Finanzen eingerichtet (Harzer Verkehrsverband e.V. 1997a, S.1, Westermann 1995, S.42). Auch bildeten sich Gruppen zu Verkehr und Kultur (Unger 1995, S.106, Westermann 1995, S.42). Hier wurden jedoch teilweise die organisatorischen Voraussetzungen für eine Funktionalisierung dieser beiden Bereiche geschaffen, indem Verkehr und Wirtschaft sowie Kultur und Tourismus jeweils zu einer Gruppe zusammengeschlossen wurden. Produktorientierte Arbeitsgruppen wurden unter anderem zur Revitalisierung der Innenstadt und zur Umwelt und Stadtgestaltung gebildet (z.B. CIMA 1998, S.154, Harzer Verkehrsverband e.V. 1997a, S.1, Unger 1995, S.42, Westermann 1995, S.106). In allen untersuchten Fällen traten diese Organisationsformen jedoch gemischt auf, so daß angenommen werden kann, daß bei der Bildung der Arbeitsgruppen keine organisationstheoretischen Überlegungen angestellt wurden. Die in der Theorie empfohlene zielgruppenorientierte Organisation wurde nur selektiv für Tourismus und Wirtschaftsförderung berücksichtigt (CIMA 1998, S.154, Harzer Verkehrsverband e.V. 1997a, S.1, Unger 1995, S.106). Des weiteren wurde in Bergisch Gladbach auch für die Ansprache der Jugend eine eigene Arbeitsgruppe gebildet (Westermann 1995, S.42).

5.5 Kunden- bzw. Zielgruppenorientierung

Wie oben festgestellt wurde, wird organisatorisch in der Regel lediglich zwischen den Gruppen Wirtschaft und Tourismus getrennt. In den einzelnen Arbeitsgruppen wird jedoch zum Teil weiter segmentiert und zielgruppenspezifisch gearbeitet. Dennoch geht die Segmentierung hier meist nicht über eine Grobsegmetierung in die Gruppen private Unternehmen, Bürger und Absolventen hinaus (z.B. Maier/Wimmer 1992, Helbrecht 1994, S.107).

Die Untersuchung von Balderjahn zu einem Marketing für Brandenburg sowie das Tourismusmarketing im Harz bilden hier jedoch Ausnahmen. So erarbeitete die Arbeitsgruppe Marketing im Harz für zehn unterschiedliche Zielgruppen jeweils unterschiedliche Maßnahmen (Harzer Verkehrsverband 1997b, S.1). Balderjahn bezog auch die organisationalen Standortwahlentscheidungen der befragten Unternehmungen in seine Untersuchung ein (Balderjahn 1995, S.32). Daraus leitete er fünf unterscheidbare Unternehmensgruppen ab (Balderjahn 1995, S.38): Brandenburg-Fans, chancenorientierte Bürokratiegeschädigte, Skeptiker und Abwartende, kostenorientierte Subventionssucher, Unzufriedene bzw. „Ablehner“.

5.6 Zusammenfassung

Externe Motivation, insbesondere Fördermittel, war in der Mehrzahl der untersuchten Fälle die Hauptursache, Regionalmarketing zu initiieren. Für den dauerhaften Bestand des Regionalmarketing erwies sich jedoch die interne Motivation als von weit größerer Bedeutung. Diese konnte vor allem durch einen überzeugenden Moderator mit gutem methodischem Know-how angeregt werden. Dennoch ist die Bereitschaft zur ehrenamtlichen Mitarbeit in der Regel eher begrenzt.

Eine gezielte Einbindung der Region in überregionale Netzwerke erfolgte in der Regel nicht. Voraussetzung hierfür ist jedoch, daß die Region ausreichend groß ist.

Obwohl mit dem Regionalmarketing in der Regel eine dauerhafte Zusammenarbeit angestrebt wird, überwiegen in den meisten Maßnahmenkatalogen kurzfristige Maßnahmen. Des weiteren besteht die Gefahr der Funktionalisierung von in der Regionalentwicklung traditionell von nicht-ökonomischen Zielen geprägten Bereichen wie beispielsweise Kultur oder Umwelt.

Eine regionale Identität wurde in der Mehrzahl der untersuchten Fälle nicht angestrebt. So wurden auch nur wenig marketingtheoretische Instrumente zur Abgrenzung der Region gegenüber Wettbewerbern genutzt. Insbesondere betrifft dies Instrumente, die eine Steuerung der Entscheidungsfindung unterstützen.

Es zeigte sich weiter, daß eine Verlagerung der Kompetenzen befürchtet wird, so daß hier ein entscheidender Konflikt zwischen Effizienz des Regionalmarketingkonzepts und den gesellschaftlichen Vorstellungen von Demokratie und Regionalentwicklung besteht. So werden Entscheidungen teilweise doppelt getroffen, um die Kompetenzen der Verwaltungen nicht anzutasten. Unter Umständen könnte dieser Konflikt auch ein Grund dafür sein, daß die gezielte Entwicklung eines regionalen Spezifikums vermieden wird. Klare Entscheidungen für oder gegen bestimmte Branchen oder Entwicklungen würden bestimmte Bevölkerungsgruppen zwangsläufig benachteiligen. Regionalmarketing würde dann nicht mehr dem Anspruch gerecht, sämtliche Interessen der regionalen Bevölkerung zu vertreten.

Ein weiterer Grund für eine eher zurückhaltende Nutzung marketingtheoretischer Möglichkeiten liegt in den meist begrenzten Budgets. Diese könnten jedoch zielgerichteter ausgeschöpft werden, würde eine konsequente Kontrolle der Planung und des Erfolges der Maßnahmen erfolgen.

Eine Folge der herrschenden Skepsis gegenüber Regionalmarketing ist es, daß sich derzeit vor allem noch verwaltungsnahe Organisationsformen zur Verankerung des Regionalmarketing in der Region eignen.

Kapitel 2:
Regionalmarketing
- Herleitung und Begriff

Kapitel 3:
Regionalmarketing
im politischen Umfeld

Kapitel 4:
Regionalmarketing
- Planung und Umsetzung

- Regionalmarketingprozeß
- Marktforschung
- Ziele und Strategien
- Marketing-Mix
- Organisation
- Durchsetzung
- Kontrolle

Kapitel 5:
Regionalmarketingpraxis
Beispiele / Bewertung

Kapitel 6:
Regionalmarketing
Anmerkungen zur Zukunft

Kapitel 6: Anmerkungen zur Zukunft des Regionalmarketing in der Praxis

In den vorhergehenden Kapiteln wurden die Rahmenbedingungen des Regionalmarketing in der Realität analysiert (Kapitel 3), es wurden theoretische Überlegungen zur Planung und Umsetzung des RGM angestellt (Kapitel 4) und in einem kurzem Vergleich die theoretischen Vorgaben mit der Umsetzung in der Praxis verglichen. Alle diese Ausführungen wurden über logische Argumentation oder Zitate kommentiert. Nun soll - als Abschluß des Buches - der Praxis einige Hinweise mitgegeben werden, die neben den Erkenntnissen aus diesem Buch auch die persönlichen Erfahrungen des Autors in der Beratung zur Planung und Durchführung eines Marketing für Regionen widerspiegeln. Sie sollen für die Praxis wissenschaftliche Erkenntnis mit praktischer Erfahrung verbinden. Die Hinweise sind - auch wenn dies als populistisch kritisiert werden kann - in Form einiger plakativer Thesen formuliert, so daß sie gut behalten werden können. Es sind Thesen, die gleichzeitig als Forderungen an ein professionelles Regionalmarketing dienen und an denen sich ein Regionalmarketing in der Zukunft orientieren soll.

These 1: Die typischen Fehler in der Regionalmarketingpraxis sind
- die Überschätzung der Attraktivität der eigenen Region,
- eine übertriebene Konzentration auf Leitlinien,
- zu geringe Koordination der Akteure im Regionalmarketing,
- Konzeptlosigkeit im Regionalmarketing führt zu Einzelaktionen,
- es werden zu viele politische Bauchentscheidungen getroffen, statt Konzepte, die auf Marktforschung aufbauen.

Es ist immer wieder festzustellen, daß die Protagonisten die Attraktivität ihrer eigenen Region und das Interesse daran außerhalb der Region als sehr groß einschätzen, mitunter sogar eine verklärte Sicht besitzen. Die eigene Region und ihre Reize besonders zu schätzen, ist nur zu natürlich, es wird jedoch verkannt, daß die Zielgruppen diese Einstellung zur eigenen Region nicht besitzen mögen. Wird ein Regionalmarketing jedoch nach den Maßstäben und Einschätzungen der Akteure in der Region ausgerichtet, so besteht die Gefahr, „am tatsächlichen Markt vorbei zu planen". Ebenso wird wiederholt in Städten der Entwicklung eines Leitbildes viel Aufmerksamkeit geschenkt. Es wurde bereits oben kritisiert, daß Leitlinien der Gefahr einer Überladung und geringen Differenzierung ggü. anderen Regionen ausgesetzt sind, insbesondere wenn ihre Erstellung von Beratern unterstützt werden, die eine Region neben der anderen betreuen. Darüber hinaus dürfte aus den vorherigen Kapiteln deutlich geworden sein, daß Leitlinien alleine für ein Regionalmarketing nicht ausreichen. So sind diese in konkrete Ziele, Strategien und Maßnahmen umzusetzen. Aber gerade hier scheint es vielen Regionen zu fehlen. Darüber hinaus werden vielfach die vielen Akteure einer Region zu wenig im Sinne eines geschlossenen Regionalmarketing koordiniert, die Folge sind unkoordinierte Einzelaktionen ohne Konzept. Zuletzt ist dem Autor wiederholt die geringe professionelle Planung und Durchführung von Regionalmarketing aufgefallen, die weniger auf einer neutralen Markforschung aufbaut denn auf Entscheidungen, die „aus dem Bauch" getroffen werden. An allen diesen Problemfeldern der praktischen Marktforschung müssen die Forderungen für die Zukunft ansetzten.

These 2: Regionalmarketing setzt Konzept und Planung voraus.

Marketingtheoretische Instrumente und Pläne werden gar nicht bzw. nur wenig genutzt. Sowohl ein planerisches Vorgehen als auch der Einsatz aller Instrumente wird oft durch langwierige Diskussionen und Rücksichtnahme auf Interessen verhindert. So überwiegen in der Praxis meist Maßnahmen der Kommunikationspolitik. Um alle

Handlungsmöglichkeiten auszuschöpfen, sollten klassische Instrumente der Marketing-Planung in der oben gezeigten Übertragung auf die Region genutzt werden. Sie bilden wichtige Gedankenstützen und helfen, bei den doch sehr komplexen Verhältnissen in einer Region dennoch systematisch vorzugehen und alle Handlungsmöglichkeiten zu prüfen. Betrachtet man jedoch die bisherigen Versuche, Instrumente des unternehmerischen Marketing auf die Region zu übertragen oder auch eigene Instrumente für die Region zu entwickeln, steckt das Regionalmarketing noch in den Kinderschuhen. Von Manschwetus und Schneider wurde aber für Strategien und ausgewählte Maßnahmen eine Anpassung marketingtheoretischer Instrumente an die Region unternommen. Und auch das vorliegende Buch soll etwas Abhilfe schaffen.

These 3: Regionalmarketing beginnt und endet mit Marktforschung

Obwohl eine konsequente Ausrichtung an den Zielgruppen das Hauptanliegen von Marketing ist, wird es in der Praxis häufig vernachlässigt. Zum Teil wurden Zielgruppen nicht befragt, zum Teil wurden gewonnene Informationen nicht konsequent für eine Segmentierung genutzt. Für die Planung des Regionalmarketing ist daher Marktforschung bei den Zielgruppen unerläßlich, sollen nicht die planerischen Entscheidungen „aus dem Bauch" heraus getroffen werden. Auch im weiteren Verlauf der Planung des Regionalmarketing ist Marktforschung notwendig, so z.B. bei der Untersuchung der Wirkungen von Name, Logo und Claim. Desgleichen gilt auch für das Regionalmarketing-Controlling. Zum Controlling gibt es derzeit nur wenig ausgearbeitete Modelle. Hier besteht noch Forschungsbedarf. Von einigen Autoren wird behauptet, daß Controlling von Regionalmarketing aufgrund der mangelnden Zurechenbarkeit von Erfolgskenngrößen keinen Sinn macht. Dem ist zu widersprechen, vielmehr ist es erforderlich, neben einer Betrachtung des Gesamterfolgs differenzierter mit der Ermittlung von Erfolgsgrößen umzugehen und jeweils auf die einzelnen Maßnahmen eingehen. Auch eine Erhebung der Einstellungen von Zielgruppen zu konkreten Angeboten der Region sowie eine Erfassung von Beschwerden in einer zentralen Koordinationsstelle sind sinnvolle Möglichkeiten, den Erfolg des Regionalmarketing zu ermitteln. Der Marketingerfolg sollte möglichst regelmäßig gemessen werden, um eine ausreichende Flexibilität des Regionalmarketing gewährleisten zu können. Der Zyklus des Regionalmarketing von der Planung über die Umsetzung bis zur Kontrolle endet somit immer mit Marktforschung.

These 4: Der wesentliche Teil des Regionalmarketing ist nicht das Konzept, sondern die Durchsetzung und Zusammenarbeit der regionalen Akteure

Mit Regionalmarketing wird gleichzeitig eine effiziente Vermarktung der Region und die Erfüllung demokratischer Rechte angestrebt, so daß hier ein Konflikt vorprogrammiert ist. Aus Gründen der Effizienz ist eine größere räumliche Ausdehnung der Region und ein begrenzter Kreis dauerhaft Beteiligter günstig. Demokratisch wäre hingegen ein Regionalmarketing, welches für die gesamte Bevölkerung offen wäre. Mittelfristig kann neben dem Regionalmarketing an einer flächendeckenden Entwicklungsplanung festgehalten werden. Langfristig ist jedoch schwerpunktmäßig zwischen der flächendeckenden Planung mit umfassenden Regelungen und offenen Verhandlungsprozessen zu entscheiden. Ob letzteres demokratisch sein kann und wird, ist eine Frage des persönlichen Einsatzes, sowohl der Wirtschaft, als auch der einzelnen Bürger.

Ein Kompromiß kann auf der Ebene der Region beispielsweise dadurch erreicht werden, daß man sich neben einer Beteiligung einflußreicher Wirtschaftsverbände und Unternehmen um eine Beteiligung möglichst vieler organisierter Bürger, wie Verbraucherschutzvereine, Gewerkschaften usw. bemüht. Hierzu müssen sich jedoch Einstellungen in der deutschen Gesellschaft grundlegend wandeln - hin zu mehr Verantwortungsgefühl für die regionale Entwicklung. Ein entscheidendes Problem besteht bei dieser Vorgehensweise jedoch bezüglich des Ungleichgewichts der Kapitalkraft von Wirtschaftsverbänden und organisierten Bürgern. Hier wäre es hilfreich, verbindliche Regelungen zu treffen, die ein Gleichgewicht der Stimmen gewährleisten. Aus den obigen Ausführungen wird deutlich, daß die mit Regionalmarketing verbundenen politischen und gesellschaftlichen Fragen nicht allein von Planungs- oder Wirtschaftswissenschaftlern gelöst werden können. Vielmehr ist eine interdisziplinäre Zusammenarbeit von Politik-, Verwaltungs-, Sozial-, Planungs- und Wirtschaftswissenschaftlern erforderlich.

Viele Regionalmarketing-Projekte scheitern in der Praxis an der unzureichenden Zusammenarbeit der regionalen Akteure. Der Wille zur Zusammenarbeit ist unbedingte Voraussetzung des Regionalmarketing und kann durch keine Förderung von außen ersetzt werden. Herrscht in der betreffenden Region ein schlechtes Kooperationsklima, kann eine gute Moderation in der Anfangsphase von großer Bedeutung sein, um die regionalen Akteure zu einem besseren gegenseitigen Verständnis zu bewegen. Hier ist jedoch Vorsicht geboten, um nicht eine zu starke Abhängigkeit von Externen entstehen zu lassen. Die regionalen Akteure sollten sich möglichst früh um den Aufbau eines eigenen methodischen Know-Hows bemühen.

Die interne Zusammenarbeit stellt den größten Stolperstein des Regionalmarketing dar. Dennoch ist der interne Antrieb der Akteure unbedingte Voraussetzung für den Erfolg eines solchen Vorhabens. Sozialwissenschaftler sind hiermit aufgefordert, an den regionalen Kontext angepaßte Verfahren zu entwickeln. Dabei kann es natürlich keine Pauschallösung geben. Es gibt jedoch in der Praxis wiederholt auftretende Probleme bzw. Situationen. Teilweise gibt es hier schon praktische Erfahrungen, die systematischer genutzt werden sollten. Problematisch ist dabei jedoch, daß es meist Unternehmensberater sind, die methodische Hilfestellungen leisten und somit über methodisches Know-how verfügen. Aus Wettbewerbsgründen sind diese nur in sehr begrenztem Maße bereit, ihre Informationen preiszugeben. Eine stärkere Eigeninitiative seitens der regionalen Akteure hinsichtlich eines systematischen Aufbaus von methodischem Know-How ist also wünschenswert. Dies ist auch allein schon deshalb erforderlich, weil eine zu starke Abhängigkeit von Externen eine passive Haltung der Beteiligten fördert. Die Beteiligten könnten sich dann allzu leicht zurückziehen und den Unternehmensberater für den Erfolg oder Mißerfolg des Regionalmarketing verantwortlich machen. Für den Aufbau eines Know-Hows wäre es sinnvoll, regionale Forschungsinstitute bzw. Universitäten am Regionalmarketing zu beteiligen.

Auch die Organisationsstrukturen haben einen wesentlichen Einfluß auf den internen Antrieb der Beteiligten. Allein die Tatsache, eine neue Institution ins Leben zu rufen, reicht nicht aus, sie muß auch in vorhandene Entscheidungs- und Kooperationsstrukturen passen. Grundsätzlich bieten privatwirtschaftliche Institutionen (Vereine, GmbH) bessere Voraussetzungen, ein Gleichgewicht an Kompetenzen von Körperschaften und Privaten herzustellen. In einigen Regionen ist/sind jedoch die Einrichtung einer bzw. mehrerer Stabstelle(n) erforderlich, da Ängste bezüglich des Verlusts von Kompetenzen abgebaut werden müssen.

Häufig konzentriert man sich aufgrund der großen internen Probleme nur auf die Region. Vergessen wird dabei, daß Zielgruppen jedoch nicht nur in der Region vorhanden sind. Die Ansprache externer Zielgruppen wird durch die Mitarbeit in überregionalen Verbänden erleichtert. Auch ist eine Verlagerung rechtlicher Entscheidungen auf europäische und globale Ebenen zu beobachten. Um auf rechtliche Änderungen adäquat reagieren zu können, ist es unbedingt erforderlich, über aktuelle Informationen zu verfügen und eventuell sogar die Möglichkeit zur Einflußnahme auf rechtliche Entscheidungen zu haben. Hierzu ist eine überregionale Lobby-Arbeit erforderlich. Dies ist nur für größere Regionen möglich, so daß hier ein eindeutiger Vorteil größerer Gebiete gegenüber kleineren wie beispielsweise Städten besteht.

These 5: Regionalmarketing heißt sich beschränken

Trotz Marktforschung, Planung und kooperativer Zusammenarbeit der Akteure im Regionalmarketing und trotz angemessener Marketingkompetenz kann ein Regionalmarketing auch dadurch scheitern, daß sich die Akteure zuviel vornehmen. Beschränken im Regionalmarketing soll davor schützen und meint ein Beschränken auf wesentliche Imagestärken, anstatt sofort alle Schwächen im (insbesondere Fremd-) Image einer Region beseitigen und alle Stärken im Image ausbauen zu wollen. Dies geht einher mit Realismus für die Leistungsfähigkeit und den Grenzen einer Region. Der Wunsch, eine in den Augen der Akteure ideale Region zu erzeugen und dem Markt zu vermitteln, darf nicht dazu führen, daß sich das die Regionalmarketingplanung vom Realistischen abwendet. Kommuniziert werden sollte nur das, was tatsächlich von der Region erfüllt werden kann, da eine Kommunikationspolitik unabhängig von einer Gestaltung und Optimierung des Standorts und des Leistungskerns wenig Sinn macht. Und auch in der Standort- und Leistungspolitik sind Prioritäten nach der Kraft der Region zu setzen. Beschränkung heißt in diesem Sinne auch, die Zahl der Zielgruppen einzugrenzen, um nicht für jeden alles bieten zu wollen. Vielmehr ist eine gezielte Positionierung und damit auch gezielte Auswahl des Marktes im Reigen der Regionen zu finden.

Schlußbetrachtung

Regionalmarketing kann als Planungs- und Steuerungsinstrument zur Vermarktung von Regionen dazu beitragen, den neuen Herausforderungen der Regionalentwicklung zu begegnen. Es soll jedoch davor gewarnt werden, die Möglichkeiten des Regionalmarketing zu überschätzen. So gibt es noch ungelöste Konflikte, die die Effizienz des Regionalmarketing behindern. Der zentrale Konflikt des Regionalmarketing besteht zwischen Effizienz und Demokratie. Eventuell könnten normative Regelungen zu einem Interessengleichgewicht zwischen privaten Unternehmen und Bürger verhelfen. Grundsätzlich ist aber eine Wandlung hin zu mehr Engagement seitens der Bürger und Unternehmen erforderlich. Insbesondere ist ein höherer Organisationsgrad der Bürger vonnöten.

Die Vielfalt der beteiligten Akteure mit ihren Zielen und/oder Angeboten stellt hohe Anforderungen an die interne Kooperation. Entscheidend ist hier, daß die Akteure des Regionalmarketing ein eigenes Know-How entwickeln und nicht zu sehr auf die Hilfe von externen privaten Unternehmen vertrauen. Eine Beteiligung von Universitäten und Forschungsinstituten kann beim Aufbau eines methodischen Know-Hows hilfreich sein.

Neben der regioneninternen Kooperation dürfen jedoch externe Kooperationen nicht vernachlässigt werden. Sie können dazu beitragen, flexibel auf Änderungen rechtlicher Rahmenbedingungen zu reagieren und bieten eine zusätzliche Möglichkeit, externe Zielgruppen anzusprechen.

Um ausreichend Effizienz und Flexibilität zu gewährleisten, sollten sich Regionalmarketing-Konzepte konsequent an den Zielgruppen orientieren. In der Praxis besteht hier sowohl bei der Organisation des Regionalmarketings als auch bei der Entwicklung von Regionalmarketing-Konzepten Handlungsbedarf. Insbesondere ist eine stärkere Segmentierung wünschenswert, um eine zielgerichtetere Ansprache der Zielgruppen zu ermöglichen, sowie ein Controlling zur Optimierung der Flexibilität des Regionalmarketing.

Zu einer Lösung der Probleme sollten vorhandene marketingtheoretische Instrumente stärker genutzt und neue entwickelt werden. Marketingtheoretische Instrumente können in der Praxis als Gedankenstütze zur Entwicklung eines regionalen Spezifikums und zur Flexibilität des Regionalmarketing eingesetzt werden. Forschungsbedarf besteht vor allem noch für ein an die Region angepaßtes Controlling. In der Praxis sollte darauf geachtet werden, die Kommunikationspolitik gegenüber der Leistungskern- und Standortpolitik nicht überzubetonen.

Literaturverzeichnis

- Aktion Münsterland, Regionenmarketing in Deutschland, 2. Auflage, Münster 1998.
- Amberger, J., Grandke, G., Stadtmarketing Offenbach - ein Praxisbericht zur Anwendung des Marketingansatzes in der Stadtentwicklung, in: Marktforschung und Management, 1995, S.159-164.
- AWA - Allensbach Werbeanalyse 1995, Band I bis VII, Bonn 1995
- Backhaus, K., Erichson, B., Plinke, W., Weiber, R., Multivariate Analysemethoden, 8. Auflage, Berlin u.a. 1996.
- Balderjahn, I., Marketing für Regionen: Ein Konzept für die neuen Bundesländer?, Universität Potsdam 1995.
- Becker, J., Grundlagen der Marketing-Konzeption: Marketingziele, Marketingstrategien, Marketingmix, 6. Auflage, München 1998.
- Berekoven, L., Eckert, W., Ellenrieder, P., Marktforschung, 7. Auflage, Wiesbaden 1996.
- Beyer, R., Kuron, I. (Hrsg.), Stadt- und Regionalmarketing - Irrweg oder Stein der Weisen?, Bonn 1995.
- Böltz, C., City-Marketing: Eine Stadt wird verkauft, Bauwelt, 1998, S.996-997.
- Braun, G.E., Töpfer, A., Marketing im kommunalen Bereich, Stuttgart 1989.
- Bruhn, M., Marketing, 3. Auflage, Wiesbaden 1996.
- Bruhn, M., Kommunikationspolitik, München 1997.
- Bullmann, U., Goldsmith, M., Page, E.C., Regieren unter dem Zentralstaat: Regionen, Kommunen und eine sich verändernde Machtbalance in Europa, in: Bullmann, U., Heinze, R.G. (Hrsg.), Regionale Modernisierungspolitik - Nationale und internationale Perspektiven, Opladen 1997, S.109-139.
- Bullmann, U., Heinze, R.G., Einleitung, in: Bullmann, U., Heinze, R.G. (Hrsg.), Regionale Modernisierungspolitik - Nationale und internationale Perspektiven. Opladen 1997, S.7-13.
- CIMA-Stadtmarketing GmbH, Marketinghandbuch Westsachsen, Zwickau 1998.

- D'hein, W.P., Das CI-Konzept der Stadt Bonn: Bilanz und Perspektiven, in: Töpfer, A. (Hrsg.), Stadtmarketing - Herausforderung und Chance für Kommunen, Baden-Baden 1993, S.277-297.
- Difu (Deutsches Institut für Urbanistik), Stadtmarketing - eine Bestandsaufnahme in deutschen Städten, Berlin 1996.
- Dorn, D., Marketing in der Staatswirtschaft, Zeitschrift für Wirtschafts- und Sozialwissenschaften, HB I, 1973, S.21-33.
- Fehrlage, A.O., Winterling, K., Kann eine Stadt wie ein Unternehmen vermarktet werden?, Stadt und Gemeinde, 1991, S.254-257.
- Fischer, H.-P., Stadtmarketing für eine Großstadt: Beispiel Stadt Mannheim, Die Wirtschaft, 1989, S.621-630.
- Glogowski, E., Kampf der Kommunen, Blick durch die Wirtschaft v. 11.03.1997, S.11.
- Grabow, B., Hollbach-Grömig B., Stadtmarketing - eine kritische Zwischenbilanz, Stuttgart 1998.
- Grätz, C., Kommunale Wirtschaftsförderung - Kritische Bestandsaufnahme ihrer Funktionen und Organisation, Bochum 1983.
- Haag, T., Stadtmarketing-GmbH als effiziente Organisationsform, in: Töpfer, A. (Hrsg.), Stadtmarketing - Herausforderung und Chance für Kommunen, Baden-Baden 1993, S.359-379.
- Hammann, P., Ansätze zu einem Marketing für kommunale Standorte, Arbeitspapiere zum Marketing 1996, Nr. 15, Ruhr-Universität Bochum.
- Hammann, P., Kommunales und regionales Marketing, in: Tietz, B., Köhler, R., Zentes, J. (Hrsg.), Handwörterbuch des Marketing, 2. Auflage, Stuttgart 1995, Sp. 1166-1176.
- Harzer Verkehrsverband, Geschäftsbericht 1997, Wernigerode 1997a.
- Harzer Verkehrsverband, Leitfaden zur Arbeitstagung "Das neue HVV-Tourismuskonzept marktgerecht realisieren", Wernigerode 1997b.
- Häußermann, H., Ökonomie und Politik in alten Industrieregionen Europas, Basel 1992.
- Healey, P., The Reorganisation of State and Market in Planning, Urban Studies, 1992, S.411-434.

- Heide, von der, H.J. (1995): Grundlagen für das Regionalmarketing: Eine Einführung, in: Beyer, R., Kuron, I. (Hrsg.): Stadt- und Regionalmarketing - Irrweg oder Stein der Weisen? Bonn 1995, S.85-95.
- Helbrecht, I., Stadtmarketing: Konturen einer kommunikativen Stadtentwicklungspolitik, Basel 1994.
- Hermanns, A., Flegel, V. (Hrsg.), Handbuch des Electronic Marketing, Funktionen und Anwendungen der Informations- und Kommunikationstechnik im Marketing, München 1992.
- Hill, W., Marketing im öffentlichen Sektor, in: Müller, G. (Hrsg.), Staatsorganisation und Staatsfunktion im Wandel, Basel 1982, S.249-262.
- Honert, S., Stadtmarketing und Stadtmanagement, Der Städtetag, 1991, S.394-401.
- Hormuth, S., Placement - eine innovative Kommunikationsstrategie, München 1992.
- Horn, H.-T., Auf dem Weg zu einem CI-Konzept, in: Töpfer, A. (Hrsg.), Stadtmarketing - Herausforderung und Chance für Kommunen, Baden-Baden 1993, S.265-275.
- Hubka, B., Über ein Marketingproblem bei öffentlichen Gütern, Der Markt, 1975, S.119-120.
- Hübl, L., Stadt- und Regionalmarketing. Seminar am Fachbereich Wirtschaftswissenschaften im Sommersemester 1993, Hannover 1994.
- Hummel, M., Kultur als Standortfaktor, ifo-Schnelldienst, 1990, Nr. 10, S. 3-10.
- Junker, R., Frauns, E., Schaller, U., Stadtmarketing, Stadtplanung und Kommunalpolitik, Städte- und Gemeinderat, 1996, S.282-287.
- Keller, V. von, Millionen für Regionen: Kommunale Marketingkonzepte entwickeln sich zum Wettbewerbsfaktor von strategischer Bedeutung, Wirtschafts-Woche, 1990, S. 70-74.
- Konken, M., Stadtmarketing - Eine Vision wird Realität, Limburgerhof 1996.
- Kotler, P., Bliemel, F., Marketing-Management, 8. Auflage, Stuttgart 1996.
- Kotler, P., Haider, D. H., Rein, I., Marketing Places: Attracting Investment, Industry, and Tourism to Cities, States, and Nations, New York 1993.

- Kotler, P., Haider, D. H., Rein, I., Standort-Marketing: Wie Städte, Regionen und Länder gezielt Investitionen, Industrien und Tourismus anziehen, Düsseldorf 1994.
- Kreating, M., Zur politischen Ökonomie des Regionalismus, in: Bullmann, U., Heinze, R.G. (Hrsg.), Regionale Modernisierungspolitik, Nationale und internationale Perspektiven, Opladen 1997, S. 77-105.
- Kroeber-Riel, W., Strategien und Technik der Werbung, 3. Aufl., Stuttgart u.a. 1991.
- Kroeber-Riel, W., Bildkommunikation, München 1993.
- Kroeber-Riel, W., Weinberg, P., Konsumentenverhalten, 6. Auflage, München 1997.
- Kruzewicz, M., Schuchardt, W., Public-Private-Partnership - neue Formen lokaler Kooperation in industrialisierten Verdichtungsräumen, Der Städtetag, 1989, S. 761-766.
- Leitner, H., Pro-Growth Coalitions, the Local State and Downtown Development, Fischer, M.M., Sauberer, M. (Hrsg.): Gesellschaft - Wirtschaft - Raum, Beiträge zur modernen Wirtschafts- und Sozialgeographie, Wien 1987.
- Lilli, W., Perzeption, Kognition: Image, in: Ihrle, M. (Hrsg.), Enzyklopädie der Psychologie, Göttingen 1983, S.402-471.
- Maier, J., Wimmer, F., Regionales Marketing - Eine empirische Grundlagenuntersuchung zum Selbst- und Fremdimage der Region Oberfranken, Bayreuth 1992.
- Mangels, C., Stadtmarketing Magdeburg, in: Beyer, R., Kuron, I. (Hrsg.), Stadt- und Regionalmarketing - Irrweg oder Stein der Weisen?, Bonn 1995, S.69-76.
- Manschwetus, U., Regionalmarketing. Möglichkeiten und Grenzen des Marketing-Managementsansatzes als Instrument der Regionalentwicklung, Wiesbaden 1995.
- McKenna, S., The Complete Guide to Regional Marketing, New York u.a. 1992.
- Meffert, H., Marketing, 7. Auflage, Wiesbaden 1986.
- Meffert, H., Städtemarketing - Pflicht oder Kür?, Planung und Analyse, 1989, S. 273-280.
- Meffert, H., Regionenmarketing Münsterland - Ansatzpunkte auf der Grundlage einer empirischen Untersuchung, Münster 1991.

- Meffert, H., Marketingforschung und Konsumentenverhalten, 2. Auflage, Wiesbaden 1992.
- Meffert, H., Marketing-Management. Analyse - Strategie - Implementierung, Wiesbaden 1994 (Nachdruck 1997).
- Meffert, H., Marketing, 8. Auflage, Wiesbaden 1998.
- Meissner, H. G., Spannungsfelder im Marketing - regionale, europäische und internationale Dimensionen, Schriftenreihe des Lehrstuhls für Marketing, Universität Dortmund 1990.
- Meissner, H.-G., Stadtmarketing - Eine Einführung, in: Beyer, R., Kuron, I. (Hrsg.), Stadt- und Regionalmarketing - Irrweg oder Stein der Weisen?, Bonn 1995, S.21-27.
- Mensing, K., Thaler, A. (Hrsg.), Stadt, Umland, Region, Berlin 1997.
- Meyer, J.-A., Public Relations, in: Tietz, B., Köhler, R., Zentes, J. (Hrsg.), Handwörterbuch des Marketing, 2. Auflage, Stuttgart 1995, Sp. 2193-2294.
- Meyer, J.-A., Visualisierung im Management, Wiesbaden 1996.
- Meyer, J.-A., Visualisierung von Informationen, Wiesbaden 1999.
- Meyer, J.-A., Imberg, A., Kundenzufriedenheit in Technologiezentren, Berlin 1999.
- Mosel, J., Image-Werbung für die Region, Moers 1986.
- Müller, G. (Hrsg.), Staatsorganisation und Staatsfunktion im Wandel, Basel 1982.
- Nieschlag, R., Dichtl, E., Hörschgen, H., Marketing, 18. Auflage, Berlin 1997.
- Nustede, H.-P., Wirtschaftsförderung als spezielles Marketing für den Kreis Unna, in: Braun, G.E., Töpfer, A. (Hrsg.), Marketing im kommunalen Bereich, Stuttgart 1989, S.302-314.
- Oeckl, A.: Public Relations - Praxis: Düsseldorf et. al. 1969.
- Oeckl, A.: Public Relations Politik: Düsseldorf et. al. 1981.
- Peiser, R., Who Plans America? Planners or Developers? APA-Journal, 1990, S.496-502.
- Pieper, M., Das interregionale Standortwahlverhalten der Industrie in Deutschland - Konsequenzen für das kommunale Standortmarketing, Göttingen 1994.
- Porter, M.E., Wettbewerbsstrategien, Frankfurt 1983.

- Porter, M.E., Nationale Wettbewerbsvorteile: Erfolgreich konkurrieren auf dem Weltmarkt, München 1991.
- Porter, M. E., Wettbewerbsstrategien - Methoden zur Analyse von Branchen und Konkurrenten, 9. Auflage, Frankfurt 1997.
- Rabe, H., Süß, W., Stadtmarketing zwischen Innovation und Krisendeutung - Einde Berliner Fallstudie, Berlin 1995.
- Raffée, H., Wiedmann, K.-P., Nonprofit-Marketing, in: Tietz, B., Köhler, R., Zentes, J. (Hrsg.), Handwörterbuch des Marketing, 2. Auflage, Stuttgart 1995, Sp. 1929-1941.
- Raffée, H., Wiedmann, K.-P. (1994): Social Marketing, in: Tietz, B., Köhler, R., Zentes, J. (Hrsg.), Handwörterbuch des Marketing, 2.Auflage, 1995, S.2298-2308.
- Rathmeyer, W., Hesse, W. (Hrsg.), Stadtmarketing/Regionalmarketing in den 90er Jahren, München 1991.
- Rauschelbach, B. (Hrsg.), Regionale Leitbilder - Vermarktung oder Ressourcensicherung? Bonn 1995.
- Riebel, J., Imageanalyse: Was sind die wesentlichen Analyse- und Gestaltungsfelder für das Stadtimage?, in: Töpfer, A. (Hrsg.), Stadtmarketing - Herausforderung und Chance für Kommunen, Baden-Baden 1993, S.145-152.
- Rühl, W., Das Ruhrgebiet: Ein starkes Stück Deutschland, in: Braun, G.E., Töpfer, A., Marketing im kommunalen Bereich, Stuttgart 1989, S.315-331.
- Sagalyn, L.B., Explaining the Improbable. Local Redevelopment in the Wake of Federal Cutbacks, Journal of the American Planning Association, Nr.4, 1990, S.429-441.
- Schaaschmidt, A., Aktion Mitteldeutschland, in: Beyer, R., Kuron, I. (Hrsg.), Stadt- und Regionalmarketing - Irrweg oder Stein der Weisen? Bonn 1995, S.115-120.
- Scharff, R., Ortsmanagement und Kommunales Marketing - Ein sinnvoller Weg in die Zukunft der Gemeinden?, Linz 1993.
- Scheuch, F., Marketing, München 1996.
- Schmitz, H., Münsterland - Berge sind nicht unbedingt Voraussetzung für Weitsicht, Münster 1999.
- Schneider, U., Stadtmarketing und Großveranstaltungen, Berlin 1993.

- Schückhaus, U., Graf, H.-A., Dormeier, C., Stadt- und Regionalmarketing - Einsatzmöglichkeiten und Nutzen, Düsseldorf 1993.
- Schwartz, H., Kommunale Strategien der Gewerbeerhaltung und -akquisition: ein Beitrag zur Theorie des Kommunalmarketing, Thun 1982.
- Schweiger, G., Visuelle Imagemessung - Angewand auf Länder, Werbeforschung & Praxis, 1985, S.248-254.
- Schweiger, G., Schrattenecker, G., Werbung, 4. Auflage, Stuttgart u.a. 1995.
- Scott, J.W., The Challenge of the Regional City. Political Traditions, the Planning Process, and their Role in Metropolitan Growth Management, Berlin 1992.
- Spieß, S., Marketing für Regionen, Wiesbaden 1998.
- Staehle, W.H. (Hrsg.), Handbuch Management: Die 24 Rollen der exzellenten Führungskraft, Wiesbaden 1991.
- Strothmann, K.-H., Die Region wie ein Unternehmen führen, Marketing-Journal, 1991, S. 314.
- Tietz, B., Regional- und Kommunalmarketing: Bericht über ein Forschungsprogramm, Marketing ZFP, 1981, S.129-132.
- Tietz, B., Köhler, R., Zentes, J. (Hrsg.), Handwörterbuch des Marketing, 2. Auflage, Stuttgart 1995.
- Töpfer, A. (Hrsg.), Stadtmarketing - Herausforderung und Chance für Kommunen, Baden-Baden 1993.
- Töpfer, A., Erfolgsfaktoren des Stadtmarketing: 10 Grundsätze, in: Töpfer, A. (Hrsg.), Stadtmarketing - Herausforderung und Chance für Kommunen, Baden-Baden 1993a, S.35-79.
- Töpfer, A., Stadtmarketing: Eine neue Herausforderung an Kommunen - Überblick und Einordnung der Beiträge, in: Töpfer, A. (Hrsg.), Stadtmarketing - Herausforderung und Chance für Kommunen, Baden-Baden 1993b, S.13-22.
- Töpfer, A., Braun, G. E. , Marketing im staatlichen Bereich, Stuttgart u.a. 1989.
- Töpfer, A., Müller, R., Marketing im kommunalen Bereich - Sinn oder Unsinn, Der Städtetag, 1988, S. 741-746.

- Trommsdorff, V., Multivariate Imageforschung und strategische Marketingplanung, in: Hermanns, A., Flegel, V. (Hrsg.), Handbuch des Electronic Marketing, Funktionen und Anwendungen der Informations- und Kommunikationstechnik im Marketing, München 1992a, S.321-338.
- Trommsdorff, V., Wettbewerbsorientierte Image-Positionierung, Markenartikel 1992b, S.458-463.
- Trommsdorff, V., Konsumentenverhalten, 3. Auflage, Stuttgart 1998.
- TU Ilmenau, Erfolgsfaktor Marketing - für Regionen, Mittelstand und Technologien, Illmenau 1996.
- Unger, R., Regionalmarketing in der Region Crimmitschau, Glachau, Meerane, Werdau, Zwickau, in: Beyer, R., Kuron, I. (Hrsg.), Stadt- und Regionalmarketing - Irrweg oder Stein der Weisen? Bonn 1995, S.103-109.
- von der Heide, H.-J., Grundlagen für das Regionalmarketing - Eine Einführung, in: Beyer, R., Kuron, I. (Hrsg.), Stadt- und Regionalmarketing - Irrweg oder Stein der Weisen?, Bonn 1995, S.85-95.
- Walchsdörfer, J., Der Weg durch die Instanzen, in: Töpfer, A. (Hrsg.), Stadtmarketing - Herausforderung und Chance für Kommunen, Baden-Baden 1993, S.345-358.
- Walter, F., Wirtschaftsförderung braucht Marketing, absatzwirtschaft, 1993, Nr.1, S. 50-56.
- Ward, S. V., Selling Places: The Marketing and Promotion of Towns and Cities, New York 1998.
- Weber, G., Strategische Marktforschung, München 1996.
- Werthmöller, E., Räumliche Identität als Aufgabenfeld des Städte- und Regionalmarketing - Ein Beitrag zur Fundierung des Placemarketing, Frankfurt u.a. 1995.
- Westermann, M., Stadtmarketing - eine Herausforderung für die Wirtschaftsförderung? Fallbeispiel Bergisch Gladbach, in: Beyer, R., Kuron, I. (Hrsg.), Stadt- und Regionalmarketing - Irrweg oder Stein der Weisen? Bonn 1995, S.41-49.
- Witte, E., Das Informationsverhalten in Entscheidungsprozessen, in: Witte, E. (Hrsg.), Das Informationsverhalten in Entscheidungsprozessen, Tübingen 1972, S.1-88.

- Witte, E., Organisation für Innovationsentscheidungen, Göttingen 1973.
- Zentes, J., Grundbegriffe des Marketing, 4. Auflage, Stuttgart 1996.

Sachverzeichnis

Agenda-Setting 153
Akquisition 141
Ansoff-Matrix 140
Assoziationen 125
Aufgabe 36

Binnenmarkt 42

Chancen-Risiken-Analyse 82
Citymarketing 20
Claim 122
Corporate Communication 120
Corporate Culture 120
Corporate Design 120
Corporate Identity 113; 119

Daten
- Primärdaten 72
- Sekundärdaten 71

Distribution 70

Enterprise Zones 49
Entscheidungsträger 52
Ergebnis-Controlling 196
Experteninterviews 73

Förderung 151
Fragebogenuntersuchung 76

Globalisierung 42
Gratifikationsprinzip 10
Image 93
- Eigenimage 100
- Fremdimage 100
- Komponenten 97
- Soll-Image 114

Interaktionsprinzip 10
Investoren 30

Key-Ressourcen 153
Kollektivgut 25
kommunale Selbstverwaltung 41
Kommunalmarketing 19
Kommunikation 70; 156
Kommunikationspolitik 33; 154
Konditionenmanagement 172
Konkurrenten 67
Kontaktmanagement 174
Kontrahierungspolitik 33; 149; 171
Kontraktion 142
Kooperation 27

Leistungskernpolitik 32
Leistungsumfang 150
Leitbild 112
Lobbyarbeit 169
Logo 122

Marketing 9
- Audit 199
- Direct 168
- Konsumgüter 13
- Kuratorium 187
- Non-Profit 11

Philosophie 60
Social 14
Spezialisierungen 30
unternehmerisches 12
Marketingagentur 185
Markt
Abdeckung 129
Segmentierung 130
Mediadaten-Berichtsband AWA 134
Mediaplanung 165
Medienkonsumdaten 105
Merchandising 172
Mittler 86

Name 120

Organisation
formale 182; 218
informelle 187; 218

Placemanagement 186
Placement 167
Portfolio 65
Positionierung 117
Positionierungsdiagramm 78
Potentiale 66; 70
Preis 70
Private-Public-Partnership 45
Produkt 23; 70
Veränderung 150
Profildiagramm 78
Public Relations 157

Rating-Befragung 101
Region 17; 23; 35; 53
Regionalentwicklung 45; 50
Regionalmarketing 17; 18; 19; 34; 35
Aufgaben 28
Durchsetzung 189
Kompetenz 4
Kontrolle 195
Konzept 60
Marketing-Mix 30
Marktforschung 63
Planung 59
Praxis 223
Prozeß 61
Strategien 137
Umsetzung 214
Regionalpolitik 17; 20
Regionenmarketing 17
Restrukturierung 142

semantisches Differential 101
Situationsanalyse 65
Souveränitätsprinzip 10
Sponsoring 166
Stadtentwicklungsplanung 20
Stadtmarketing 14; 17; 20
Standortmarketing 17; 19
Standortpolitik 32; 33; 150
Stärken-Schwächen-Analyse 66
Strategien
Arealstrategie 139
Event-Strategie 145
Expansionsstrategie 142
Imagetransferstrategie 143
Key-Ressourcen-Strategie 145
Konsolidierungsstrategie 140
Konversationsstrategie 141
Kooperationsstrategie 139
Leistungskernstrategie 139
Reduktion I 141
Reduktion II 141
Revitalisierungsstrategie 141
Segmentierungsstrategie 139

Stimulierungsstrategie 139
Synchronisationsstrategie 141
Wettbewerbsstrategie 144

Tauschäquivalente 14
Tradition 56
Träger 34; 37
Trends 41

Umfeld 66
Umfeldanalyse 82
Unique Local Proposition 117
Unternehmen 25; 53
Urban Development Corporation 49

Vereine 184
Vergleichskriterien 68
Verkaufsförderung 159
Vernetzung 27

Werbung 162
Wettbewerb 2
Wirtschaftsgemeinschaften 42

Ziele 14; 35; 110
Awareness-Ziele 115
externe 28
interne 28
nicht-ökonomische 209
Zielgruppen 15; 29; 36; 84
Cluster 136
Orientierung 220
Teilzielgruppen 133
Unterzielgruppen 133